中国寿险业
数字化转型研究

卓　志◎等著

西南财经大学出版社

中国·成都

图书在版编目(CIP)数据

中国寿险业数字化转型研究/卓志等著.--成都:

西南财经大学出版社,2024.12.--ISBN 978-7-5504-6478-0

Ⅰ.F842.62-39

中国国家版本馆 CIP 数据核字第 20248FF778 号

中国寿险业数字化转型研究

卓　志　等著

策划编辑:孙　婧

责任编辑:王　利

助理编辑:余　扬

责任校对:植　苗

封面设计:墨创文化

责任印制:朱曼丽

出版发行	西南财经大学出版社(四川省成都市光华村街55号)
网　址	http://cbs.swufe.edu.cn
电子邮件	bookcj@swufe.edu.cn
邮政编码	610074
电　话	028-87353785
照　排	四川胜翔数码印务设计有限公司
印　刷	四川五洲彩印有限责任公司
成品尺寸	170 mm×240 mm
印　张	13.75
字　数	231 千字
版　次	2024 年 12 月第 1 版
印　次	2024 年 12 月第 1 次印刷
书　号	ISBN 978-7-5504-6478-0
定　价	88.00 元

前 言

数字化转型是产业数字化的重要内容,是数字经济背景下提升企业竞争力和发展韧性的必由之路,也是企业高质量发展的关键战略举措,更是推动产业转型与升级、助力实现中国式现代化的应有之义。随着"新基建"及其相关制度的建设与发展,大数据、人工智能、物联网、云计算以及区块链等前沿数字技术得到深入而广泛的应用,现代企业在日常运营中所累积的庞大信息与数据,很多已经或正在跃升为生产要素,成为无可替代的核心资产,为企业的创新与发展注入源源不断的动力并持续地创造价值。

寿险业(本书将人身保险业或非产险业等不同术语,统一简称为"寿险业")是指从产业或行业角度,将其视为由寿险人、寿险消费者、寿险中介、寿险监管、寿险市场以及相关的制度与体制机制等所形成的一个产业或行业。寿险业以"生""老""病""死""残"等单一或连生或复合风险为经营对象,同时生产应对这些风险的当期和跨期产品,为其消费者提供服务和经济保障。寿险业为保障经营的稳健性和减少经营中不对称和不完备信息等带来的风险,需要收集分析和处理大量信息和数据,这是其不同于一般商品生产行业的显著特征。因此,自现代寿险诞生以来,大数法则和概率论就是寿险业稳健运营和长期发展的数理理论基础。从这种意义上说,寿险业是一个依托信息和数据经营与管理风险的行业。近些年,随着经济发展模式的转变、产业竞争格局的改变和技术经济范式的变革,尤其是数字基础设施的建设和数字技术的快速发展,数据及其依托的算力与算法以超乎想象的速度进行增长与迭代,数字经济正在成为一种有别于传统农业经济和工业经济的新经济形态,这一新形态正在对包括寿险业在内的各行各业带来挑战、影响、变革甚至革命。数字化及其催生的一系列新业态、新生态形成一种扑面而来不可阻挡的态势，寿险业也正置身其中。亦因此，引发我们深入思考如下学理和战略、战术问题：寿险业如何面对数字经济下的数字化发展，要不要拥抱数字化变革，如何去实行数字化，什么理论与技术支撑数字化转型发展，数字化与高质量发展有何关系等。

在我国当代科技不断进步和实施科技强国战略的背景下，发展新质生产力是推动高质量发展的内在要求和重要着力点，是经济发展的新动能。新质生产力的形成需要以科技创新为核心驱动力。寿险业的数字化转型不仅是新信息科技的应用和数字科技的创新创造，更是形成寿险业新质生产力的过程。具体而言，寿险业数字化转型至少要对劳动者、劳动资料和劳动对象三方面进行改进和改善，以促进寿险业新质生产力的进步。从劳动者角度来看，寿险业可以通过数字化转型培养出具有创新能力且能熟练掌握高科技技术的专业保险人才；从劳动资料角度来看，寿险业在数字化转型中可以借助新兴数字技术提升相关设备和系统的先进性与准确性，同时在数字化转型中还可以研发创新更先进的技术和工具，进一步提高劳动者的劳动效率和提升行业的要素生产率；从劳动对象角度来看，数字化转型需要甚至必然引致寿险业对相关数据、信息和资源的处理、分析、鉴别与整合能力的重视，通过机器学习、深度学习和生成式人工智能等新兴数字技术，创造出大模型并使得数据和行业产出更大的价值。

本书以新的发展理念，立足经济社会发展背景，紧扣数字经济与寿险业，尤其是寿险业数字化探索与转型的实践和趋势，在中国劳动力市场供求变化以及整体经济环境变化的视域下，分析了我国生产要素相对价格变化趋势，论证了通过技术变迁的方式以资本替代劳动对整个寿险行业来说可能更有效率。同时，运用经济学的理论和有益经验及分析框架，从内在驱动与外部推动两个层面，深入探讨了寿险业数字化转型的动力源，旨在深层次地把握寿险业数字化转型的内在逻辑。此外，定量分析了数字化转型对寿险业发展的贡献：一方面运用微观层面数据构建数字化转型程度指标，研究数字化转型对寿险公司经营绩效的影响；另一方面，对区域寿险业数字化转型进行测度，运用空间计量模型在空间层面探究了数字化转型对寿险业发展的影响。据此，基于目前数字化转型对寿险业的赋能与革新，从产品设计端、业务运营端、客户服务端和风险控制端四个角度，探索寿险业数字化转型的路径，并结合新质生产力展望寿险业数字化转型的未来趋势。本书的突出特点是从理论和实证维度探究了寿险业数字化转型的一些重要问题，这既是对现实理论分析欠缺的有益补充，也是对这一领域更深入的扩展分析研究，更重要的是为寿险业数字化转型探索与实践以及进一步发展做承前启后的"桥梁"，以期从更系统、更全面、更深入的层面，明确寿险业数字化转型的目标、方向与路径，认识寿险业数字化转型的动因与趋势，熟悉数字化转型相关的数字技术和把握数字化转型与新质生产力改进提升之间的关系。概言之，寿险业数字化转型研究，让寿险业更好地拥抱新变革与新趋势，推动寿险业高质量发展，推进国家治理体系和治理能力现代化，早日实现中国式现代化。

　　本书源自本人牵头完成的"寿险业数字化转型：机制、路径与效应"研究的课题报告。本人主持参与了课题研究思路的分析论证、研究大纲的推敲厘定、逻辑框架的组织设计等核心工作，同时组织领导并亲自参与了课题研究、本书撰写等工作。西南财经大学金融学院教师朱衡博士、上海立信会计金融学院教师王泰博士以及成都理工大学商学院教师刘梦琪博士、中国人民保险集团股份有限公司博士后科研工作站冯立斌博士作为课题组的主要成员，参与了文献梳理、文稿整理、项目研究、数据分析、报告与本书的撰写等工作。"寿险业数字化转型：机制、路径与效应"课题研究和本书的出版得到了中国太平洋人寿保险股份有限公司四川分公司的资助和鼎力支持。此外，本书部分内容来自本人主持的西南财经大学研究阐释金融强国建设专项项目——"中国保险业高质量发展：理论逻辑与实现路径"。本书的出版也得到了国家金融监管总局四川监管局、四川省保险行业协会、西南财经大学科研处和出版社等相关单位和部门的关心和支持。在此，对给予资助、支持和帮助的相关单位与人员以及参与调查研究与报告撰写的师生们表示衷心的感谢。

　　虽然我们竭尽所能做了大量工作，但由于国内外对于寿险业数字化转型的相关理论研究比较匮乏，对新质生产力背景下寿险业数字化转型产生的原因和实践分析还处于起步探索阶段，加上我们的认识和水平有限，因此本书在部分分析研究中仍存在薄弱环节，在案例分析和模型研究设计等方面受制于保密要求和数据不完备等仍有不足，部分对策建议的准确性和有效性尚须实践检验。对于这些问题和不足，恳请广大读者能给我们提出宝贵意见，我们将在今后的学习、研究中，进一步追踪寿险业数字化发展等主题，争取产出更多的成果，从学理和学术角度推动我国寿险业高质量发展。

西南财经大学教授　卓　志

2024 年 7 月于成都

目　录

1 绪论

1.1 研究背景

随着大数据、人工智能、物联网、云计算以及区块链等前沿数字技术的深入应用，现代企业在日常运营中所累积的庞大信息与数据，已逐渐跃升为无可替代的核心资产，为企业的发展注入源源不断的动力，并持续创造价值。寿险业尤为如此，作为一个依托数据为生产资料的行业，概率论和大数法则是寿险公司稳健运营和长期发展的理论基础。经济发展模式的转变、产业竞争格局的改变和技术经济范式的变革对寿险业高质量发展提出了新要求和新方向，寿险公司实施数字化转型战略势在必行。

1.1.1 科技创新驱动寿险业数字化转型

近年来，随着数字技术的蓬勃发展，保险科技已经渗透到寿险业务的各个方面。在面临内部发展困境与外部不确定性并存的复杂环境下，保险科技已经逐渐成为引领并塑造寿险业未来发展方向的关键因素，通过运用大数据、人工智能和区块链等数字技术对寿险业带来了革命性的变革与升级，并逐步重塑整个行业的生态格局。数字经济时代的到来，标志着寿险业未来的发展将更加数字化和智能化。数字技术的迅速演进与广泛应用，为寿险业的数字化转型提供了强大的科技支撑和驱动力。

随着新兴技术的迅猛进步，寿险业正迎来前所未有的变革浪潮，在产品形态、服务方式、运营管理和商业模式等方面均将发生深刻改变。技术经济范式的不断更新，推动寿险公司逐步从工业经济时代以规模扩张为主导的发展模式，迈向数字经济时代下的新发展模式。在数字经济的引领下，数字技术正逐步渗透并内化为寿险业的核心动力，为这一传统行业注入全新的增长动力。信息技术从"算法、算力、数据"多个方面，为寿险公司的精算、数据收集、统计、分析等提供更强有力的支撑。科技与保险的深度融合，不仅为行业带来了健康、良性的发展态势，也为寿险公司打开了新的发展空间。为顺应这一变革趋势，寿险公司需依据自身特色，构建面向数字化、注重敏捷体验的组织架构和制度体系。通过提供个性化、多样化、极致体验的产品和服务，在实现业务模式转型升级的同时，构建符合自身发展需求的数字生态圈，这将有助于寿险公司把握市场机遇，获得竞争优势。

1.1.2 寿险公司寻求变革开展数字化转型

在宏观层面，大数据时代的到来已深刻重塑寿险业所面临的产业环境、经济环境和技术环境。在此背景下，传统的寿险业发展模式已难以从容应对当前复杂多变的风险与挑战。具体而言，一是产业竞争格局发生改变。随着数字技术的蓬勃发展，寿险产品和服务的边界得以大幅拓宽，这为新兴互联网公司等提供了新的发展机遇，使其成为保险生态系统中不可忽视的新兴力量。面对这种多元化的竞争态势，传统寿险公司在寿险行业的强势地位受到了一定程度的挑战和削弱。二是经济发展模式逐渐转变，当前我国经济发展的基本特征是由高速增长阶段转向高质量发展阶段。在这一转型过程中，数字经济作为一种新兴的经济形态，对我国经济的高质量发展发挥着不可或缺的支撑作用。保险作为风险管理的基本手段，在推动我国经济向高质量发展阶段转型的过程中，扮演着保驾护航的角色。因此，寿险公司必须紧跟时代步伐，进行战略性的调整与优化，为我国经济的高质量发展贡献力量。

在微观层面，受制于长期的路径依赖，当前寿险公司在营销方式、产品设计、理赔服务以及风险管理等方面仍然存在着诸多问题。首先，在寿险营销方面，传统的寿险业务营销过度依赖人海战术和大规模的销售费用投入，这种模式在当今日益激烈的市场竞争中显得力不从心。其次，在产品设计方面，寿险公司产品服务创新能力的不足导致寿险产品种类单一、缺乏定价差异化，使得传统寿险产品的吸引力偏低、市场认同度低等。再次，在理赔服务方面，寿险公司理赔程序的复杂烦琐导致理赔时效过长，理赔渠道的单一化导致服务效率低下，服务人员的专业知识不足导致服务质量低下，客户体验不佳。最后，在风险管理方面，寿险公司在数字化转型的进程中也面临着复杂多样的风险。然而，传统寿险公司在风险管理的业务、服务、队伍和技术方面存在明显的短板，难以适应时代的需求，这无疑给企业的稳健运营带来了挑战。

随着数字经济的蓬勃发展，寿险业正迎来一场前所未有的变革。众多寿险公司正积极围绕保险价值链的各个环节，包括产品开发、销售分销、客户服务、理赔管理等方面加速数字化转型步伐。在这一过程中，数字化、智能化和柔性化运营服务是寿险公司提升运营效能的关键路径，寿险公司需要敏锐地捕捉数字化创新变革的趋势，立足新的发展阶段，强化全局规划和战略布局，协同推进变革，不断提升业务能力、数据整合能力和科技创新能力，稳步实施数字化转型。通过大数据、人工智能、云计算等技术的创新应用，重塑业务流程，从而全面提升寿险公司服务的核心竞争力。

1.1.3 行业监管推动寿险业数字化转型

在党的二十大报告中，明确提出要"加快发展数字经济，促进数字经济和实体经济深度融合，打造具有国际竞争力的数字产业集群"，对我国数字经济的发展进行了整体部署。在国家重大战略指引下，我国政府相继出台了《国务院关于积极推进"互联网+"行动的指导意见》《国务院办公厅关于深入实施"互联网+流通"行动计划的意见》等一系列文件，并结合《中国制造 2025》和《"十四五"数字经济发展规划》，构建了日趋完善的监管政策体系，为寿险业在数字化转型的道路上深入发展提供了坚实的政策支撑和明确的指导方向。

在行业具体层面，2014 年发布的《国务院关于加快发展现代保险服务业的若干意见》明确提出，"支持保险公司积极运用网络、云计算、大数据、移动互联网等新技术促进保险业销售渠道和服务模式创新"。2022 年，原中国银保监会出台了《中国银保监会办公厅关于银行业保险业数字化转型的指导意见》，该意见从战略设计与组织规划、业务经营管理流程、数据使用能力、风险管理等方面，为寿险业数字化转型提供了全面且富有建设性的指导。近年来，监管机构也对数字化监管平台的打造给予了高度关注，并致力于推动监管工作的信息化、智能化转型，以实现监管流程的再造和数据价值体系的重塑。同时，通过持续动态的跟踪监测，结合人工智能和大数据等先进技术，有效防控金融风险。在政策的有力推动下，监管部门与时俱进的举措也推动了我国寿险业数字化转型进程，为行业的稳健发展奠定了坚实基础。

1.2 研究意义

数字技术对传统寿险经营运作产生巨大冲击的同时，也激发了寿险业进行产品创新、服务更新和商业模式转型升级，寿险业数字化转型已呈必然之势；且数字化转型是实现寿险业高质量发展的必由之路。虽然保险实务层面整体的发展早已走在了理论探索之前，但无论是对于已经发生的事件的解读，还是从过去到现在总结经验以指导未来的发展，理论研究总不乏其意义。本书在理论与现实层面的意义如下：

1.2.1 理论意义

（1）从理论上探究了寿险业数字化转型的内在动力与逻辑。本书在中国劳动力市场供求变化以及整体经济环境的大背景下分析了我国生产要素相对价格变化趋势，由此论证得出的观点认为通过技术变迁的方式以资本替代劳动对于整个寿险行业来说可能更有效率。同时运用经济学的理论和有益经验及分析框架从内部以及外部两个层面讨论了寿险业数字化转型的动力源。同时，这一分析框架不仅仅适用于寿险业，实际上也适用于全社会数字化转型的理论分析。在理论探索上有助于从更深层次把握寿险业数字化转型的内在逻辑。

（2）从定量视角分析了数字化对于寿险业发展的贡献。运用微观层面数据构建数字化转型程度指标，研究数字化转型对寿险公司经营绩效的影响；此外，通过对区域寿险业数字化转型进行测度，运用空间计量模型在空间层面探究数字化转型对寿险业发展的影响。

综上所述，结合寿险业数字化转型的实践，从理论和实证角度探究寿险业数字化转型的重要问题，是对现实理论分析欠缺的有益补充，也是尝试对这一领域进行更深入的扩展分析，更重要的是为理论与实践的探索做承前启后的"桥梁"。

1.2.2 现实意义

（1）从技术与功能的视角讨论了应用层面可能的尝试。大数据、物联网、人工智能、区块链等是寿险业数字化转型所依赖的核心技术，而各技术的结合又将产生出针对不同问题的各类解决方案，在大量国内外实践案例的基础上，本书就不同业务范围，尝试性提出了我国寿险业数字化转型的几类较为典型的方式，以期对实务有些许助益。

（2）以实际案例分析了寿险业数字化转型的方向与重点。本书从产品端、服务端和运营端等方面论证了当前我国寿险业数字化转型的路径，结合我国几家大型寿险公司的实践，为寿险业数字化转型的方向与重点提供理论与实践相结合的有效支撑。

综上所述，本书有助于开阔寿险业管理者及从业人员视野，提出现阶段寿险业数字化转型的目标、方向与路径，从更深刻的层面认识寿险业数字化转型的动因、趋势，以期更好地推动寿险业发展。

1.3　研究内容

结合国内外寿险业数字化转型的相关文献，本书从寿险业数字化转型的发展历程出发，剖析寿险业数字化转型的动因与逻辑，探索寿险业数字化转型的工具与路径，从企业和地区层面入手，分别研究了数字化转型对寿险公司经营绩效的影响和数字化转型对寿险业发展的影响，在此基础上研究我国寿险业数字化转型的风险与治理方法，最后对寿险业数字化转型的方向与路径进行分析讨论，具体内容如下：

（1）界定寿险业数字化转型的概念与范畴。提出了数据、数字技术、数字经济、数字化转型的基础概念，探究了数据、数字技术、数字经济、数字化转型之间的关系，进而探析寿险业数字化转型的内涵、动因与影响。

（2）考察寿险业数字化转型的发展历程与现状。梳理了数字经济背景下我国寿险业数字化转型的发展历程，并结合我国几家大型寿险公司数字化转型的实践，总结评价了我国寿险业数字化转型的发展现状。

（3）探究寿险业数字化转型的动因与逻辑。首先分别从经济增长理论、制度变迁理论、信息经济理论和网络经济理论四个方面出发，分析了上述理论与寿险业数字化转型的关系。其次分别从外部的技术发展和内部的要素价格相对变化论述了寿险业数字化转型的动因。最后总结并探讨了寿险业成本、技术变迁与制度变迁、红利分配情况，进而从技术对生产要素的替代、人力资本与就业、生产关系与社会制度三方面对工业化与数字化转型进行比较分析，分析了寿险业数字化转型的本质逻辑。

（4）分析寿险业数字化转型中技术的应用。在技术层面上，分别从大数据、人工智能、物联网、云计算和区块链五个方面，归纳总结了上述五种技术手段在寿险业中的具体应用。

（5）从地理空间层面研究了数字化转型对寿险业发展的影响。从移动互联网用户数、互联网相关产出、互联网普及率、互联网相关从业人员数和数字金融普惠发展指数五个方面对地区寿险业数字化转型进行测度，运用空间计量模型在空间层面探究了数字化转型对寿险业发展的影响。

（6）从公司层面实证分析了数字化转型对寿险业发展的影响。利用 56 家寿险公司 2010—2020 年的企业年报数据，基于文本分析法构建了寿险公司的数字化转型指数，探究了数字化转型对寿险业发展的影响。

（7）研究了我国寿险业数字化转型的风险及其治理。分析了寿险业数字化转型面临的一般风险与特有风险，并梳理目前数字化转型治理的相关经验，从内部和外部两个角度分析研究了寿险业数字化转型的风险治理并提出相应观点。

（8）研究了寿险业数字化转型的微观路径与宏观战略。基于目前科技对寿险业的赋能与革新，从产品设计端、业务运营端、客户服务端和风险控制端四个角度研究寿险业数字化转型的路径，并展望了寿险业数字化转型的未来趋势。

1.4　研究创新

系统性总结寿险业数字化转型的基础理论与优秀经验，厘清寿险业数字化转型的动力与逻辑，分析了数字化转型对寿险业发展及寿险公司经营绩效的影响，本书有如下三点贡献：

一是运用经济增长理论、供求理论、价格理论、信息经济学与网络经济学的分析框架，探索了寿险业数字化转型的内外动因与逻辑，为寿险业数字化转型提供了一个较为合适的理论解释框架。同时，比较了工业化转型与数字化转型的底层差异，认为数字化转型最终将落脚于社会制度的转型以适配新的生产力水平。

二是在研究数字化转型对寿险业发展的影响中，创新性地构建了空间维度的寿险业数字化转型指标。从互联网用户数、互联网相关产出、互联网普及率、互联网相关从业人员数和数字金融普惠发展指数五个方面测度了寿险业数字化转型程度，研究了数字化转型对当地寿险业发展以及邻边区域的空间溢出效应。

三是在分析数字化转型对寿险公司的影响中，围绕数字技术本身以及数字技术与寿险业的融合程度，运用文本分析法从数字技术应用、互联网商业模式、智能管理与服务、现代信息系统四个维度构造了寿险公司数字化转型指数，考察了其对寿险公司的影响。此外，还检验了人力资本结构以及成本作为潜在影响渠道的可能性。

2 寿险业数字化转型的概念与范畴

2.1 数据与数字技术

2.1.1 数据

2020 年 4 月 9 日，中共中央、国务院印发《中共中央 国务院关于构建更加完善的要素市场化配置体制机制的意见》，明确写入了一种新型生产要素——数据。数据并不是一开始就被认为是一种生产要素，尽管数据一直伴随着人类社会的演进，但是直到互联网商用之后，人们对于数据的使用与处理迈入新阶段，数据才真正成了生产要素。数据是以数字或符号形式表达的信息，本质上是对物品、服务或经济主体等相关的信息以电子或非电子形式的记录。

通常，数据可分为四类：第一类，数据本身就是最终商品或服务，比如在线浏览的新闻和视频；第二类，直接进行交易的数据，比如大数据交易所里打包交易的数据；第三类，数据作为企业内部生产要素帮助提升最终产品或服务的性能或生产效率，比如引流、效果广告、配送优化等，但并没有在市场中去直接进行数据交易；第四类，数据作为生产要素在兼并收购或战略合作中有价值体现，但并非直接交易数据，而只是作为并购或合作谈判的一个筹码。后三类可归为生产要素的数据（亿信华辰，2021）。

数据本身蕴藏的价值使其逐渐形成了特有的产业链，可以概括为四个部分，即采集记录、储存管理、价值转化和安全保护。从社会生产生活中采集的数据被整合记录，由拥有相关信息技术的主体对数据储存并进行管理或进行数据挖掘和分析工作，最后分析并处理好的数据产品可以与其他生产要素结合，实现新的价值转化，为企业或个人提供决策支持并带来利润，而在这个过程中，数据本身也成为一种商品，实现增值（曹亚东 等，2018）。鉴于数据的特殊性，还需要对不同重要性和风险等级的数据实施不同程度的管控（袁康 等，2022），维护数据及其产业链的安全，为数据的价值转化保驾护航。

数据的影响主要体现在社会、企业和个人三个层面。首先，数据对社会的作用主要体现在赋能社会治理上，数据能够更加概括且全面地收集分析信息，以反映地区乃至国家的发展现状、存在问题以及未来趋势，同时通过相应的数据技术，人们就能够预测各项政策与举措可能带来的风险，事先进行模拟测试，调整对应的方案或变量，将社会治理的效率最大化。其次，数据对企业的影响可以分为三方面：第一，数据即信息，对供需双方的全面了解可以降低市场进入门槛，降低决策成本；第二，通过促进企业自我发现，提高优胜劣汰的概率，加速资源流通速度，从而优化资源配置；第三，数据信息集聚会使得分工进一步细化，扩大企业先行优势，抢占先机（费方域 等，2018）。最后，对于个人来说，数据的影响是双面的。数据的合理应用使得人们的生产活动和日常生活变得更加便捷与智能，减少了许多不必要的资源损失，由此也提高了整个社会的运行效率。数据给个人带来的不利影响主要有两方面：一是数据在传播过程中，不可避免地会增加个人隐私被侵犯的风险。互联网客户端的运营方可能会忽略客户的个人隐私权，获取海量信息和数据以谋取不正当利益，但个人处于弱势地位，往往难以察觉自身权利被侵犯并通过法律进行维权。二是某些商品服务销售商收集大量客户信息和数据并转手出售，同时又通过收集来的数据识别用户特征，获得用户消费需求，进行大量精准广告投放，控制消费者的消费行为，由此现代消费行为显露出异化的特征，具体表现为消费的符号化、同质化和被动化（马会端，2021）。

如今，单靠某一种生产要素很难实现对经济增长的推动作用，数据要素创造价值往往不是依靠数据本身，而是在与算法、模型聚合之后才会创造价值，并且数据这种新型生产要素可以推动技术、资本、劳动力、土地等传统生产要素深刻变革与优化充足，推动传统生产要素产生革命性聚变与裂变。数据是数字时代的"石油"（The Economist，2017），数据成为生产要素需要通过数字化让数据转换为信息，并让信息向价值转换（易宪容等，2019），畅通数据要素流动，可以大幅提高生产制造、经营管理等环节效率。

2.1.2 数字技术

以信息技术为基础开展信息化建设的工业 3.0 时代转变为以大数据、人工智能、物联网、云计算、区块链等新型数字技术为基础进行全价值链转型的工业 4.0 时代，工业时代的内涵发生了本质变化。Tapscott（1996）在《数字经济》中首次提出数字技术这一概念。他将数字技术界定为基于通信基础设施实现数据、信息高速传递的通用技术并预言数字技术将对经济发展产生重大影响。Bharadwaj 等（2013）将数字技术定义为现代信息技术、计算技术、通信技术和连接技术的组合。Nambisan 等（2017）将数字技术视为信息基础设施硬件与软件连接的工具，主要包括数字基础设施、数字组件与数字平台。Hausberg 等（2019）认为数字技术是指数字网络技术、认知技术和数字基础设施等一系列技术的全集。数字技术作为一种通用目的技术，包括硬件技术、软件技术与网络技术，数字技术既包括传统数字技术也包括大数据、人工智能等新一代的数字技术（邢小强 等，2019）。在数字经济蓬勃发展的当下，新技术的不断涌现与变革，形成了以大数据、人工智能、物联网、区块链、虚拟现实等为代表的数字新技术，这些新技术依托数字化信息和信息网络，深度融合于多个领域，极大地便利了人类社会经济活动，并显著提升了各行各业的运行效率（陈晓红，2018）。数字技术的基本特性是可重新编程性和数据均质性（Yoo et al.，2012），数字技术可以打破行业壁垒，模糊产业边界，加速产业融合，推动基础行业转型升级（Manyika et al.，2011）。赋能企业数字化转型（韩佳平 等，2022），数字技术是数字经济发展的支撑点。

基于众多学者对数字技术的研究可以看出，数字技术的内涵正随着信息技术和数字经济的发展而不断扩大。总结来说，数字技术是以数字基础设施等硬件设施为基础实现数据和信息传递的通用技术。具体而言，传统数字技术在光纤通信、互联网等传统信息技术不断发展的过程中逐渐演变出了大数据、人工智能、云计算等新兴数字技术。

数字基础设施建设，作为数字技术持续发展的坚实基础，同时也是迈向数字化强国不可或缺的前提条件。数字基础设施是以信息网络为基础，围绕数据的感知、传输、储存、计算、安全等形成的支撑经济社会数字化转型发展的新型基础设施体系。数字基础设施的建设水平可以反映数字技术的发展现状。根据国家统计局的统计数据，在互联网方面，我国互联网宽带接入用户从 2005 年的 3 735 万户增加到 2022 年的 5.9 亿户，增长了近 16 倍。互联网普及率从 2005 年的 8.5% 增加到 2022 年的 75.6%，增长了 67.1%。在光缆通信方面，2022 年我国新建光缆线路长度 477.2 万千米，全国光缆线路总长度达 5 958 万千米。在移动通信方面，2019 年至 2022 年我国 5G 基站数从 15 万个上升至 231.2 万个，截至 2022 年年底，5G 基站占移动基站总数的 21.3%。基于上述分析可以看出，我国数字基础设施的建设正持续稳固并强化，特别是以互联网宽带、光缆通信及移动电话基站为代表的通信及网络资源，始终保持着强劲的增长势头，为数字技术的蓬勃发展提供了坚实且稳定的支撑。随着互联网和移动通信等数字技术基础设施的发展，大数据、云计算等新型数字技术也随之产生并发展。

在大数据方面，2015 年国务院发布的《促进大数据发展行动纲要》中明确提出大数据是以容量大、类型多、存取速度快、应用价值高为主要特征的数据集合，正快速发展为对数量巨大、来源分散、格式多样的数据进行采集、存储和关联分析，从中发现新知识、创造新价值、提升新能力的新一代信息技术和服务业态。根据《数字中国发展报告（2022 年）》，2022 年我国大数据产业规模达 1.57 万亿元，同比增长 18%。

在人工智能方面，据工信部发布数据，2021 年，中国人工智能产业规模达人民币 4 041 亿元。目前，人工智能技术已在新基建、智能中台、自动驾驶、知识图谱、计算机视觉、芯片设计等领域得到广泛应用。当前，全球掀起人工智能治理浪潮，世界各国越来越重视人工智能治理，人工智能技术及应用开始成为学术界、产业界等各界的关注焦点，引导人工智能迈向"创新驱动、应用深化、规范发展"的新阶段。

在云计算方面，中国信息通信研究院（以下简称"中国信通院"）发布的《云计算白皮书（2023 年）》显示，2022 年中国云计算市场规模总计 4 550 亿元，较 2021 年增长 40.91%。其中，公有云市场规模 3 256 亿元，较 2021 年增长 49.3%，私有云市场同比增长 25.3% 至 1 294 亿元，预计 2025 年我国云计算整体市场规模将突破万亿元。

在区块链方面，根据中国信通院发布的《区块链白皮书（2022 年）》

显示，当前我国区块链应用深度和广度不断拓展。一方面在国家区块链创新试点工作推动下，区块链深度融入经济社会各领域数字化转型，持续驱动业务场景创新与流程优化；另一方面，基于可信技术底座开拓数字原生应用，以机器信任重塑产业主体间数据共享及协作机制。区块链在供应链管理、电信数据共享、贸易金融等场景中充分发挥其优化业务流程、降低运营成本等方面的作用，部分机构已实现成熟应用并开展规模化推广。同时，区块链在数字身份、司法存证、疫情防控、城市治理等领域的应用价值持续释放，支撑服务透明化、平等化、精准化。

随着移动互联网、大数据、人工智能、物联网和云计算等新一代数字技术的迅猛发展，这些新型的数字技术成果正日益融入我们的生产和生活之中，改变了传统的生产生活方式。这种变革不仅重塑了人们的行为方式、社会交往方式、社会组织方式以及社会运行方式，还极大地影响了人们的思想观念和思维方式。更为重要的是，这些技术不断催生新的产业形态、商业模式和就业形态，为社会经济发展注入了新的活力。展望未来，数字技术将持续完善发展，并与各个行业深度融合，进而推动国家治理体系和治理能力的现代化，引领社会变革的潮流。

2.2 数字经济

2.2.1 数字经济的内涵

数字经济是数字革命的产物，已成为经济增长的主要引擎。美国经济学家 Don Tapscott 于 1996 年首次提出"数字经济"这一术语，1998 年美国商务部发布了《新兴的数字经济》报告，由此数字经济的提法正式成型。此后，随着智能终端设备、移动互联技术的更新迭代，数字经济在很多国家经济中的地位不断攀升，已成为很多国家重要的经济形态。2017 年 12 月，习近平总书记在中央政治局第二次集体学习时强调，要加大供给侧结构性改革力度，加快发展数字经济，推动实体经济与数字经济融合发展，推动制造业加速向数字化、网络化、智能化发展。

在梳理有关数字经济文献时，学者和研究机构就其定义进行了广泛的讨论和研究，以便更好地捕捉其多维性，主要有以下观点：

第一类，认为数字经济是一种经济活动。陈晓红等（2022）将数字经济界定为：以数字化信息（包括数据要素）为关键资源，以互联网平台为主要信息载体，以数字技术创新驱动为牵引，以一系列新模式和业态为表现形式的经济活动，并且基于定义给出了数字经济内涵的四个核心内容，分别是数字化信息、互联网平台、数字化技术以及新兴经济模式和业态。

第二类，认为数字经济是一种经济形态。高京平等（2022）认为数字经济应当是以数据为核心生产要素，通过信息通信技术的融合，实现实体经济与虚拟经济深度结合的更高形态的经济发展阶段，涵盖宏观、中观和微观三个层次。陆岷峰（2021）认为数字经济是基于创新的虚拟化和全球化的经济形态。郭晗（2020）认为数字经济是以创新为驱动、以数据为要素、以新技术应用为场景的全新经济形态。裴长洪等（2018）认为数字经济强调的是，数据信息及其传送是一种决定生产率的技术手段，是先进生产力的代表，数字经济是一种更高级、可持续的经济形态。李长江（2017）认为数字经济是主要以数字技术方式进行生产的经济形态。逄健等（2013）认为数字经济是以知识为基础，在数字技术（特别是在计算机和因特网）催化作用下使得制造领域、管理领域和流通领域以数字化形式表现的一种新兴的经济形态。

第三类，从数字经济的范围出发，对数字经济的内涵进行认识。李海舰等（2021）认为，数字经济包括数字技术服务、互联网应用服务和数字设备制造等诸多领域，可以囊括高新技术制造业和高新技术服务业。Bukht等（2017）认为，数字经济是指完全或者主要由基于数字产品或服务的商业模式的数字技术所引起的那部分产出，其涵盖三个层次。首先是核心部门或者数字部门，涵盖了软件制造业、信息服务业等关键领域。其次是狭义的数字经济，不仅包括核心部门，其内涵还进一步扩展到了因信息与通信技术发展而产生的新型商业模式，如平台经济、共享经济以及数字服务等。最后是广义的数字经济，即数字化经济（digitalized economy），则涵盖了所有基于数字技术的经济活动。它不仅包括了狭义的数字经济内容，还延伸到了工业4.0、精准农业和电子商务等更广泛的领域。

第四类，从要素、条件、路径、目标等方面定义了数字经济。中国信通院将数字经济定义为以数字化的知识和信息为关键生产要素，以数字技术创新为核心驱动力，以现代信息网络为重要载体，通过数字技术与实体经济深度融合，不断提高传统产业数字化、智能化水平，加速重构经济发展与政府治理模式的新型经济形态[①]。同时，中国信通院从生产力角度提出了数字经济"两化"框架，并在之后的《中国数字经济发展与就业白皮书（2019 年）》《中国数字经济发展白皮书（2020 年）》对数字经济的框架做了进一步优化。G20 杭州峰会发布的《二十国集团数字经济发展与合作倡议》指出，数字经济是指以使用数字化的知识和信息作为关键生产要素、以现代信息网络作为重要载体、以信息通信技术的有效使用作为效率提升和经济结构优化重要推动力的一系列经济活动。

除此之外，还有学者和机构从商业模式角度定义数字经济，如 OECD（2012）、戚聿东等（2020）等。尽管这些定义各有侧重，且范围不同，但都认为数字经济是一种建立在数字技术基础之上的经济形态。数字经济是全球新一轮产业革命的逻辑起点，推动产业结构的升级（高京平 等，2022；温军 等，2020）。

基于数据与数字技术等发展起来的数字产业逐渐成为世界经济发展的重要支柱，其在缓解供应链危机、促进供需平衡和发展生产力等方面发挥了难以替代的作用。而传统产业在面临更加严峻的市场环境和世界格局下，也在积极寻求改变现状的措施，引入数字技术，利用数据资源，从而加速了传统产业的数字化、现代化转型，这就是数字产业化与产业数字化。同时，数字经济也成了国际竞争力的重要衡量因素之一，对世界贸易、外交手段和国家治理等都产生着不可忽视的影响，因此越来越多不同发展程度和收入水平的国家开始重视数字经济的发展，这也直接影响了数字经济世界发展格局，促进了数字技术发展的日新月异。

如表 2-1 所示，数字经济的"四化框架"具体包括数字产业化、产业数字化、数字化治理和数字价值化四大内容。据中国信通院发布的《中国数字经济发展白皮书（2023）年》显示，2022 年我国数字产业化规模达到9.2 万亿元，产业数字化规模达到 41 万亿元，分别占数字经济规模的18.3%和81.7%，构成数字经济的重要基石。而在数字化治理上，其举措和成效主要表现在通过数字化赋能国家治理体系和治理能力现代化来增强"减贫效应"（罗振军 等，2022）等方面。

---

① 来源：中国数字经济发展白皮书（2017 年）。

表 2-1　中国信通院对数字经济框架的释义

来源	数字经济框架释义		
《中国数字经济发展白皮书（2017 年）》	"两化"框架	数字产业化	是数字经济的基础部分，即信息产业，具体业态包括电子信息制造业、信息通信业、软件服务业等
		产业数字化	是数字经济的融合部分，包括传统产业由于应用数字技术所带来的生产数量和生产效率提升，其新增产出构成数字经济的重要组成部分
《中国数字经济发展与就业白皮书（2019 年）》	"三化"框架	数字化治理	政府、组织、企业等治理模式的创新，呈现出多主体参与、数字技术与治理结合、数字化公共服务等特点
《中国数字经济发展研究报告（2023 年）》	"四化"框架	数字价值化	包括但不限于数据采集、数据标准、数据确权、数据标注、数据定价、数据交易、数据流转和数据保护等

2.2.2　数字经济的特征

首先，数字经济具有规模经济的特征。在传统的工业经济时代，资源是稀缺的，企业的生产规模受到多方面因素的制约，其中包括企业的经营管理水平、总资产规模以及内部交易成本等。这些因素共同决定了企业的长期平均成本曲线呈现先下降后上升的趋势，即随着生产规模的扩大，单位成本先减少后增加。这一成本趋势限制了企业无限制地扩张生产规模。企业通常会将生产规模调整至长期平均成本最低点所对应的水平，以实现规模经济。而在数字经济时代，随着数字技术不断地向其他产业渗透，企业的成本呈现出新的特征，即高固定成本和低边际成本。其中，高固定成本有两个原因：其一，高额的前期研发成本，包含了研发投入的人力物力等，这部分是数字经济得以健康发展的基础，它的特点是投入后无法改变。其二，获客时投入的成本，包括企业采取补贴策略、开展免费活动而产生的成本，这部分是数字经济的特性所决定的（荆文君 等，2019）。数字经济具有梅特卡夫效应，即网络的价值与互联网的用户数的平方成正比（曾丽婷，2019）。当互联网用户数量达到一定规模的时候，将呈现边际成本递减的趋势，待企业收回固定成本后其边际成本会逐渐趋近于 0。在工业时代，规模经济主要体现为通过扩大生产规模来降低长期平均成本，进而实现利润最大化。然而，在数字经济时代，规模经济的内涵发生了转变，它更多地依赖于扩大连接入网的用户规模，以实现利润最大化。

其次，数字经济具有范围经济的特征。传统的范围经济指由厂商的范围而非规模带来的经济，即同时生产两种产品的费用低于分别生产每种产品所需成本的总和。传统的范围经济注重产品间的相关性，而数字经济更加关注客户的数量。具备海量客户数量的平台企业可以在发展主营业务满足"大众"需求的同时开发新品种、新业务满足"小众"的需求，利用自身用户数量优势来满足不同消费群体的不同需求，由此形成了消费端的"长尾效应"。当企业拓展与核心业务相关联的新业务领域时，凭借其丰富的客户资源，企业能够以较低的成本推动新业务的成长，同时这些新业务由于与核心业务的关联性，也更容易被客户所接受。

再次，数字经济具有降低交易成本的特征。传统的经济交易具有较高的摩擦成本，即在交易前为获取信息产生的搜寻成本，交易中因信息不对称产生的议价成本，交易完成后产生的履约成本（何枭吟，2005）。而数字经济的出现，可以大幅度降低这些交易成本。数字经济可以使消费者足不出户地通过搜索引擎或商品分类目录锁定需要的产品，极大地降低了在交易前为获取交易对象相关数据而产生的信息成本。在交易过程中，数字经济可以降低传统经济模式由于信息不对称带来的议价成本，商家难以对消费者实行价格歧视，而消费者可以通过商品比价找到物美价廉的商品，降低了讨价还价的成本。在交易完成后，数字化的产品和服务可以直接通过网络进行运输，大幅度降低了交易后产生的运输成本。因此，在数字化时代，传统的摩擦经济逐渐走向非摩擦经济，改变了以往臃肿的流通环节，冲击了高成本的商业模式。

最后，数字经济容易形成跨界竞争的特征。传统的经济模式下，行业变革通常来自行业内部企业的创新，由于其技术突变较为困难，往往产生"路径依赖"的特征。而数字经济模式下的技术创新、商业模式变革往往具有不确定性，发展方向难以预测。对于新技术反应灵敏、拥有正确商业战略的企业可以有更多"弯道超车"的机会，而不论其是否来源于行业内部（李晓华，2017）。比如电视广告收入已经成为各电视台收入的主要经济来源，而新媒体的出现使得越来越多的广告商将广告投放于新媒体平台；以微信为主的网络社交平台逐渐替代传统的短信业务，成了如今人们交流沟通的主要方式。数字经济的出现，打破了传统产业的进出壁垒，撼动了原本牢不可破的龙头企业的地位，改变了企业的经营理念和模式。

2.3　数字化转型

2.3.1　数字化转型的内涵

数字在经济活动中扮演着必不可少、基础性的角色。数字化是将模拟信息转化为数字形式、将自然语言转化为机器语言（二进制格式的 0 和 1）的技术过程（Loebbecke et al.，2015；Dougherty et al.，2012）。"数字化转型"一词最早是由 Coile（2000）基于数字技术在互联网医疗商业模式的研究中提出的，但目前不同的学者对数字化转型所涉及的主体和层面存在不同的看法，这也导致对其定义尚未统一（曾德麟 等，2021）。关于数字化转型的有关研究中，众多学者对数字化转型的概念进行界定，大致可以分为以下两类：

第一类，将数字化转型定义为一个过程。韩佳平等（2022）认为数字化转型可以被定义为传统企业通过利用具有连通性与分析性的数字技术（例如人工智能、物联网等）为企业生产流程和消费者增加价值的过程。Gurbaxani 等（2019）认为数字化转型是企业运用数字技术的创新过程，通过重塑企业愿景、战略、组织结构、流程、能力和文化，以适应高度变化的数字环境。Vial（2019）指出，数字化转型是通过信息、计算、通信和连接技术组合，触发实体属性的重大变化，从而改进实体的过程。企业数字化转型是指通过信息技术、计算技术、通信技术和连接技术的组合应用，触发企业组织特性的重大变革，并重构组织结构、行为及运行系统的过程（黄丽华 等，2021）。

第二类，认为数字化转型可以描述为一个目标。Hess 等（2016）认为数字化转型可以带来企业商业模式的变化，这些变化会使得产品或组织结构改变或过程自动化。数字化转型可以改进重大业务以增强用户体验、简化运营过程或创建新商业模式（Warner et al.，2018）。数字化转型是为了应对数字技术的变化、日益激烈的数字化竞争和由此产生的数字化客户行为（Verhoef et al.，2021）。

可以看出，数字化转型通常包含三方面特征：第一，数字技术是数字化转型的核心要素之一（陈晓红 等，2022），作为数字化转型的外部驱动力，每个行业都受到数字化转型的影响。第二，数据驱动是数字化转型的关键所在，将数据视为核心资产，进行数据收集、分析和利用，以提升对客户和市场的理解，优化业务流程，并实现个性化服务。第三，组织是数字化转型的主要指向对象，建立数字文化，鼓励创新、适应变革是数字化转型为企业和行业可持续发展带来的新方向。

2.3.2 数字化转型的影响

一部分学者从数字化转型推动组织变革的模式进行了研究。袁勇（2017）认为数字化转型是推动公司改革升级的关键因素。通过采用先进的信息技术，企业能够革新客户价值的创造方式，并实现有效的业务创新。夏清华等（2017）提出，制造企业的数字化转型一方面需要对产业结构进行优化，一方面也要从组织模式入手进行升级。

一部分学者从数字化转型如何影响商业模式进行了研究。Macheel（2015）深入探讨了区块链技术如何具体驱动商业模式的变革。研究发现，区块链技术具有颠覆金融机构传统运作方式的潜力，其通过降低运营成本、显著提高工作效率以及强化风险控制能力，最终实现了为客户提供更为优质服务的目标。借助区块链、智能化投资等多种方式来实现对当前金融行业的改造，促进金融场所的分布与融合支付水平的不断提升，金融服务的范围也能够不断扩大（李欢丽 等，2019）。此外，数字化转型还能重构企业资源，戴亦兰等（2018）以207家新创企业为研究对象，通过问卷调查和结构方程模型分析发现，新创企业的商业模式创新受到资源重构能力的影响，而这种影响对企业绩效具有积极作用。总体而言，数字化转型将对寿险公司产生深远影响，它不仅引发了运营方式、组织工作的转变，甚至推动了商业模式的创新。这些变革为寿险业带来了积极的影响，从而促进行业的持续发展与进步。

2.3.3 数字化转型的测量方式

数字化转型的度量存在较大难度，目前尚缺统一的标准指标。这主要是因为企业在报告中对于数字化转型的阐述大多采用定性语言，缺乏量化数据，同时企业财务报表中也未设立专门的计量科目来反映数字化转型，这使得传统测量工具难以度量企业数字化转型的程度（李云鹤 等，2022）。鉴于寿险业在数字化转型领域的文献研究相对较少，在总结其他类型企业如商业银行在数字化转型相关文献的基础上，本书发现现有研究主要采用量表法、指标法、文本分析法三种方法来度量企业的数字化转型程度。

2.3.3.1 量表法

量表法主要通过设计调查问卷来收集相关数据。Schumacher 等（2016）构建了一个衡量制造业企业数字化转型程度的指标体系，该指标体系综合考量了管理层对数字化转型的认知、客户对数字化转型的接受度以及产品的数字化转型水平，旨在全面衡量制造业企业实现工业 4.0 的程度。但这种方法具有一定的主观性，可能导致衡量结果受到企业内部人员主观解读的影响。池毛毛等（2022）在分析制造业的数字化转型时，采用德尔菲法，从助力业务跨越、预测前瞻发展以及支持企业发展等多个维度来全面评估企业的数字化转型水平。然而，这种度量方式也可能因为量表设计者对企业数字化转型具体实施进展了解不全面，导致量表条目或评级标准不够精准等问题。

2.3.3.2 指标法

部分学者利用企业财务报表中无形资产等相关指标来衡量数字化转型程度。例如，祁怀锦等（2020）通过计算年末无形资产明细中与数字化转型有关的部分占无形资产总额的比例来衡量企业的数字化转型程度。随着对企业数字化转型研究的不断深入，学者们在衡量企业数字化转型程度时，已不再局限于使用单一的评价指标，而是倾向于构建一个多层次、多角度的指标体系，以更全面、准确地反映企业的数字化发展状况。例如，刘飞（2020）在分析数字化转型对制造业上市公司生产率的影响机制时，从数字化投资、数字技术应用和业务模式转型这三个维度山发构建指标体系来测度制造业上市公司的数字化转型程度。

2.3.3.3 文本分析法

文本分析法主要依赖于自主建立的关键词库结合文本挖掘技术，来量化评估企业的数字化转型程度。例如，吴非等（2021）通过统计上市公司年报中涉及数字化转型的关键词频次，构建出了一套衡量企业数字化转型程度的指标体系。

综上所述，通过归纳总结分析数据、数字技术、数字经济与数字化转型的基本内涵，本书进一步概述了数据、数字技术、数字经济与数字化转型的关系，如图 2-1 所示。数据是数字技术的核心要素，也是数字经济的重要资源。数字技术是数字化转型的赋能工具，在推动传统企业实现数字化转型的过程中，数字技术的应用扮演着至关重要的角色，成为企业转型升级不可或缺的关键手段（吴群，2017）。通过利用数字技术来实现与供应商、客户和竞争对手的跨界互动（Singh et al.，2017），能够助力组织实现转型并获得竞争优势。与此同时，数字技术也是数字经济发展的有效支撑。以数字技术为赋能手段的产业数字化转型已成为数字经济发展的核心引擎，因此数字技术是推动数字经济发展的关键要素之一。

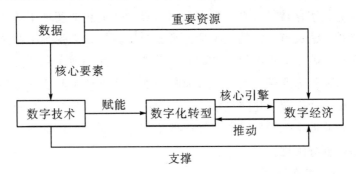

图 2-1　数据、数字技术、数字经济与数字化转型的关系

2.4　寿险业数字化转型

2.4.1　寿险业数字化转型的内涵

数字化转型是全球市场的最新趋势之一，为了保持竞争优势和可持续性，越来越多的组织正在进行数字化转型，这些组织正在数字技术的帮助下改变业务流程，创造新的商业模式（Vugec et al.，2018）。由于数字创新的快速发展，组织不断接触到数字市场上的新技术，这些技术专注于提高工作效率、提高组织的盈利能力、提高客户满意度、保持竞争优势，并最终获得数字化、适应性和敏捷性技能。

与大多数其他行业一样，保险业也受到数字化转型的强烈影响（Eling et al.，2018；Eckert et al.，2020）。数字技术正在迅速改变保险业，促使保险公司重塑其商业模式，以满足快速发展的商业环境需求。虽然一些运营商在试图应对数字化的挑战时陷入了困境，但也有一些运营商看到了数字化的巨大前景。从这个意义上讲，数字化转型是保险行业服务数字经济高质量发展的内生要求（中国互联网金融协会，2021）。安联保险集团经济研究团队（2015）在深入调研后得出结论，保险行业的未来发展将高度依赖于数字化的客户服务和互动模式。

学界关于保险业数字化转型的概念界定还未统一。国外学者认为，技术改造通过使用基本的数字联系、数字化文档、在线输入数据、应用移动服务等方式帮助保险公司踏入数字时代（Nguyen，2019）。数字化转型带来了分析和评估数据的新方法，有助于解决保险人和投保人之间的信息不对称问题，特别是道德风险和逆向选择。此外，数字化影响保险公司的核心产品，虽然保险业务模式非常注重理赔，但保险公司可以利用大数据将以客户为中心融入其产品战略，从而创新其服务（Lehrer et al.，2018）。对于保险业而言，关键是通过改变保险消费者行为模式和商业模式策略实现数字化转型（Saxena et al.，2022）。而在国内，朱俊生（2017）指出，保险业数字化转型是以客户为中心深度融合保险与科技，这一过程不仅要通过科技力量赋能并催生保险新业态，更要借助科技手段实现传统业态与新业态的无缝对接与整合；苗力（2019）认为，保险业数字化转型的内涵在于保险企业充分利用新兴数字技术，为行业发展注入新的活力。这一过程不仅涉及将传统的战略思维转化为适应数字化时代的"数字思维"，还涵盖了对企业经营策略、职能层面、组织文化、组织架构以及管理系统等战略决策程序的全面重构；郝毅等（2022）认为，数字化转型是业务价值链的全面数字化，通过数据与技术双轮驱动，实现业务重塑和价值链升级，更好地提升客户体验、提高业务效率、提升经营价值；唐金成等（2022）认为，保险业数字化转型可以理解为保险公司为适应数字经济时代的要求，运用大数据、人工智能、云计算、区块链等数字技术，结合自身优势和不足选择最适合自己的核心发展路线，建立包含数据、技术、组织、机制等数字化转型支撑体系，促进保险公司全方位的数字化业务能力提升，最终实现外勤人员、内勤人员、决策者服务效率的整体提升以及客户、合作方体验效率的整体提升。

寿险业作为保险业的重要组成部分，寿险业数字化转型是在"数字中国"发展战略引领下拥抱数字化变革的必然选择。现阶段关于保险业数字化转型的研究处于起步阶段，有关寿险业数字化转型的基础性研究为数甚微。在寿险行业生态中，各类供给主体基于自身的资源、技术和场景等优势，正积极响应数字化转型的潮流，不仅在产品设计、营销宣传、核保理赔、精算定价等业务领域持续创新探索，而且致力于推动整个行业更好地适应数字经济时代下的创新驱动保障需求。

Chiguvi 等（2023）认为，寿险公司的数字化转型是一个涵盖商业活动、流程优化以及概念创新的巨大变革，旨在通过战略性的优先布局以充分利用电子技术及其在社会各领域的广泛影响所带来的潜在机遇。Tobing 等（2022）从数字化动态能力的视角诠释了寿险公司数字化转型的内涵，他们认为数字化转型的重点在于寿险公司应不断适应快速变化的数字环境，以满足客户、员工和业务合作伙伴的数字化期望。Kumar 等（2023）认为，寿险公司的数字化转型是指其利用物联网等数字技术，与健康、医疗等行业进行深度合作，旨在优化服务流程并提升客户服务体验。

本书基于现有研究成果，综合国际优秀经验和国内保险业数字化转型的实际情况，将寿险业（公司）数字化转型定义为：寿险业（公司）利用数字技术手段，构建由数字技术应用、互联网商业模式、智能管理与服务，以及现代信息系统组成的数字化支撑体系，最终实现优化用户体验及服务效能的提升、革新商业模式、控制寿险风险、提升市场竞争力的目标，促进寿险业（公司）的高质量发展。

2.4.2 寿险业数字化转型的现实动因

在社会经济变革的众多驱动因素中，数字技术发挥着重要作用，而寿险业务以多种方式与社会经济变化相结合。当前学界对寿险业数字化转型的现实动因有一定的分析研究，现概述如下：一方面，社会和经济的新发展影响了寿险需求，城市化、个性化和老龄化社会等大趋势为保险公司的客户市场创造了活力，气候变化、经济不稳定和政治动荡等社会因素需要改变传统保险风险计算方式。另一方面，保险公司是社会经济结构的一部分，需要人力资源以及现代信息和通信技术，并依赖金融产品来产生储蓄，因此社会经济变化也会影响保险公司的经营方式（Bohnert et al.，2019）。现有的 IT 基础设施支持新的商业形式，通过基于平台的互动和系统性价值创造，可以实现创新（Lusch et al.，2015），这些变化为保险公司进入数字保险新阶段提供了机会（Nicoletti，2016）。特别是面对日益增长的消费者需求以及愈发复杂的网络环境，寿险业正迫切需要进行数字化转型，旨在大幅提升运营效率。数字化有很大的潜力通过以更低的价格提供更好的产品来增加客户价值（Eling et al.，2018）。此外，保险公司在与投保人保持关联方面面临着持续的挑战，在一个数字化转型的行业，传统保险公司必须与保险科技公司竞争（Moodley，2019）。

具体而言，首先，消费者需求的转变驱动了寿险业的数字化转型。在数字化时代，当下的消费者越来越注重服务体验，服务体验很快将会成为消费者选择保险产品的首要考虑因素。正确使用数字技术可以让运营商更高效，更快响应客户需求。数字工具使保险公司能够经济高效、安全地提供更简单、更方便、更快捷的客户体验。数字功能改善了客户与保险公司的联系方式，使运营商能够更好地了解现有和潜在的投保人，从而开发个性化服务和产品，最终提高客户满意度。此外，数字化转型可以加强保险公司的客户体验管理，同时提高客户满意度和客户保留率，创新保险产品从而获得战略优势。虽然目前的保险业务模式建立在识别损害及其赔偿的基础上，但目前的数字技术以人工智能为前沿，为预防和准确预测个人风险提供了新的机会（Kelley et al.，2018）。

其次，寿险公司传统服务模式的弊端倒逼数字化转型。在传统模式下，由于掌握的客户信息有限、缺乏大数据技术支撑，寿险公司的产品并发能力不足，保险产品迭代速度缓慢、市场同质化严重、产品结构单一。且由于缺乏大数据技术的支撑，寿险公司对客户信息的分析能力不强，主要以被动管理为主，所以更多只能依靠相关岗位人员的经验来进行决策，难以针对不同场景及个性化需求量身定制解决方案。数字化转型的核心在于利用多种技术手段，全面收集企业日常运营、创新、客户体验、市场变化及行业趋势等关键数据。通过对这些数据的整合与分析，构建出企业运营的全景图、客户行为的全景洞察、产品的深度剖析以及市场与行业趋势的精准预测，这一过程不仅能够提升企业的运营效率，更为企业创造了全新的业务模式与发展机遇。因此，对于寿险业而言，传统模式下服务弊端日益凸显，借助数字化加快服务转型迫在眉睫。

最后，新冠疫情的影响加速了寿险业的数字化转型。新冠疫情的出现迫使寿险公司重新考虑现有的业务和运营模式，并加快了向数字技术转变的速度（Chordas，2021）。新冠疫情通过健康冲击直接影响寿险业，通过金融冲击以及投保人行为和分销渠道的转变间接影响寿险业，寿险公司需要加速实施数字化技术以提升应对市场多变的能力（Shevchuk et al.，

2020）。新冠疫情导致寿险公司从高接触经济向低接触经济的模式转变。根据战略选择，寿险公司可以遵循不同的业务战略，转向低接触经济，从保留现有产品和客户到寻找新产品，从复制其他市场参与者的解决方案到创造创新。当今寿险业的大多数创新都集中在三个主要策略上：使保单购买更容易；尽可能降低价格；让投保人使用工具和技术（Shevchuk et al.，2020）。特别是随着新冠疫情在全球传播，寿险公司被迫采取数字措施，通过增加沟通渠道，从数据访问中获利，并为定价和承保创建新的分析工具。在此期间改用网络设施的消费者，其消费习惯已发生显著变化。富有远见的寿险公司通过积极探索并测试各种创新的可能，从而在市场竞争中占据领先地位。

2.4.3　寿险业数字化转型的影响

寿险业的数字化转型具有多个层面的影响，现就已有针对于此的部分研究概述如下：相较于其他行业，寿险业的数字化转型起步较晚。虽然数字化模拟和数字世界与新技术的结合已经极大地改变了许多其他行业，但寿险业的转型尚未充分利用数字技术的潜力（Catlin et al.，2016）。尽管如此，大多数市场参与者相信数字化将从根本上改变保险行业的价值创造，带来多种新的客户互动方式、新的业务流程、新的风险和新产品（Eling et al.，2018）。数字化可以通过多种方式应用于寿险业，人工智能（AI）可以应用于保险，大数据也可以应用于机器学习，物联网可以应用于保险（Saxena et al.，2022）。现有研究表明，数字化转型对保险公司的业务绩效有着显著的积极影响（Bohnert et al.，2019），同时，数字化带来了流程效率的提高、承保和产品开发的完善、客户互动的重塑以及新的商业模式。

早期关于数字技术对保险业影响的研究主要涉及在线和数字分销渠道（Garven，2002；Dumm et al.，2003）及其对保险代理人（Eastman et al.，2002）、客户（Kaiser，2002）的影响。随着数字技术的进一步发展，保险业需要进行组织变革（Barkur et al.，2007），采用新的商业模式（Desyllas et al.，2013），以应对深度的行业变革和激烈的市场竞争环境。Barkur 等（2007）强调了保险业组织变革的必要性，移动互联设备的普及进一步支持了这一论点，因为它使保险公司能够采用新的商业模式（Desyllas et al.，2013），并改变可投保的风险类型（Gehrke，2014）。大数据分析允许根据有关投保人行为的信息对保费进行单独和自适应计算（McAfee et al.，

2012），而以前无法计算的风险现在可以通过新的保险类型来估计（Eling et al.，2016）。

保险分销流程的数字化。数字技术允许业务流程和决策自动化，改变了现有产品，保险公司与客户互动的方式也在发生根本性变化，这就是保险销售受到特别影响的原因（Eling et al.，2018）。传统上，为了获得有关保险产品的信息，客户需要与保险中介机构进行个人联系。如今，很多关于产品的信息都可以在网上获得，许多产品可以在网上直接购买，而无须个人互动。因此，数字化转型带来了新销售渠道的同时，也会有利于传统销售渠道，比如数字化转型能够提高保险代理人和经纪人的客户服务能力（Eckert et al.，2021）。以往保险市场一直由中介机构主导，他们扮演着理解消费者和企业需求的角色，然后根据他们的需求匹配和定制保险产品和解决方案。数字技术将对整个分销流程产生重大影响，它涉及如何提供产品和服务，以及公司如何与客户互动，在数字时代，分销过程的各个阶段不再只关注一个渠道，而是分散在多点触控（全渠道）分销模式中。

数字化转型对传统寿险产品销售方式的影响。保险业数字化转型引入了一些新型数字保险技术，如数字支付账单、自动保险索赔、高度个性化的客户数据、保费到期日警报信息（Kishori et al.，2019）。消费者越来越自我导向，使用各种渠道和手段进行研究、寻求建议，并最终购买保险服务。数字化转型允许增加许多不同的客户服务渠道，包括自助服务，如网站、电子邮件、在线聊天、移动应用程序、短信、在线论坛和社交媒体（Nguyen，2019）。特别的是，新冠疫情加速了保险公司与客户间的互动向简单、迅速、透明及便捷化转变的趋势，这一变化促使客户更倾向于保险公司通过网络平台来指导他们的选择（Shevchuk et al.，2020）。由于客户行为的转变，更多地使用人工智能和智能自动化技术将使保险公司能够为客户提供卓越的体验，因此发达市场的保险公司将专注于创造增值损失控制和风险管理服务（Shevchuk et al.，2020）。

数字化转型对保险价值链及其对风险可保性的影响。Eling 等（2018）确定了数字化对可保性相关的三个关键领域的变化，包括新信息和更多信息对信息不对称和风险池的影响，新技术对损失频率和严重性的影响，以及通过连通性增加对信息系统的依赖性。保险业的每个人都需要一个宏观经济环境，在这个环境中，保险技术初创企业、寻求技术驱动商业模式的新企业都在迅速扩张。很明显，这些新进入者正在多个不同领域与保险业务和经纪人竞争，包括销售和交付、保单管理和索赔处理，以及资产风险和资产管理。如果保险业能更快地适应和吸收新的数字创新，传统保险公司更有可能在市场环境快速变化和技术驱动下生存（Saxena et al.，2022）。

此外，还有部分学术研究聚焦于数字化在保险领域的部分或特定技术的应用，有研究致力于探究物联网（IoT）的出现及其在健康和护理领域的当前和潜在用途（Spender et al.，2019）；或探究保险公司如何应用大数据分析，Zhang 等（2019）关注大数据在客户关系管理的有效性，Fang 等（2016）将大数据分析方法随机预测回归应用于保险客户盈利能力预测，Gatteschi 等（2018）分析了区块链在保险领域的应用。

3 寿险业数字化转型的发展历程与现状

3.1 寿险业数字化转型的发展历程

基于数据与数字技术等发展起来的数字产业逐渐成为经济发展的重要支柱，其在缓解供应链危机、促进供需平衡和发展生产力等方面发挥了难以替代的作用。而传统产业在面临更加严峻的市场环境和世界格局下，也在积极寻求改变现状的措施，引入数字技术，利用数据资源，从而加速传统产业的数字化、现代化转型，这就是数字产业化与产业数字化，它们共同构成了数字经济的重要组成部分。为发展数字经济，支持数字化转型，我国政府做出了一系列努力并出台了相关政策。表 3-1 汇总了 2015—2023 年国家层面数字经济行业发展的相关政策。

表 3-1 2015—2023 年国家层面数字经济行业发展政策汇总

时间	政策/会议	内容
2015 年 11 月	"十三五"规划	实施国家大数据战略，推进数据资源开放共享
2017 年 7 月	《新一代人工智能发展规划》	提出到 2030 年人工智能理论、技术与应用总体达到世界领先水平，为跻身创新型国家前列和经济强国奠定重要基础

表3-1(续)

时间	政策/会议	内容
2017 年 10 月	党的十九大报告	加强应用基础研究,拓展实施国家重大科技项目,突出关键共性技术、前沿引领技术、现代工程技术、颠覆性技术创新,为建设科技强国、质量强国、航天强国、网络强国、交通强国、数字中国、智慧社会提供有力支撑
2019 年 8 月	《国务院办公厅关于促进平台经济规范健康发展的指导意见》	首次从国家层面对发展平台经济做出全方位部署,针对互联网领域价格违法行为特点制定监管措施等要求
2019 年 10 月	《国家数字经济创新发展试验区实施方案》	在河北省(雄安新区)、浙江省、福建省、广东省、重庆市、四川省等启动国家数字经济创新发展试验区创建工作。通过 3 年左右探索,数字产业化和产业数字化取得显著成效。明确将数据作为一种新型生产要素写入政策文件。提出加快培育数据要素市场,推进政府数据开放共享,提升社会数据资源价值,加强数据资源的整合和安全保护
2019 年 10 月	党的十九届四中全会	推进数字政府建设,加强数据有序共享,依法保护个人信息
2020 年 4 月	《关于构建更加完善的要素市场化配置体制机制的意见》	大力培育数字经济新业态,深入推进企业数字化转型,打造数据供应链,以数据流引领物资流、人才流、技术流、资金流,形成产业链上下游和跨行业融合的数字化生态体系
2020 年 4 月	《关于推进"上云用数赋智"行动 培育新经济发展实施方案》	实施国家大数据战略,推进数据资源开放共享
2020 年 7 月	《关于支持新业态新模式健康发展 激活消费市场带动扩大就业的意见》	培育产业平台化发展生态、加快传统企业数字化转型步伐、打造跨越物理边界的"虚拟"产业园和产业集群、发展基于新技术的"无人经济"
2020 年 9 月	《关于加快推进国有企业数字化转型工作的通知》	加快推进国有企业数字化转型,加快建立数字化转型闭环管理机制,加快集团数据治理体系建设,建设态势感知平台,加强平台、系统、数据等安全管理

表3-1(续)

时间	政策/会议	内容
2022 年 1 月	《"十四五"数字经济发展规划》	一是优化升级数字基础设施；二是充分发挥数据要素作用；三是大力推进产业数字化转型；四是加快推动数字产业化；五是持续提升公共服务数字化水平；六是健全完善数字经济治理体系；七是着力强化数字经济安全体系
2022 年 10 月	党的二十大报告	提出加快发展数字经济，促进数字经济和实体经济深度融合，打造具有国际竞争力的数字产业集群
2022 年 11 月	《中小企业数字化转型指南》	旨在助力中小企业科学高效推进数字化转型，提升为中小企业提供数字化产品和服务的能力，为有关负责部门推进中小企业数字化转型工作提供指引
2022 年 12 月	《中共中央 国务院关于构建数据基础制度更好发挥数据要素作用的意见》	通过构建数据基础制度体系，为数据市场化价值形成，加速数据要素与实体经济融合提供操作制度
2023 年 2 月	《数字中国建设整体布局规划》	提出 5 项重要任务：一是要夯实数字中国建设基础；二是要全面赋能经济社会发展；三是要强化数字中国关键能力；四是要优化数字化发展环境；五是要加强组织领导
2023 年 12 月	《"数据要素×"三年行动计划（2024—2026年）》	推动数据要素×工业制造、数据要素×现代农业、数据要素×交通运输、数据要素×金融服务等，培育新产业、新模式、新动能

我国数字经济的发展过程呈现出以下特征：

第一，我国数字经济蓬勃发展，已成为国民经济中最为核心的增长动力之一。如图 3-1 所示，数字经济总体规模已从 2016 年的 22.6 万亿元增长到 2022 年的 50.2 万亿元，同时占 GDP 的比重逐年攀升，从 2016 年的 30.3%到 2022 年的 41.5%，其在国民经济中的地位进一步凸显。

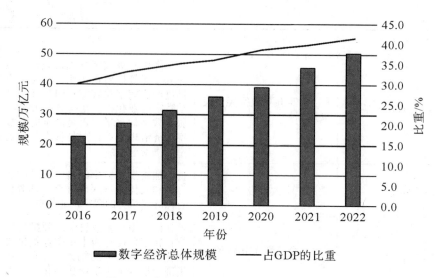

图 3-1　我国数字经济规模和占 GDP 的比重

数据来源：中国信息通信研究院。

第二，产业数字化是数字经济的重要组成部分，我国的产业数字化转型深入推进，由单点应用向连续协同演进。传统的产业利用数字技术进行全方位、全链条和多角度的改造提升，数据集成与平台赋能成为推动产业数字化发展的关键。从图 3-2 中可以看出，2016—2022 年，我国产业数字化规模不断增加，在 GDP 中的占比也不断上升。2022 年，我国产业数字化规模达到了 41 万亿元，占 GDP 比重为 33.9%；同年，数字经济占 GDP 的比重为 41.5%，也说明了产业数字化是数字经济的重要组成部分。

第三，随着数字产业化实力的持续增强，数字技术不断催生新业态，众多大数据、人工智能、云计算企业涌现并蓬勃发展，推动产业生产体系日臻完善。由图 3-3 可知，我国数字产业化规模由 2016 年的 5.2 万亿元增长至 2022 年的 9.2 万亿元，占 GDP 的比重由 2016 年的 7.0% 上涨至 2022 年的 7.6%。

在"数字中国"战略的引导下，近年来国家对寿险业数字化转型的政策支持力度越来越大，顶层设计也越来越完善，为寿险业创新发展、加快数字化转型提供了有力保障。回顾我国寿险业数字化转型的发展历程，总体经历了以下三个阶段：

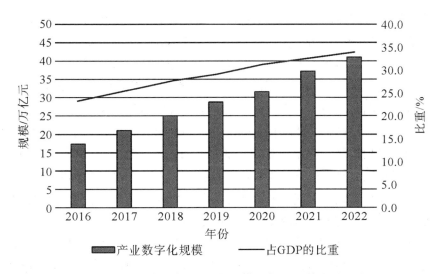

图 3-2　我国产业数字化规模和占 GDP 的比重

数据来源：中国信息通信研究院。

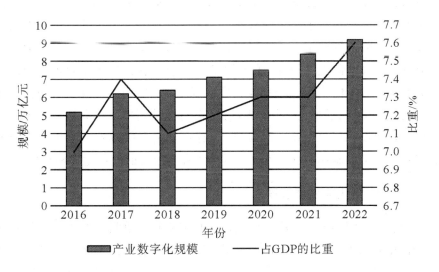

图 3-3　我国数字产业化规模和占 GDP 的比重

数据来源：中国信息通信研究院。

3.1.1　信息化建设阶段

1996 年，中科软科技股份有限公司成立之初便致力于保险公司的 IT 建设服务项目，为保险公司开发核心业务处理系统，电脑手工出单成了保险公司信息化建设的起步标志。保险公司开展业务主要依赖于核心业务系统，在 IT 技术服务商的支持下，各大保险公司陆续实现核心业务流程的电子化和网络化。新华人寿在 1997 年签下了国内首份互联网保单。2000 年，泰康人寿宣布推出"泰康在线"网站，旨在实现保险服务的全流程网络化。在此期间，国寿、平安、太保、泰康、新华等各大保险公司纷纷建立起线上的商务网站，并陆续在全国范围内的大部分省份建立了呼叫中心系统。保险机构积极实施渠道变革，通过官方网站、移动 App 等自有渠道，以及借助第三方平台进行广告宣传，直接推送保险产品给目标客户。这一变革有效减少了销售中间环节，使保险公司能够与客户进行更为直接和高效的交流，从而打破了传统交易中的时空限制。

2004 年，鉴于保险公司省分公司 IT 系统分散建设所暴露出的弊端，平安、泰康等保险公司纷纷启动了 IT 集中化建设进程，整合业务、财务、营销等各类结构化和非结构化数据。随着核心业务处理系统的持续迭代与更新，该系统如今已能够全面支持保险公司的业务处理和流程管理，为公司的数字化升级奠定了坚实的基础。2006 年，国务院颁布的《国务院关于保险业改革发展的若干意见》提出，要运用现代信息技术，提高保险产品科技含量，发展网上保险等新的服务方式，首次在顶层规划政策层面倡导科技在保险领域的应用。2009 年，原中国保监会发布的《保险公司信息化工作管理指引（试行）》明确规定："各保险公司应当建立信息化工作的风险评估机制和信息系统审计制度。"这一规定不仅有效推动了保险公司信息系统内部控制体系的建设，也提升了保险公司的信息化管理水平。

3.1.2 线上化发展阶段

随着互联网的普及与广泛应用，用户需求逐渐展现出线上化、碎片化和个性化的趋势，从而极大地促进了互联网保险的迅猛发展。2013 年，中国首家互联网保险公司——众安保险成立，并陆续推出"尊享 e 生"百万医疗险等产品。2014 年，国务院出台《国务院关于加快发展现代保险服务业的若干意见》（简称"新国十条"），明确支持保险公司运用现代互联网技术创新服务模式，保险科技进入加速发展阶段，表现为保险科技对营销渠道的进一步改革和对营运领域的逐渐渗透。一些大型险企如泰康，设立了专属的互联网保险公司。除此之外，一些互联网厂商也凭借其在场景构建、流量获取等方面的优势，纷纷涉足保险领域，如蚂蚁金服成立保险事业部并搭建了互联网保险平台。除此之外，保险科技融资数量不断攀升，保险科技初创公司如雨后春笋般冒出，资本快速进入保险科技行业。2011年至2014年我国获得投融资的保险科技企业较少，而到了2016年，这一数量已经快速上升至88家。

互联网平台在保险销售中展现出其独特的优势：通过大数据分析，我们能够精准地洞察客户的消费行为和偏好；在特定场景下，我们能够创新保险产品以满足客户需求；同时，互联网平台自身的强大号召力和流量优势也为保险销售提供了有力支持。此外，互联网平台所积累的海量客户数据和庞大的线上消费场景为保费转化提供了得天独厚的资源。除了传统的互联网保险网站，还涌现出众多第三方平台和专业保险中介机构，进一步拓宽了营销渠道。同时，OCR智能识别技术的应用使得保险单据能够自动记录，文档精准识别，从而大幅提升了保险机构的营运效率。此外，借助人工智能技术，保险机构实现了保单管理、理赔等自动化服务，进一步增强了与客户间的互动。随着互联网保险和场景保险的迅猛发展，保险业务已全面向线上化迈进，保险销售、核保、理赔等全业务流程的线上化率得到了显著提升。

3.1.3　数字化建设阶段

IT信息化建设、互联网保险的快速发展为保险基础系统架构、保险用户数据积累打下了基础，从而为保险公司的数字化转型提供了强大的驱动力。国际保险监督官协会（IAIS）在2017年3月提出了"保险科技"的概念，将其定义为有潜力改变保险业务的各类新兴科技和创新性商业模式的总和。在这一时期，一些大型保险机构陆续推出了数字化转型的战略。例如2017年，中国太保提出了"数字太保"战略，旨在构建智能化技术引擎，同时搭建业务及管理共享平台，以深化金融与新技术的融合。2019年，中国人寿正式发布"科技国寿建设三年行动方案"，通过集成大数据、人工智能和物联网等前沿技术，全方位强化保险价值链的各个环节，从而助力公司的高质量发展。同年，中国平安正式确立了以"金融+科技"为核心的战略方向，推动"科技赋能金融、科技赋能生态、生态赋能金融"。

2018年6月，原中国银保监会颁布《中国保险服务标准体系监管制度框架（征求意见稿）》，提出要推进保险服务数字化转型升级，加快数字保险建设，构建以数据为关键要素的数字保险，推动保险服务供给侧改革，更好服务我国经济社会发展和人民生活改善。2020 年，原中国银保监会发布《中国银保监会关于推动银行业和保险业高质量发展的指导意见》，鼓励保险机构创新发展科技保险。现阶段，大数据、云计算等技术已经应用在保险行业，保险科技的力量渗透到保险行业的各个层面，传统保险公司、互联网保险公司、保险初创公司等经营主体，均在产品创新、营销渠道、理赔管理、风险管理、投资管理、反欺诈等环节取得重大突破。保险科技的应用意味着保险公司可以通过大数据、人工智能等技术分析客户的消费需求和经济能力来进行合理定价，注重保险场景化，在场景中让客户对保险产品有更好的理解，帮助客户选择更适合自己的保险产品。人们越来越偏向并且习惯于数字化和场景化，强调个性化需求和服务，这也推动着保险行业从"互联网+"迈入"数字+"的阶段。为了推动保险数字化转型的进一步深化，必须致力于推进保险全域数字化的全面建设，并推动新一代核心系统架构等技术基础设施的全面升级。这些举措将有力支撑保险企业内外全业务流程的升级需求，为行业的持续发展奠定坚实基础。

3.2 寿险业数字化转型的发展现状

在数字经济高速发展的时代背景下，中国寿险业正从传统的规模扩张转向质量提升。然而，近些年来人口红利减退、客户需求变化、数字化全面渗透商业生活、传统保险营销模式难以维系，加之外部宏观环境处于百年未有之大变局，重塑行业价值链已经成为保险企业面临的共同挑战。针对此，本节以中国人寿、平安人寿、太保寿险和泰康人寿为例，分别从产品设计、营销管理、客户服务等方面总结了寿险业开展数字化转型的发展现状。

3.2.1 以中国人寿为例

2019 年初中国人寿提出了"重振国寿"的战略目标，为此聚焦于数字化转型的"四大行动"——客户体验数字化、运营管理数字化、商业模式数字化和全面夯实数字化基础平台。2019 年上半年，中国人寿全面启动为期三年的"科技国寿"建设行动，作为战略转型的配套方案，该行动旨在通过深度整合大数据、人工智能等技术，为公司客户、内部团队以及各地网点提供前沿的科技应用，从而持续丰富和升级数字化服务（如图 3-4 所示）。在"科技国寿"的战略指引下，中国人寿聚焦于四大核心领域——科技赋能队伍、科技赋能网点、科技赋能运营以及数字化生态建设。通过深入运用大数据、人工智能、物联网等数字技术，全方位赋能保险价值链的各个环节，从而为公司的高质量发展注入了强劲动力。

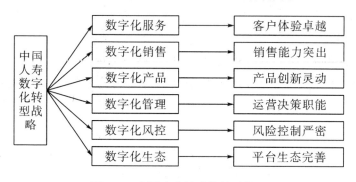

图 3-4　中国人寿数字化转型战略

3.2.1.1　产品设计方面

随着老龄化社会的到来，人民健康意识觉醒，中国健康养老需求呈现爆发式增长，呼唤高品质的健康养老供给。中国人寿全力推进"大健康""大养老"服务体系建设，坚持以客户为中心，明晰养老生态中的长期发展目标与规划。自 2021 年起，中国人寿积极响应人口老龄化趋势，启动服务适老化专项工作，旨在切实关注老龄人口的健康与养老需求，具体包括 26 项有针对性的适老化改造任务，体现了产品覆盖广泛多样、理赔服务高效便捷、养老规划科学合理等独特优势，从而实现了适老化服务水平的全面提升。

例如，中国人寿通过强化多元模式供给，加快重点城市项目布局，多元化服务供给能力持续提升，为客户提供"让子女放心、让老人安心"的全生命周期养老服务。与此同时，全新打造国寿养老专属规划师队伍，丰富产品对接体系，以专业化的服务更好地满足客户的养老规划和保障需求。此外，特别推出了寿险 App "尊老模式"，成功整合了五条科技产品线，并对超过 70 个功能点进行了优化升级。凭借其卓越的用户体验，该款 App 成功通过了工业和信息化部的无障碍测评，成为寿险业内唯一一款获得工业和信息化部无障碍及适老化双重认证的移动应用。

3.2.1.2　营销管理方面

中国人寿依托数字技术创新展业服务模式，旨在实现销售服务的智能化、精准化和便捷化。具体而言，中国人寿推出了一系列的数字化营销工具，如国寿易学堂、智能培训系统等，这些工具为线上销售培训赋能，有效激发了销售队伍的活力，并推动了销售队伍的高质量发展。例如，通过利用营销员大数据社交名片，清晰地展示了营销员的服务年限、服务记录、累计保障额度以及服务品质，这一举措旨在帮助客户全方位了解营销员的专业能力和信誉，从而加强客户与营销员之间的信任与互动。此外，中国人寿还推出了全流程无纸化增员及职场线上运作等数字化队伍管理工具，这些工具已被数百万的销售人员广泛应用，极大地提升了团队的管理效率和运作效能。

与此同时，中国人寿通过构建智能精准营销系列模型，为营销服务提供智能化支持，包括保障型产品购买预测、规模型产品购买预测、十年期产品购买预测、保单借款概率预测等分类预测模型及客户保障缺口分析等量化预测模型，并应用于国寿e店相关服务专区、寿险App"猜你喜欢"、寿险App"健康保障大PK"等应用场景，大幅提升销售服务效率，赋能销售创新发展动能。中国人寿积极运用数字技术创新展业模式。公司推出了个险全流程线上空中增员，创新了线上智能销售训练系统，并引入了职场智能实时业绩播报功能，这些举措极大地提升了销售的智能化、精准度和便捷性。

3.2.1.3　客户服务方面

近年来，中国人寿落地了"大后台 + 小前端"移动互联布局，建成了业内最大、覆盖最广的全网互联环境，搭建了全面开放、线上线下一体的数字化平台，并持续丰富扩展以保险为核心的数字生态，为公司高质量发展注入科技动能。在数字化平台建设上，中国人寿已构建起涵盖大数据、实时计算、智能语音、人脸识别以及深度学习五大核心的人工智能平台体系。这些平台不仅将智能技术深度融入公司的各个经营环节，还助力公司实现了由传统商业模式向平台化、扁平化经营思维的转变。中国人寿致力于为客户提供一个全流程、全渠道、全价值的数字化客户旅程，通过构建一个全面开放、线上线下一体化的数字化平台，确保各类线上服务的快速供给。同时，借助大数据分析，精准洞察客户需求，进而为客户推荐多层次、系列化的保险保障方案，以满足客户的个性化需求。在理赔方面，中国人寿推出了"三险一体化直付理赔"服务，通过对接社保、医院数据，实现了在客户出院结算时医疗保险、大病保险、商业保险的打通，直接抵扣医疗费用，客户只须支付自费部分即可。相比于传统理赔模式下，客户须先垫付后向保险公司提交理赔申请，经后台流转审批后获得赔付的方式相比，中国人寿的"三险一体化直付理赔"完全免去了报案、申请、垫付等环节，极大地提高了理赔体验。这一例证很好地体现了数字化为客户带来的便利，中国人寿结合社保、医院数据实现的"三险一体化直付理赔"也说明了，更好的数据互通与共享有利于全面释放数据价值、提升社会效益。

3.2.2 以平安人寿为例

平安集团较早关注金融科技并开展数字化转型，是保险业内数字化转型的先行者和示范者。早在 2008 年，平安集团就成立了子公司"平安科技"，致力于运用人工智能、云计算等前沿科技，助力平安集团以科技创新驱动业务发展。2017 年，平安集团正式提出了"金融+科技"以及"金融+生态"的战略目标，并在 2018 年进一步提出"科技赋能金融、科技赋能生态、生态赋能金融"的深化方案，通过构建科技平台，将科技创新成果深度应用于"金融服务、医疗健康、汽车服务、房产服务、智慧城市"五大生态圈，推动保险业务的提质增效。

自 2018 年起，平安人寿正式推行全方位的数字化转型战略，其核心举措囊括三大层面，具体如图 3-5 所示。之后，2019 年 9 月平安人寿宣布了更加具体化的"2355"改革工程，即"两步走"实现全面数据化经营，做大做强个险、银保、"线上+区拓"三大渠道，构建五大职能中心和五大销售区域，在坚定数字化转型发展的同时确保业务持续增长。

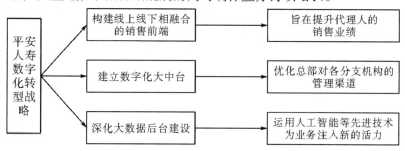

图 3-5　平安人寿数字化转型战略

3.2.2.1 产品设计方面

平安人寿充分发挥自身科技优势，深入洞察客户需求，致力于提升产品策略的前瞻性，精心构建"寿险+"产品体系。公司围绕客户多样化的生活场景，巧妙融入生态理念，形成了独具特色的竞争优势。特别是通过深度整合"产品+医疗健康、养生养老、教育服务"等多元场景，更好地满足客户的全方位、多场景的生活需求。

平安人寿针对细分市场采取"专属产品+服务"的创新模式，依托大数据后台对客户信息进行精准识别与匹配。公司坚持以客户需求为核心，量身打造专属服务内容，如推出针对特定人群的定制化产品，精准匹配客户健康周期。同时，平安人寿提供多样化的健康管理服务，旨在全方位满足各类客群对健康风险管理的个性化需求。

2021年，平安人寿依托集团强大的医疗健康生态圈，创新性地推出了"保险+健康管理"与"保险+居家养老"等多元化产品及服务。此举不仅显著提升了客户服务的体验质量，更打造了差异化的竞争优势。例如，在"保险+健康管理"领域，平安人寿始终坚持以客户需求为核心，精心打造了一套集"前端健康管理、中端专业保障、后端高效解决"于一体的综合性健康管理解决方案，树立了全新一代的行业标杆。平安人寿推出的"平安臻享RUN"健康服务计划，深度融合了主力重疾险产品，旨在为客户提供一套全面且细致的健康管理解决方案。这套服务覆盖了从疾病诊疗、慢病管理到健康管理等多个场景，共包含12项核心健康管理服务，确保客户的健康得到充分的保障。在"保险+居家养老"方面，随着我国老龄化趋势的不断加剧，老年人口数量持续增长，居民的健康管理意识和对生活品质的追求也在不断提升，这使得居家养老市场展现出巨大的发展潜力与广阔的商业前景。在这一背景下，平安人寿凭借其在"金融+医疗"生态领域的深厚积累，积极搭建覆盖客户全生命周期的一站式服务平台。该平台通过构建"线上+线下"的服务模式，并结合"终身专属管家+养老服务"的闭环体系，构建了集医疗、护理、财务规划、养老服务等一体化的场景服务，旨在为客户提供卓越的居家养老服务体验。

3.2.2.2 营销管理方面

平安人寿在深化改革转型的道路上，积极深化代理人渠道的改革与转型，同时加强与平安银行的紧密合作。公司坚定推行有质量的代理人发展战略，通过持续强化科技转型力度，不断提升代理人队伍的整体素质和专业能力。在代理人增员、培训、队伍管理以及销售模式等多个关键环节，平安人寿凭借对 AI 技术的深入应用，成功构建了一套全面且高效的解决方案，旨在显著提升代理人的留存率与产能。

例如，针对代理人的日常销售和客户管理，平安人寿推出了代理人专属的智能助理机器人 AskBob，旨在提供全流程保单服务、构建与客户之间沟通桥梁的金管家 App 以及代理人销售及管理工具"口袋 E" App。其中，AskBob 是平安人寿自主研发的一款智能搜索引擎及 AI 辅助决策工具，专为每位代理人量身定制。该工具能够高效便捷地解答代理人在日常工作中遇到的各种疑问，同时，它还能模拟销售场景，为代理人提供实战训练的机会。此外，平安人寿依托其自研的 AI 技术，推出了"智能拜访助手"，为保险服务与销售辅导提供了全新的线上解决方案，进一步打通了"App+小程序"全新模式，如具备保险配置方案演示实时同步、家庭客户多人在线等功能，实现了更加高效与便捷的保险服务体验。平安人寿还推出了"智慧保"功能，集"专业分析已有保障、智能识别保障缺口、个性化定制保险方案"等多重个性化服务于一体，旨在为客户提供更加精准、全面的保险服务体验。

在数字化营销领域，平安人寿通过综合运用内容营销、社交营销、活动营销以及服务营销等多种策略，不仅显著提高了客户触达率，更精准地洞察并满足了客户的个性化需求。同时，公司致力于与客户建立深度且持久的联系，通过持续提供优质服务和精准营销，不断巩固与客户之间的关系。针对精准销售难的问题，平安人寿创新性地推出了社交辅助营销（SAT）系统，该系统旨在协助代理人实现实时连接、高频互动和精准营销，通过 SAT 系统的运用，平安人寿在提升代理人销售业绩方面取得了显著成效。截至 2021 年年底，平安集团拥有未转化为客户的互联网用户数量高达 4.42 亿，这一数据充分展现了其潜在的庞大客户群体。随着互联网的迅速发展，线上社交 App 如抖音、微博等广泛普及，社交平台已逐渐演变成一种创新的营销渠道。在这样的时代背景下，平安人寿凭借其平台优势，积极推行 SAT 模式，旨在助力代理人实现实时连接、高频互动和精准营销，从而有效提升代理人的业务产能。

3.2.2.3　客户服务方面

平安人寿坚定实施以"产品+服务"为核心的发展战略，通过深度应用保险科技手段，借助大数据精准量化客户在服务过程中的体验感，进而精准识别并改进服务中的不足，最终实现服务质量的显著提升。在提升服务便捷性方面，平安人寿借助先进的图像识别技术，使客户仅须通过线上操作，便可轻松完成身份核实、文件确认等原本繁琐的步骤，这一改进极大地提升了用户体验。此外，"平安金管家"App集成了先进的AI客服功能，使客户仅须通过简单地点击操作便能解决产品疑难问题，从而获得高效便捷的自助服务体验。值得特别关注的是，智能化技术的引入极大地提升了核保理赔等关键环节的处理速度，进而显著降低了客户在购买保险产品时所需的时间成本。在客户服务个性化方面，平安人寿针对不同客户之间显著的需求差异，将满足客户需求置于核心地位，并将提供个性化服务确立为保险科技应用的关键目标之一。通过深度挖掘大数据，平安人寿能够精准把握客户的身体情况，进而主动为客户推荐与其需求相匹配的寿险产品。

在理赔上，过去的传统理赔若难以协商一致不仅会导致服务效率的大幅降低，还会严重影响客户的服务体验。为此，平安人寿依托大数据、生物识别等先进技术，在移动端推出了创新的"闪赔"服务。这一服务模式显著缩短了审核周期，平台测算数据显示，客户在短短30分钟内即可完成理赔流程。这一改进极大地提升了用户体验，为客户提供了更加高效、便捷的服务。自2016年"闪赔"服务推出以来，已高效处理超过200万件理赔案件，累计赔付金额高达40亿元，展现了其强大的服务能力和极高的效率。同时，借助AI等先进技术，平安人寿实现了保单业务的在线一次性办理，极大地提升了业务处理的便捷性。通过对客户数据的精细化管理，平安人寿能够精准把握客户生命周期中不同阶段的需求，从而提供量身定制的增值服务。此外，"智慧客服"的引入更是将业务办理时间大幅缩短，平均时长从原本的3天锐减至10分钟，最快甚至仅需3分钟，显著提高了服务效率。这些技术驱动下的效率提升，不仅极大地优化了用户体验，还赢得了客户的广泛认可。

3.2.3 以太保寿险为例

自2017年起，太平洋保险集团（以下简称"太保集团"）提出了"数字太保"战略，并精心布局了数字化转型的五大关键领域，包括客户端及客户关键旅程的数字化、供应链的数字化、计算能力的建设、敏捷开发机制以及数字化安全，旨在推动保险全业务流程的转型升级，以适应数字化时代的发展需求。2018 年，太保集团启动了以数字化转型为核心的"转型 2.0"战略，并明确了五大突破口，旨在全面推动公司的转型升级，具体如图 3-6 所示。

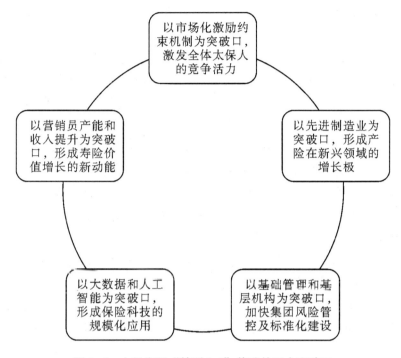

图 3-6　太保集团"转型 2.0"战略的五大突破口

作为太保集团的子公司，太保寿险持续聚焦转型，在践行"数字太保""转型 2.0"等战略后，于 2021 年初推出"长航行动"五年行动计划，以科技作为第一驱动力，全面推进公司数字化进程，在转型变革中探索高质量发展的道路。在"长航行动"战略的指引下，太保寿险精心制定了"334"战略实施框架。这一框架聚焦于三个核心增长点：营销队伍的全面升级、1+X 多渠道布局的深化，以及重点区域的战略拓展。该框架构建了大健康战略、大养老生态、数字化赋能三大优势源，并通过增强科技能力、健全数据基础、提升组织能力、强化人才支撑巩固这四大战略支撑点确保战略的有效实施。

3.2.3.1　产品设计方面

为进一步满足客户日益多样化、个性化的服务需求，太保寿险积极运用大数据技术，深度挖掘客户的保险需求。公司基于海量的客户历史数据，进行精细化的客户洞见分析，通过数据挖掘方法精准地总结出客户的需求特征和购买规律。在深入客户洞见的基础上，进行客户战略分群，深入把握不同客群的客户需求和价值主张，从而刻画完整的客户脸谱，根据这些脸谱，为客户量身定制保险规划，成功构建了一个精准化、差异化的保险产品体系。

针对不同的保险需求，太保寿险采取了差异化战略，将客户群体进行了精细划分。针对不同消费层级的客户，公司研发了多样化的产品，包括人寿保险、健康保险、年金保险等多个分类，旨在满足不同消费群体的个性化需求。在为客户提供保险服务时，太保寿险充分利用不同客户群体的家庭资产配置特点，深入制定个性化的人身保险规划。通过精心搭配公司各类产品，太保寿险能够为客户提供合适且优质的保险产品组合，从而打造专属于每位客户的私人保险产品。"阿尔法保险"智能机器人作为连接太保寿险与客户之间的一座桥梁，发挥了良好的辅助作用。"阿尔法保险"智能机器人作为中国太保集团推出的行业首款智能保险顾问产品，以家庭保险需求为导向，运用先进的自然语言理解技术和智能推荐算法，精准解答用户在保险领域的各类咨询问题。用户只须通过微信小程序，即可轻松通过语音或文字聊天的方式与"阿尔法保险"机器人互动，不仅能获取保险相关基础知识，还能获得针对个人及家庭保险保障需求的个性化规划建议。

3.2.3.2 营销管理方面

随着新技术的迅猛发展，传统的保险营销模式已逐渐显露出其局限性。为此，太保寿险积极投身于数字化技术应用模式的创新与流程的重塑之中。公司聚焦于客户端的需求，成功构建了以"神行太保""太平洋保险App""太平洋寿险"微信公众号及"科技个险"为核心的四大企业级移动应用平台体系。这一举措不仅拓宽了线上渠道，更推动了业务运营模式的深刻转型，为太保寿险注入了新的活力。

在数字化转型前期，太保寿险在互联网营销渠道的表现并不突出，线上营销平台也仅限于中国太平洋人寿保险官网，相较于同行业的大型寿险公司而言并无优势。随着科技研发成本的大量投入，太保寿险开始积极扩展线上营销平台的布局。除了原有的官方网站，太保寿险还成功开发了"太平洋寿险"微信公众号、"太好店"以及"太平洋保险App"等一系列线上应用平台，以此丰富自营平台的矩阵，强化线上营销能力。

近年来，随着客户保险需求的不断升级，寿险经营领域不仅展现出保险产品日益多元化的趋势，业务运营流程也逐步向智能化迈进。这一变革对一线业务员的专业素养和服务能力提出了更为严苛的要求。为应对这一挑战，太保寿险精心打造了一款专属智慧服务平台——"嗨问"。该平台凭借智能语音识别、智能问答、智能派单、智能追踪等前沿科技的应用，构建了一个前、中、后一体化的敏捷服务支持体系，为一线业务经营活动注入了强大动力。2020年，面对突如其来的新冠疫情，太保寿险迅速行动，全面部署防疫工作和移动办公的相关事宜。公司迅速完成了移动办公工具的启动、测试及全面应用，并优化了"科技个险"线上业务平台，为营销人员线上办理保险业务提供了强大的"云科技"支持。这一举措不仅确保了业务的连续性和稳定性，还进一步提升了营销人员的服务效率和客户体验。

随着数字化体系的逐步搭建，太保寿险的数字化应用矩阵也日益丰富和充实。2021年3月，太保寿险正式推出了数字化经营工具"太好管"，这是一款专为营销团队量身打造的线上管理工具。通过实时提供业绩、活动量、增员、绩效等关键数据服务，"太好管"有效助力营销主管提升团队管理效率，进一步彰显了太保寿险数字化升级在赋能企业管理方面的显著成果。

3.2.3.3 客户服务方面

身处数字化时代，客户更加青睐线上化、多样化、个性化的智慧服务。特别是随着80、90后逐渐成为保险市场的消费中坚力量，产品销售与智能服务的深度融合，已成为寿险业转型升级的必由之路。太保寿险敏锐捕捉数字化时代的新脉动，加快科技对保险业务的赋能进程，深耕数字化、场景化、社交化服务建设，通过升级"智云保""太慧赔""云柜面""慧保全"等智慧服务工具，打造全链路线上化智慧服务生态。

"灵犀一号"作为业内首个入驻医院并实现深度定制的智能服务机器人，其服务范围涵盖导医咨询、预约挂号、院内导航、线上排队等，还创新性地集成了"太慧赔"理赔板块，使得3 000元以下的门诊和住院费用能够迅速完成理赔流程，极大地提升了患者的就医体验。此外，"灵犀二号"在营业大厅也得到了广泛应用，可为客户提供承保、理赔、保全等一系列专业服务。这些智能化服务的实现，得益于集成了图像识别、活体检测、情绪识别等多项先进技术的多个人工智能平台的支持。在赔付环节，

"太慧赔"产品的应用充分展现了太保寿险的高效"速度"服务。相较于传统理赔方式，客户一旦授权，"太慧赔"便能迅速实现理赔信息的数字化采集，全程无须纸质材料，极大节省了客户递交烦琐纸质材料的时间。此外，依托公司多年积累的理赔数据及精准的数据模型分析，"太慧赔"后端能够无缝对接医疗数据交互平台，结合定制化风险模型与先进的规则引擎智能决策机器人，实现低风险群体医疗理赔案件的秒级审核，从而为客户提供更加便捷、高效的理赔体验。

3.2.4 以泰康人寿为例

自 2011 年至今，泰康保险集团（以下简称"泰康集团"）一直致力于数字化创新转型，从泰康云中心建设，到向互联网转型，再到目前的智能化、平台化、生态化建设策略，泰康集团的数字化转型建设正在逐步全面推进。2015 年，泰康集团成立了业内首家互联网保险子公司"泰康在线"，推出"保险+科技"和"保险+服务"的双生态战略并构建健康车险生态。

在泰康集团大健康生态战略的引领下，泰康人寿于 2017 年设定了"移动优先、中台赋能、决胜数据"的战略路径，旨在通过数据智能技术深度优化传统保险价值链的每一环节，从业务端的全面线上化转型，到核心系统架构的升级迭代，再到四大中台——移动中台、业务中台、数据中台和 AI 中台的全面推进建设，泰康人寿始终坚持以科技为驱动，确保为客户提供覆盖全生命周期的综合性解决方案。如今，泰康人寿已步入打造大健康产业互联网的智能化新时代，致力于通过科技力量引领行业变革，为客户创造更多价值。在强大的科技手段赋能下，泰康人寿已实现了"三大在线"，具体如图 3-7 所示。

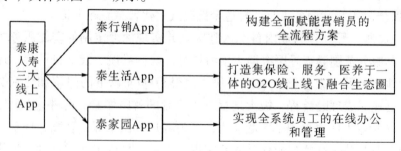

图 3-7 泰康人寿线上 App 体系

3.2.4.1　产品设计方面

泰康人寿推出的"幸福有约"系列产品，作为保险业内首款连接虚拟保险与实体医养的创新产品，自 2012 年亮相以来，凭借其产品体系的持续优化与服务体系的不断革新，至 2023 年已成功赢得超过 20 万客户的信赖，为客户全生命周期的幸福生活保驾护航，助力泰康大健康战略再攀高峰。

2022 年，泰康人寿隆重推出了革新的"幸福有约"产品体系，该体系紧密围绕长寿、健康、财富三大核心，精心构建了"长寿有约、健康有约、财富有约、善寿有约"四大产品类型。这一体系旨在为客户提供从个人到家庭再到家族的全生命周期泰康方案，通过衔接保险与医养服务，促生健康财富规划师（HWP）这一新兴职业，以及创新的超级体验式营销模式，"幸福有约"产品体系与"泰康之家""HWP"共同构筑了泰康人寿的"三张名片"，有力地推动了泰康人寿的高质量转型升级进程。

3.2.4.2　营销管理方面

泰康人寿积极运用科技手段，全面赋能代理人的线上线下销售流程，以提升整体业务效能。泰行销 App 作为一款 24 小时伴随泰康代理人队伍的数字化工具，覆盖了招募、展业、成长等全流程管理。2020 年，泰行销 App 迭代升级，显著增强了在线化、数智化能力，并优化了科技效率，特别是在招募环节，泰行销 App 凭借 AI 技术驱动的招聘问卷及报告，实现了招募模式的科学转型。传统以个人经验为主导的招募模式被基于精准数据分析的增员方法取代，借助 500 多个队伍标签和 40 多个算法模型，泰康人寿成功将增员效率提升了 40%以上。

在培训方面，泰行销采用"学、用、考、练、管理、反馈"六位一体的全场景线上学习方式，衔接代理人的线下培训、展业增员及训练通关等多维度场景。这一创新模式不仅为代理人提供了更便捷、更高效、更务实的数字智能学习平台，更将绩优成长的速度缩短了 30%。同时，借助 AI 智训、大数据智慧分析及泰学堂等先进功能，泰行销实现了科技智能化分析与管理，使代理人的学习过程与业务实践深度融合，从而进一步提升其业务能力和综合素质。

3.2.4.3　客户服务方面

为提高客户服务质量，泰康人寿率先引入了语音识别、自然语言理解、语音合成和知识图谱等智能语音语义技术，旨在优化投保、核保、运营和理赔等关键环节的服务体验。例如，当客户通过电话渠道寻求服务时，泰康人寿的智能客服机器人能够迅速识别并理解客户需求，通过自然流畅的交互，有效解决客户问题。泰康人寿采用市场技术结合自主研发的方式，构建了智能语音语义平台，并已广泛应用于智能客户服务、产品营销、电销产能提升及智能质检等领域。该平台持续优化，力求为客户提供更加精准、高效的服务。此外，泰康人寿还积极探索计算机视觉和大数据技术在个性化产品研发、智能保顾、智能风控、智能理赔以及客户画像等业务领域的应用，以创新驱动业务发展，实现更广泛的智能化升级。

此外，泰康人寿积极引入人脸识别技术，构建了基于人脸识别技术的客户身份认证平台。这一创新举措不仅打通了投保、理赔、客服、保全等线上线下全流程，更提供了安全、快速、精准的身份认证服务。此举不仅显著提升了业务服务效能，还大幅降低了业务运营成本。通过人脸识别技术，能够准确认证客户身份，有效防范代办风险，为微投、微回执、微回访、微保全、微理赔等全流程微服务提供了坚实的安全保障。此外，该技术还将原本需要现场办理的业务转移至线上，极大地节约了客户的时间，进一步提升了服务效率，从而不断优化客户体验。

3.2.5　总结与讨论

通过前几小节的分析不难看出，中国人寿、平安人寿、太保寿险和泰康人寿在基于公司自身战略的基础上，积极探索在不同领域进行数字化转型的路径，公司之间也在争先打造差异化竞争优势。

在产品设计方面，中国人寿积极构建完善的大健康大养老服务体系，持续拓展养老保险产品体系，并致力于优化全生命周期的养老服务体验，以更好地满足日益多元化的养老规划与保障需求。平安人寿依托"产品+"策略，从保障型产品和长期储蓄型产品入手，并融入医疗健康生态圈，致力于构建多层次产品服务体系。平安人寿在细分市场中采用"专属产品+服务"模式，除了给客户定制私人专属保险产品外，还以客户需求为导向打造专属服务内容，为客户提供全方位的健康风险管理需求。太保寿险通过大数据和数据挖掘技术来洞见客户的需求特征或者购买规律，在此基础上绘制客户脸谱，以实现基于不同客户群体的精准风险定价能力；并通过丰富人寿保险、健康保险、年金保险等产品体系，通过公司不同产品的不同搭配，为客户设立私人专属的保险产品。泰康人寿则不断完善自身独有的"幸福有约"产品体系，通过不断更新保险服务，衔接保险服务与实体医养，打造从个人到家庭再到家族全生命周期的泰康方案。

在营销管理方面，当下，个人代理人营销渠道仍然是保险公司保费收入最为主要的来源。中国人寿落地了"大后台 + 小前端"移动互联布局，建成了业内最大、覆盖最广的全网互联环境，搭建了全面开放、线上线下一体的数字化平台，并持续丰富扩展以保险为核心的数字生态，为公司营销发展注入科技动能。平安人寿和太保寿险在进行业务运营模式转型的过程中，无疑都对个人代理人进行了智能"升级"。平安人寿运用 AI 技术、图像识别和代理人画像技术赋能代理人队伍管理，有效改善了代理人留存问题，提高了价值投入比。智能助理的运用很大程度上促进了代理人队伍"产能"提升。太保寿险从根源上建立职业化、专业化的代理人营销队伍，运用智慧服务平台、数字化应用矩阵、科技个险等科技手段赋能代理人队伍，提升团队管理运营效率，以便直接处理一线经营活动。泰康人寿则以代理人展业 App 泰行销平台和数据智能产品体系为抓手，从代理人的甄选增员、队伍训练、销售成长三个方面加强线上化经营、拓展智能化场景，实现代理人队伍的高效产能和智能运营，助力泰康人寿建设面向转型的绩优代理人队伍。

在客户服务方面，中国人寿、平安人寿、太保寿险和泰康人寿均以客户需求为出发点，运用数字化技术，打造客户服务新体验。中国人寿已成功构建了五大人工智能平台，涵盖大数据处理、实时计算分析、智能语音识别、人脸识别技术和深度学习应用。这些尖端技术全面融入了其经营流程的各个环节，从而为客户提供全流程、全渠道及全方位的数字化服务体验。太保寿险推出数字化驱动服务"芯"体验，以客户需求为出发点，用数字技术驱动窗口服务体系升级，积极探索由"被动服务"向"主动服务"模式转型。平安人寿主打以"产品+服务"的发展战略，将"服务"作为产品竞争力的关键。泰康人寿将智能语音语义技术运用于投保、核保、运营、理赔等保险全流程服务，更好地提升了客户服务质量和服务效率。值得借鉴的是，平安人寿在服务板块着重强调个性化服务和服务专业性，如平安人寿利用大数据技术，精准地掌握客户的健康状况，从而为客户主动推荐适宜的寿险产品，并量身定制更为合理的服务内容；坚决进行代理人高质量转型，剔除大量业绩不达标的代理人，运用多项智能辅助工具，保证代理人的高质量服务。太保寿险的"灵犀一号"以数字化技术来提升客户服务体验，这是其一大亮点。"灵犀一号"不仅具备导医咨询、预约挂号、院内导航以及线上排队等全面的医疗服务功能，还植入了"太慧赔"理赔板块，能够为客户提供 3 000 元以下的门诊和住院快赔服务。泰康人寿运用市场技术+应用落地自研的方式进行智能语音语义平台建设，目前已经应用于个性化产品研发、智能保顾、智能风控、智能理赔、客户画像等多个方面。

4 寿险业数字化转型的动因与逻辑

4.1 寿险业数字化转型的理论基础

寿险业为何要进行数字化转型？寿险业数字化转型的理论支撑或理论源泉是什么？本节将从经济理论中，去探索寿险业数字化转型的理论支撑力量。

4.1.1 经济增长理论与寿险业数字化转型

4.1.1.1 经济增长理论概述

经济增长理论研究并解释了经济增长规律及其影响制约因素这个人类社会发展史中永恒的话题。经济增长理论总的特征是运用均衡的分析方法，通过建立各种经济模型来考察在长期经济增长的动态过程中，实现稳定状态的均衡增长目标所需具备的均衡条件。经济增长理论最初聚焦在经济总量的增长，后逐步扩展到产业结构的优化、资源合理配置、经济效益提高、环境保护以及污染治理等方面。

从古典经济学到新古典经济学，从凯恩斯主义到新凯恩斯学派，从奥地利学派到新自由主义，经济增长是各个经济学派和不同经济学者醉心研究的核心问题之一。具体而言，从经济增长思想的理论逻辑来看，经济增长理论大体可以分为三个历史阶段（杨依山，2008）：

第一阶段是古典经济增长理论时代。代表人物有亚当·斯密、大卫·李嘉图。亚当·斯密（1776）认为，促进经济增长有两种途径：一是增加生产性劳动的数量，生产性劳动创造财富而非生产性劳动只会消耗财富。二是提高劳动的效率，劳动的效率主要取决于分工程度和资本积累的数量，分工可以使劳动者的熟练程度提高，减少工作转换所造成的损失；资本积累可以使资本存量扩大，劳动数量增加。大卫·李嘉图（1821）关于经济增长的研究是围绕收入分配展开的，他认为，长期的经济增长趋势在收益递减规律的作用下会停止。由于土地的数量是有限的，随着人口数量增加，人们对土地上生产的产品需求增加，从而导致生产向肥力较低的土地上扩展，出现边际收益递减现象。劳动量和资本积累这两个因素在边际收益递减规律的作用下，对经济增长的贡献越来越小，因而资本主义的经济增长是有限的。由此可见，古典经济学家指出了经济增长的规模性动因（资本、技术、土地）以及拓扑性机制（分工），也注意到了自然资源在经济增长中的特殊性。

第二阶段是新古典经济增长理论时代。代表是哈罗德-多马模型（Harrod-Domar model）、索洛-斯旺模型（Solow-Swan model）以及拉姆齐-卡斯-库普曼斯模型（Ramsey-Cass-Koopmans model）。新古典时期的经济增长模型认为，在充分就业的情况下，经济的稳定增长是可以在市场机制中通过调整生产中的劳动与资本的比例关系实现的。经济增长的决定因素，从长期来看，是技术进步而不是资本积累和劳动力的增加。如果不存在外生的技术进步，经济就会收敛于一个人均收入不变的稳定状态，即零增长。由此可见，新古典经济增长理论时代强调技术进步对经济增长的促进作用。

第三阶段是新经济增长理论时代。代表人物有保罗·罗默、罗伯特·卢卡斯、加里·贝克尔、杨小凯、博兰德等。美国经济学家保罗·罗默（1986）提出技术进步内生增长模型，他是在理论上提出技术进步内生增长模型的第一人，不仅成功把技术进步的因素内生于模型中，而且也很好地诠释了人力资本、知识等因素在模型中的自我积累、自我演进机制以及对经济持续增长的推动作用。

经济增长理论在不同时期呈现出不同的特征，表4-1总结了各阶段经济增长理论的区别与联系。

表4-1 各阶段经济增长理论的突出特征与关联

阶段	突出特征	关联
第一阶段：古典经济增长理论时代	强调物质资本积累的决定作用	起源、开端
第二阶段：新古典经济增长理论时代	强调技术进步促进经济增长	对第一阶段的升华

表4-1(续)

阶段	突出特征	关联
第二阶段：新经济增长理论时代	从模型上体现技术进步、人力资本积累、知识等促进经济增长	对第一、第二阶段的模型化解释

4.1.1.2 经济增长理论与寿险业数字化转型

经济增长理论和数字化转型之间存在着一定的关系。经济增长理论可以为寿险业的数字化转型提供一定的理论概括和参考。数字化转型对于寿险业来说，意味着可以利用数字技术和信息通信技术来刺激产品创新，提高运营效率，提供更优质的客户体验和多样化服务，在市场上保持竞争力。

具体而言，第一，根据新古典经济增长模型可知，技术进步是长期经济增长的关键。数字化技术在寿险业中的应用，有助于行业的创新发展、低单位成本、提高效率。第二，资本积累对经济增长至关重要。通过技术进步带来经济增长的前提是具备与新技术相匹配的基础设施。在寿险业数字化转型阶段，寿险公司需要进行数字基础设施建设，包括数据分析工具、机器学习、自动化技术发展等来提高寿险业的经营效率和竞争力。第三，提升人力资本满足经济增长的需要。新技术与新生产工具的使用要求劳动力具备相应的新知识与新技能，这就要求人力资本的提升。从近年寿险业对人才的需求来看，不再局限于金融、保险背景的人才，而更倾向于吸纳具备理工、计算机科学、生物医学等复合背景的人才，以建设更为全面、专业的团队。第四，创新作为经济增长的关键因素，在数字化转型中发挥着重要作用。新技术与基础设施需要配以新的发展模式，从而实现更高的效率。寿险公司需通过创新产品、拓展渠道、改善服务模式等满足不断变化的客户需求，实现长期增长。依据经济增长理论可知，制度创新、技术创新、产品创新及人力资本提升等本质上是在提升全要素生产率，在相同资源投入的情况下实现更高的产出。

综上所述，经济增长理论是寿险业数字化转型的理论基础，换言之，寿险业数字化转型必是促进经济增长的途径之一。通过大力发展技术、创新产品和服务、提高效率，寿险公司可以更好地满足客户需求，提高竞争力，实现寿险业的可持续发展。

4.1.2　制度变迁理论与寿险业数字化转型

4.1.2.1　制度变迁理论概述

制度经济学的观点认为，制度在社会中具有非常重要的基础性作用，是决定长期经济增长的根本因素。制度是一个社会的博弈规则，是人为设计的，形塑人们互动关系的约束。制度会随着社会的发展而变迁，透过制度的变迁可以探究人类历史中的社会演化方式。制度由三个基本部分构成：正式制度、非正式制度的约束（行为规范、惯例和自我限定的行事准则）以及它们的事实特征（诺斯，1990）。

相比于新古典经济学，制度经济学的分析范式更为复杂，不仅沿用了理性选择，还包括了利他主义和自我约束等。但在对于制度变迁的讨论中，学者们依然认为制度的演化通常服从于对成本的考虑，明确的制度能够提供一个检验不同条件下经济体绩效的环境。在历史演化中，制度变迁、契约以及经济绩效等一些关键性的问题，都取决于在多大程度上契约能够低成本地实施。那些能使人们在非人际关系化交换条件下从贸易中获取收益的复杂契约，必须伴随着某种形式的第三方实施。因此，一个社会的法律体系和司法程序是重要的。也就是说，只有当新的制度相比于旧的制度具有更高的经济效率时，制度变迁才有可能发生。

早先的制度变迁理论认为，技术变迁与制度变迁相互独立。直到诺斯（1990）从成本的角度整合形成了包含成本、技术变迁与制度变迁于一体的新理论框架，并提出了四种类型的制度变迁或技术变迁以厘清其内在关系：交易增加的制度变迁、交易增加的技术变迁、生产增加的制度变迁和生产增加的技术变迁。其中，交易增加的制度变迁、交易增加的技术变迁表明技术变迁与制度变迁降低了交易成本，生产增加的制度变迁和生产增加的技术变迁表明技术变迁与制度变迁降低了生产成本。在诺斯的理论中，相对价格的根本性变化乃是制度变迁的重要来源，而技术的变化与要素价格一样，均属于相对价格变化。因为技术变迁实现了以知识替代资源，允许以相对廉价的较为丰富的资源对昂贵稀有资源的替代，这也是技术变迁的重要性与价值所在（Ruttan，1978）。这些相对价格的变化，最终会引起制度变迁。

回溯人类社会发展的历史，重大的制度变迁往往是由无数次微小的非正式制度的变化积累而成的，这些微小的非正式制度的变迁导致了根本性的制度变迁。也就是说，在实际的社会交往中，相比于正式制度，非正式制度更多地造就了日常交往中的行为规范，虽然在现代社会中正式制度非常重要，但即便是在法制比较健全的发达经济体中，正式制度在经济交往中形成的约束也只占了一小部分，更多的依然是依靠非正式制度。制度的变迁常常是由微小的非正式制度的变迁积累而成的，从这一视角出发可以认为，制度通常来自长期社会实践下的积累与提炼。尤其在社会经济交往方面，各个组织、企业及个人会选择效率更高的方式。也就是说，经济活动的实际参与者是推动制度变迁的主角。当参与者发现改变制度能够提高效率时，制度变迁就有可能发生。

4.1.2.2　制度变迁理论与寿险业数字化转型

运用制度变迁理论展开分析，可以认为技术的变迁终将引发制度的变迁，由于技术的影响，原本的制度产生了不均衡，这种不均衡表现为通过制度变迁，社会的总收益能够增加。从不均衡的状态重新走向均衡的过程就是制度变迁的过程。寿险业数字化转型是因技术变迁引发的制度变迁。首先，技术的发展改变了人们的习惯和品味。例如，在过去人们更习惯线下消费并使用现金交易，但如今越来越多的消费者选择线上消费并采用移动支付。不论是对于消费者还是对于产品及服务的提供方来说，线上的模式均降低了其交易成本，寿险公司也大量地将线下产品移至线上，并有针对性地进行线上产品的开发。其次，寿险公司开始将数字技术较多地运用于后端的管理与服务。对于寿险公司而言前端销售与后端运营的数字化转型都需要付出转型成本，包括软硬件基础设施的布置及人力资本的提升等；但只要转型后带来的效率提升大于因此而付出的成本，对于寿险公司来说转型将是更好的选择，由技术变迁引发的制度变迁就会发生。这种制度变迁由消费者与寿险公司在技术变迁的背景下共同推动而产生。

当然，制度变迁并不是一蹴而就的，需要通过长期的实践与探索，在这一摸索的过程中会暂时性地出现不公平、不合理现象，在这种状态下就需要法制的介入去保障转型的顺畅。也就是说，在寿险业数字化转型的过程中，不仅是寿险公司及消费者会影响制度的转型，还需要监管部门为转型保驾护航，才能促进寿险行业的良性发展。

4.1.3　信息经济理论与寿险业数字化转型

4.1.3.1　信息经济理论概述

信息经济在发展中逐渐形成系列理论与观点，信息经济理论集中在信息经济学中体现。信息经济学是信息科学的一个分支学科，是一门研究信息的经济现象及其运动变化特征的科学，主要研究内容包括：信息的不完全和不对称、信息的成本和价值、信息的经济作用与经济效果、信息系统的经济理论、信息产业结构、信息系统以及信息经济理论（马费成，1997；王芳和赖茂生，2004；谢康，1997）。

马尔萨克在1959年发表的《信息经济学评论》一文中，正式提出了"信息经济学"一词，这标志着信息经济学的诞生，但经济学领域在更早些时候便已经开始关注信息的作用。奈特（1921）在讨论风险与不确定性的关系时，把信息看作一种重要的商品，将信息与市场竞争、风险以及企业利润的不确定性联系起来。科斯（1937）在讨论企业的性质时，提出了"交易成本"的概念，而信息成本是交易成本的重要组成部分。在早期完美市场的假定下，认为全部的市场参与者都是全知全能的，他们能够获得所有他们需要的信息，但在现实中却并非如此，市场参与者需要去搜集产品、交易对象等信息，这就会产生信息成本。哈耶克（1949）对市场信息的不完全性质及其影响进行了深刻论述，蒂格勒（1961）研究了信息的成本与价值，以及信息对价格、工资和其他生产要素的影响。科斯认为交易成本决定了企业的存在性及其规模，正是交易存在成本，才导致了企业的产生，因为相比于与外部进行交易，在企业内部各部门之间进行交易所需的交易成本更低，这种更高效的内部交易形式推动了企业这种组织形态的产生。当企业的规模不断扩张，其内部的交易成本也会随之增加，因此内外部的交易成本差异最终将决定企业的规模。

20世纪60年代至70年代大批经济学家，如斯邦德（1976）、凯勒（1970）等进入信息经济学研究领域，使信息经济学得到了广泛的发展，这些经济学家深入研究了信息的不对称性和不完全性、相关的制度安排及机制设计等问题。1976年，美国经济学会在经济学分类中正式列出信息经济学；1979年，首次召开国际信息经济学学术会议；1983年，国际性学术杂志《信息经济学与政策》正式创刊。

乌家培（2002）将信息经济学分为微观信息经济学和宏观信息经济学，他认为信息经济学的研究内容可以归纳为三方面：信息的经济研究；信息经济的研究；信息（学）与经济（学）关系的研究（见图4-1）。

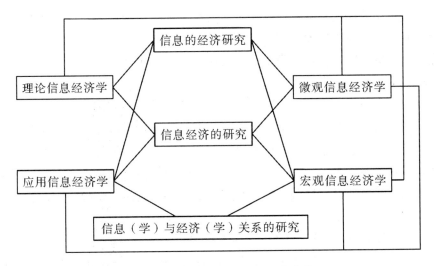

图4-1 信息经济学及其不同分类的关系

宏观信息经济学研究的主要内容包括：①信息产业的产生与发展，以及信息产业在国民经济中的地位与作用。信息产业的诞生是信息技术与信息的产业化的结果，在国民经济中逐步成为主导产业。信息产业在整个产业中占比越大，国民经济的信息化程度越高。②信息市场及其相关问题。信息是一种商品，有价值和价格，信息市场是信息商品的交换场所或交换关系的总和，市场容量和市场份额是信息产业发展过程中必须研究的。③信息经济及其发展规律。信息经济的物质基础是信息技术，部门构成是信息产业，主要特征是信息活动作用的强化，其规模与效率反映了国家的现代化程度和竞争力强弱。④信息技术的经济评价与对经济发展的作用。信息技术的选择和采用，需运用费用效益分析等技术经济方法，对经济的发展有强大的驱动和促进作用。⑤信息基础设施的建设和经营中的经济问题。⑥信息系统和信息网络的需求分析和效益评价等问题。⑦国民经济信息化的有关问题。如信息化与工业化之间的关系问题；信息技术与信息资源的匹配问题；信息的采集、加工、传递和应用之间的动态平衡问题等。

微观信息经济学主要在金融和保险、企业管理和组织行为、教育行业和医疗行业、拍卖与投标等领域应用较多，主要是引入不对称信息经济的理论与方法，并借助这一工具设计和改进某种制度或机制安排，来提高信息市场的运行效率，规范市场的隐性信息。主要内容包括：①非对称信息条件下市场参与者的经济关系，即委托人与代理人的关系。代理人掌握的信息较多而委托人掌握的信息较少，这就需要解决激励相容或一致性的信息机制问题。对于事前隐藏信息的研究产生了逆向选择、信号传递和信息甄别；对事后隐藏信息或隐藏行动的研究产生了道德风险。因此，需要政府进行干预来弥补市场失灵，同时也需要关注市场信号，市场信号产生作用的两个重要手段是教育和广告。②最优信息经济的实现问题。有两大途径：信息搜寻和最优信息系统的选择。市场信息越离散，那么信息搜寻越有价值，搜寻的预期收益与预期成本相等时，为最佳搜寻次数。③信息在社会稀缺资源配置中的作用问题。资源的配置与信息结构有关，在一定信息结构下，可通过信息的集中化或信息的分散化来追求资源的有效配置。④信息商品及成本、信息价值与价格、信息市场等问题。

4.1.3.2 信息经济理论与寿险业数字化转型

信息经济学研究信息对经济决策和资源分配的影响，而寿险业数字化转型涉及如何有效地收集、分析和利用信息进而创新产品，优化业务流程和提高客户体验，两者之间存在天然的联系。信息经济学理论在寿险业数字化转型中的应用主要体现在以下三个方面：第一，不完全信息。信息经济理论聚焦于市场参与者之间信息不对称的问题。在寿险业中，客户和寿险公司通常掌握着不同水平的信息。数字化转型可以通过提供更多的信息和透明度来减轻这种信息不对称。例如，一方面，在线工具和平台可以帮助客户更好地理解不同的寿险产品和选项，从而更明智地做出决策。另一方面，寿险公司依托数字技术能够更迅速多维地了解客户的诉求，进而提供个性化服务。第二，信息价值。信息经济理论强调信息的价值。在寿险业中，客户提供的信息可以用于个性化定价和风险评估。数字工具可以帮助寿险公司更好地利用这些信息，提供个性化的寿险产品，从而更好地满足客户需求。第三，信息市场和数据交换。信息经济理论还涉及信息市场和数据交换的问题。寿险公司可以积极参与信息市场，获取有关客户的数据，以更好地了解客户需求。同时，数字化转型也需要强化数据安全和隐私保护，确保客户信任。

信息经济学提供了有关信息对经济决策重要影响的理论基础，这对于寿险业数字化转型至关重要。数字工具和技术可以帮助寿险公司更好地收集、分析和利用信息，实现降本增效。当然，也需要注意信息隐私安全等伦理和法律问题，以确保寿险业数字化转型的可持续性。

4.1.4　网络经济理论与寿险业数字化转型

4.1.4.1　网络经济理论概述

计算机信息网络作为新的社会生产力，引发了社会经济的一系列重大的变革，21 世纪人类社会进入了计算机信息网络时代，冲击了传统的社会经济关系，一种新的经济形态由此迅速发展。这一种新的经济形态形成的物质基础便是计算机信息网络，而社会基础则是依托计算机信息网络所形成的经济网络，因此，这种新的经济形态被称为网络经济。网络经济的出现，使得经济运行中的一些规律和法则等发生了改变，由此产生了经济学的一个新的分支——网络经济学，它是一门专门研究各种网络经济运行方式的科学。

网络经济学研究起步于 20 世纪 90 年代，并且已经取得了许多阶段性成果。20 世纪 90 年代初，形成了专门以经济网络为研究对象的网络经济学理论雏形。对于网络经济学与传统经济学的关系主要分为两类观点：一些学者认为，技术会改变但经济规律不会变，过去的经济规律仍然适用（夏皮罗 等，2000）。而另一些学者则认为，网络经济学是对传统经济学的革新，奥兹·谢伊（2002）提到，网络经济产品区别于传统经济产品的四个重要特征是：互补性、兼容性和标准；消费外部性；转移成本与锁定；生产的显著规模经济性。他还进一步以博弈论为分析工具，按产业类别讲述了硬件产业、软件产业、技术进步以及标准化、广播、信息市场、电话、银行和货币、航空、社会交往及其他网络产业。勒维斯（2000）把 90 年代以来信息技术的革命，特别是网络的出现及其商业化的应用界定为非摩擦经济。这种经济模式的特点是，随着网络技术的发展，某些产品的生产和交易成本接近零，同时网络使信息不对称的工业社会条件下产生的搜索、分销成本基本消失。

我国学者对网络经济学的研究主要集中在网络经济学和西方经济学的比较分析，学者们认为网络经济是一种知识经济，在概念和基本原理上都与传统经济学有着根本区别，但不会改变和取代理论经济学可以揭示经济本质的规律（纪玉山 等，2000；盛晓白，2003；周朝民，2003；张铭洪，2002）。随着网络技术的不断发展，网络经济学发挥着越来越重要的作用，广泛应用于生活中的各个领域。如武峰等（2017）提出，增加互联网这一销售渠道之后，很多传统企业得到了技术与政策上的支持，并获得了较为理想的销售额。宋胜梅（2017）基于网络经济学，探讨了中美互联网金融差异，发现美国传统的金融机构和互联网金融行业之间可以进行良好的互补，积极借鉴美国互联网金融行业发展的优势，可以促进我国互联网金融行业的发展。刘伟燕（2017）研究发现微信作为一款移动应用，其网络经济学对我国传统的经济转型具有重要意义，远距离的信息快速交互更加现实，不同企业的经济效益也因为网络经济的发展而提高。李文超等（2017）在网络经济学视角下，对互联网金融风险及监管进行了研究，指出与迅速发展的网络经济相比，互联网金融的监管研究进展缓慢，互联网金融风险如处理不当会引发系统性风险，目前的互联网金融监管应当朝着兼具包容性和有效性的方向，建立较为完善的互联网金融监管和发展框架。

未来，随着互联网技术的进步和人们的积极探索，大数据、区块链、人工智能的应用更加普及，网络经济理论的不断完善会进一步指导实践。网络资源将渐渐成为主要生产要素。有效地分配网络信息资源需要突破时间和空间的制约，转变以往的经济格局，发展和网络经济相匹配的经济运作机制显得格外重要。网络经济革命也将促进我国社会经济朝着数字化经济的方向发展，我们应该把握机遇，以此来提高我国整体的经济发展水平。

4.1.4.2 网络经济理论与寿险业数字化转型

网络经济理论的一个重要内容是研究数字技术和互联网改变市场、企业运营和价值创造的方式，为寿险业数字化转型提供理论支撑。寿险业数字化转型涉及将数字技术应用于提高运营效率、改进产品和服务、扩展市场渠道以及提高客户体验。寿险业数字化转型是网络经济学在寿险业的体现和应用。网络经济学主要在以下三个方面对寿险业数字化转型发挥指引作用：第一，在线渠道和市场扩展。网络经济强调了在线渠道和电子市场的经济性与重要性。寿险公司可以通过数字化转型扩展其在线销售渠道，吸引更广泛的客户群体。在线渠道不仅可以提高销售效率，还可以降低分销成本和交易成本。第二，平台经济或网络平台。在寿险业中，一些公司可能会建立数字平台，使客户能够比较不同的寿险产品、获取报价、在线购买产品。这种平台模式可以提高市场透明度和客户体验。第三，网络及其效应。网络经济学关注网络效应，即越多人参与网络，价值越大。在寿险业中，数字化转型可以通过提高效率、扩大范围吸引更多优质客户和合作伙伴以增强其对产品或服务的黏性，保持寿险公司的竞争力和活力。

4.2 寿险业数字化转型的动因

寿险业数字化转型的驱动因素有很多，本节集中并重点从技术进步作为外生驱动因素和要素价格相对变化作为内生驱动因素进行分析。

4.2.1 外生动因：技术进步

在日常生活中可以明显感受到的是，数字化转型正深刻影响着社会的每一个角落，寿险业也不例外。如同蒸汽机的出现带动了整个人类社会的工业化转型，数字化转型覆盖了寿险业在内的社会各个领域。既然数字化并非寿险业的特有现象，而是一场广泛的社会变革，那么其背后必然存在着推动社会前进的一般化原因。

传统的寿险业增长模式依赖于资本和人力的持续投入，主要通过资本的不断注入、业务网点和团队的延伸布局与持续壮大等开展业务活动，但以要素投入作为主要支撑的增长方式终究存在极限。一方面受制于要素投入的边际产出递减规律，随着要素的不断投入，每增加一单位的要素投入所获得最终产出的增加量会逐渐减少；另一方面，根据科斯（1937）对于企业性质的讨论，随着团队规模的持续扩张，组织机构变得臃肿，内部交易成本持续提高。也就是说，企业存在一个最优规模，当达到这一规模阈值后，继续的投入与扩张是一种不经济行为。而寿险业的数字化转型，在本质上就是要通过更先进的生产力，实现全要素生产率的大幅度提升，形成新质生产力，增强寿险业发展新动能，最终实现高质量发展。要形成新质生产力，核心在于创新，从传统的资源导向型的产业，通过引入先进新兴数字技术升级转化产业结构，实现行业从"要素驱动"转向"创新驱动"，以技术不断进步的方式为行业提供持续的增长动力。

结合前述主要理论，从技术进步与全要素生产率提升的视角看待寿险业数字化转型，那么技术进步就是促进寿险业数字化转型核心的、主要的、底层的外在驱动力。回顾寿险业发展历史可以发现，因外生动力驱使行业转型的现象贯穿了整个寿险业的发展。例如，17世纪统计学的出现直接影响了保险精算学的建立与发展，保费厘定从基于主观经验和感觉的"拍脑袋"方式向依托于数理统计的科学化方向发展；20世纪初管理学的兴起改善了险企的经营管理能力；20 世纪后半叶现代通信技术的普及提高了行业的信息传递能力，并开发出新的销售渠道。这些无不是将当时的新技术与寿险业融合，促进寿险业发展。而在现今信息技术爆发式发展的时代背景下，数字化转型强调了信息技术在寿险业中的应用，借助前沿科技，例如大数据、人工智能、云计算等，为寿险业赋能，解决目前行业发展中面临的痛点、难点，使之完成蜕变。

从技术变迁的视角来看，信息技术在日常生活中的深度渗透极大地改变了人们日常生活的品位与习惯。如前一小节所述，消费者的消费习惯和支付模式由线下为主转向线上为主，寿险业在此情景下就需要调整自己的服务模式以迎合消费者习惯的转变。此外，信息技术极大地提升了社会的服务效率，这也导致消费者对于交互环节的反应速度要求越来越高。因此，寿险业同样需要借助信息技术实现服务流程的优化，实现对消费者的即时反馈。

从技术本身的创新看，目前的寿险业数字化转型还处于初级阶段，主要聚焦于对现有技术在寿险行业中的应用，并逐步探索针对寿险行业自身特征的技术开发，最终走向完全的自主创新。结合寿险业发展过程中在外部驱动下发生的变革来看，外生的转型动力，最终都将被吸收转化为内生动力。在寿险业与新兴技术的融合发展过程中，逐渐吸收转化成为寿险业独有的技术手段，总结来看，这一过程为：模仿—模仿+创新—完全的自主创新。

4.2.2　内生动因：要素价格相对变化

技术进步部分地解释了寿险业数字化转型的动力源，本部分进一步探究寿险业数字化转型的内生动因。

从要素禀赋来看，由于我国人口结构调整，自 2015 年左右我国劳动年龄人口达到峰值后开始逐年下降，劳动力短缺引发工资上涨（蔡昉 等，2019），同时伴随整体经济增速放缓，利率处于较低水平，资本与劳动的相对价格变动，结合制度有关理论，此时更合理的资源配置将创造获利可能，进而引发技术变迁与制度变迁。

4.2.2.1　人口年龄结构与劳动力人口变化

人口结构变动必然对社会经济产生直接影响，人口结构变化迅速，主要表现在劳动年龄人口绝对数量的下降以及抚养比的相对数量上升。

具体地，从国家统计局公布的数据来看，1990 年我国全国劳动年龄人口 6.53 亿，之后的十余年不断上升，并于 2015 年达到顶峰的 8.01 亿，随后开始逐年下降，2022 年为 7.69 亿。同时，城镇就业人员数量在总劳动年龄人口下降的情况下依然保持稳步上升的态势，并于 2013 年超过乡村就业人员数量，此消彼长之下，乡村就业人员数量下降迅速，如图 4-2 所示。

而从劳动人口数量变化率来看，图 4-3 中的曲线可以较为明显地划分为三个阶段，2000 年以前劳动人口数量增长率较高，十年间年均增长 1.25%；2001 年至 2015 年增速明显放缓，年均增长 0.53%；随后处于负增长状态。城镇就业人员数量始终保持正增长，但从 2010 年开始增速明显下降，从年增长 4% 下降到 2020 年的 2% 左右；而乡村就业人员数量自 1996 年起便基本停止增长，并从 1998 年起开始减少，且下降速度不断加快。

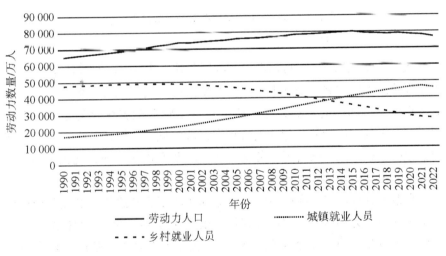

图 4-2　1990—2022 年中国劳动力数量

数据来源：国家统计局。

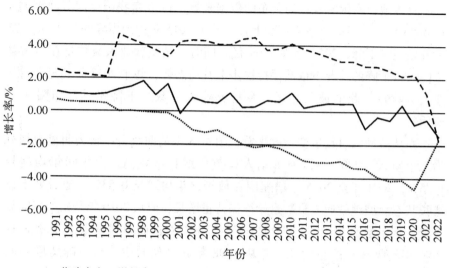

图4-3　1991—2022年中国劳动力数量变化率

数据来源：国家统计局。

从图4-2、图4-3中可以看出，我国劳动力从农村向城市转移的现象。依据库兹涅茨的发展经济学理论，生产要素的流动呈现出从低生产率部门流向高生产率部门的趋势，这本质上是一个资源配置优化的过程。在我国，这一过程对应的便是劳动人口从农村流向城市，以及从农业向工业和服务业的迁移。总结而言就是劳动力在空间及产业间的配置优化过程，是一个不断提高劳动生产率的"库兹涅茨过程"（蔡昉 等，2019）。

自改革开放以来，我国对于人口流动的限制逐渐放松，农业部门中的大量过剩劳动得以向非农部门转移。依据刘易斯（1954）所描绘的二元经济发展图景，由于农业部门中存在大量边际劳动产出极低的剩余劳动力，城市及非农部门能够获得无限供给的劳动力，并且在此阶段工资水平无须提高。这一阶段一直持续到农村剩余劳动力消失殆尽，农业与非农部门的边际生产力持平，达到刘易斯转折点。此二元经济模型所描绘的也是劳动力要素从低生产率的农业部门向高生产率的非农部门转移的过程，即"库兹涅茨过程"。青木昌彦（1995）在将东亚经济发展经验归纳为若干个相互继起的发展阶段时，专门提出一个库兹涅茨发展阶段，强调的便是产业结构变化带来的劳动生产率的提高。

"库兹涅茨过程"持续到二元经济结构消失，经济增长进入上节所介绍的新古典模式，此时经济增长速度由技术进步以及全要素生产率的提高所决定。二元经济特征消失的拐点在现实中难以直接观察到，但从经济现象上来说，一个明显的表征是，劳动力供给速度跟不上劳动力需求增长的速度，导致劳动力短缺和工资的持续上涨；此外，虽然在理论模型中将这一转折称为一个"点"，但在实际中的表现则是一个时间区间。劳动力需求增长速度超过劳动力供给速度时，工资开始提高，这决定了转折区间的起点，此时农业劳动力工资尚未由劳动边际生产力决定，农业部门与非农部门的劳动边际生产力依然存在差异。当农业部门和非农部门的工资都已经由劳动的边际生产力决定，两部门的劳动边际生产力相等时，意味着二元经济的终结。

从图 4-3 中也可以看到，我国城市劳动力增速放缓的两个时间点为 2000 年左右及 2010 年左右。在劳动力增速减慢的同时，经济增长仍然保持着对劳动力的强劲需求，城镇就业需求继续迅速增长。劳动力供求关系的变化，改变了中国资源禀赋长期存在的劳动力无限供给特征，农业劳动边际生产率与非农劳动边际生产率差距缩小，工资不再由生存水平决定，而是更加敏感地受到供求关系的影响（蔡昉，2019）。

从金融行业的工资变化情况来看，依据国家统计局公布的数据，如图 4-4 所示，图 4-4 中数据以 2003 年为基准通过 CPI（居民消费价格指数）做标准化处理。可以看到，2004 年至 2015 年金融行业年平均工资经历了一个快速增长期，与上述劳动力供给增速下降，工资上涨时期相对应。也就是说，由于受到劳动力市场的供需影响，金融业工资水平在此期间大幅度上涨。对应到寿险业，对于寿险公司来说，在以代理人为主的个险业务经营模式中，绝大部分的保费收入依靠个人代理人完成，此外，还需大量人员在后台提供服务。劳动要素价格的上涨代表了人力成本的提升，此时，通过数字化转型实现线上业务开展以及通过高度自动化、智能化的流程服务减少后台人工服务，对于寿险公司来说可能是一种更低成本的业务经营方式。

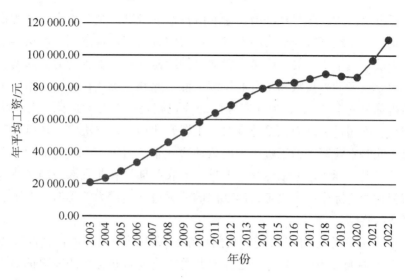

图 4-4　金融行业年平均工资

数据来源：国家统计局。

4.2.2.2　要素相对价格变化

20 世纪 90 年代初，中国处于市场经济发展水平较低阶段，寿险业也正在摸索合适的发展模式。在当时，公众普遍对于商业寿险产品认识匮乏，个人业务开展困难，寿险代理人模式的引入深度影响了我国寿险市场的营销方式，打开了个险业务的新渠道。当时正值我国社会主义市场经济体制改革，不少企业向社会释放出大量过剩劳动力，加之我国的劳动力资源充沛，农村劳动力大量向城市转移，城市劳动力资源充足，极大利好寿险代理人队伍建设。

当时的资本是相对稀缺的生产要素，而劳动力充沛，也就是说，劳动力相对于资本的价格更低，寿险业使用更多的劳动力是一个合理的选择。不光是代理人队伍，寿险公司在大量的内勤事务上同样选择以人工的方式进行处理。

资本要素的相对价格较高也代表着资本要素回报率高，社会收入有利于资本所有者而非劳动所有者；同时，社会舆论以及政府保护也会偏向于企业家和资本所有者的利益。但长此以往，经济发展中不平衡、不协调、不可持续问题日益突出，转变经济发展模式，在保障经济持续增长的同时，使更多社会群体共同分享发展果实成为下一发展阶段的主要目标。

历经十多年的发展，步入 21 世纪后的十多年，中国进入经济发展快车道，劳动力需求增长日益加快，但由于我国人口结构的变化，劳动力数量增长放缓，伴随着农村待转移劳动力逐渐枯竭，劳动力缺口逐渐显现；随着我国对教育的持续投入，人力资本得以提升。在劳动力缺口的扩大以及个人人力资本的提升的共同影响下，劳动力市场中要求的薪资水平开始提高。与此同时，市场中的资本价格下降，一方面是由于随着我国社会经济的不断发展，市场中的资本相对开始充足；另一方面在于政府的宏观调控，利率变化处于较低水平。劳动力价格与资本价格的此消彼长代表着劳动要素与资本要素的价格特性开始互换。劳动力逐渐成为稀缺资源，而资本相对充足，劳动要素与资本要素的相对价格发生变化。

在这样的要素相对价格转变之下，对于以代理人为营销主要渠道以及通过大量内勤队伍人工处理后台事务的寿险行业来说，庞大的人力队伍在劳动力价格上涨的环境下面临了极大的成本上升压力。此时，寿险业及各寿险公司意识到自身的发展急需寻找新的立足点。逐渐地，银行、电话、互联网等新渠道被开发；万能险、投连险等新型寿险产品也相继涌现；不少头部企业也开始意识到信息技术对行业未来存在巨大的影响，并展开相应的探索，如平安、泰康在 2000 年便开始打造自己的互联网平台。

至此，再结合前述有关理论的分析思路，资本要素相对于劳动要素的价格降低，一个合理的选择是生产者更多地使用资本替代劳动。不论是银行渠道，或是电话与互联网渠道，还是寿险公司自身的信息化建设，无不是利用资本来租赁现有渠道或是搭建信息基础设施，在业务开展及运营管理中摆脱对人力的依赖，本质上是在以资本替换劳动。但新古典增长理论的一个重要逻辑出发点是资本报酬递减，即随着资本的持续投入，资本劳动比上升的同时，资本报酬的边际回报会降低，持续的增长最终需要依靠全要素生产率的提升。

对寿险业而言有两种方式可以提高劳动生产率。第一种是使资本投入高于劳动力投入，寿险公司生产构成中资本要素比重逐渐提高，如持续的基础设施建设等。但资本劳动比的提升终有限度，一味地提高资本量而与劳动力自身素质不匹配时，持续的资本投入只会造成资本过剩，投入是无效的。第二种是通过技术进步、改善管理体制和更有效的资源配置等全要素生产率的提升来提高各种要素的使用效率。在劳动力需求缺口扩大，资本要素投入增加时，引进更多技术与设备实现不断的技术进步，同时要求劳动力自身素质的提高。

当然，从依靠资本和劳动投入实现增长，到主要依靠全要素生产率提高的转变是一个艰难的过程，但以全要素生产率为驱动的发展方式能够创造出一种内在激励，实现发展的可持续。近些年，我国政府提出的"产业转型升级""创新驱动"等理念，从根本上来说就是要引导社会各行业从以资本与劳动力投入驱动的增长方式向全要素生产率驱动的增长转变。当下社会各产业的数字化转型，包括寿险行业的数字化转型实际上也是对这一呼吁的回应与践行。

4.3 寿险业数字化转型的本质逻辑

寿险业数字化转型带来的影响是多方面的，包括资源配置、利润分配及一系列的制度变迁等，本节以上述内容为切入点，进一步深入分析寿险业数字化转型的本质逻辑。

4.3.1 成本、技术变迁与制度变迁

就当下的寿险业数字化转型而言，自进入 21 世纪起，互联网保险进入消费者的视野，但在当时，互联网仅被视为渠道的创新；2010 年之后逐渐开始出现以互联网思维设计的保险产品，如财产险中的退运险、航班延误险等，以及寿险健康管理中对可穿戴设备的探索、网络互助风险管理方式的尝试等；再到近些年各种科技设备在寿险中应用的涌现。与此同时，在业务管理与服务创新方面也同时进行着诸多变革，如更智能化的核保、核赔、勘查、定损，更便捷的客户反馈渠道等。此外监管部门也因创新而引发的各类市场问题而动，不断调整监管要求，保障市场秩序。寿险业数字化转型已从最初的"星星之火"扩至现在的"燎原之势"，逐步触及了整个行业的方方面面。寿险业数字化转型不仅仅是数字技术在寿险业中的应用，在这一过程中，产品与服务、交易模式、监管方式与理念等均发生了变化。也就是说，技术的变迁引发了制度的变迁。

由技术变迁引发制度变迁的一个隐含条件是，对于企业来说技术革新是有利可图的。依据诺斯（1990）的分析，只有当推进技术变迁及制度变迁所需的转型成本低于因此而降低的生产成本和交易成本时，技术变迁和制度变迁才会发生。林毅夫（1989）对此的解释是，由于要素相对价格的

变动导致了制度结构的不均衡，从而产生了改变制度安排而获利的可能，为制度变迁提供了动力源。而制度结构本身是由一个个制度安排构成的，一个制度安排的不均衡意味着整个制度结构的不均衡。因此，一旦某一特定制度发生变迁，便会引发一系列的制度变迁，从而引起"链式反应"。

就寿险业的生产成本来讲，如果精算技术是科学有效的，且全体消费者的风险水平没有发生变化，那么以纯保费为依据的覆盖保单风险的成本不变。生产成本的降低体现在业务运营管理方面，如以自动化的方式完成投保、理赔流程，以智能客服的方式在一定范围内提供客户服务等，都是借助技术的方式实现对人工服务的替代，从而节约劳动力成本。而以大数据为代表的精算水平的提高，则更多地作用在通过对个体风险水平更细致的刻画以实现更精细与差异化的定价来减少逆向选择，从而扩大业务量。

从交易成本来看，在非人际关系化的交换不断扩展的过程中，由于各方所拥有的信息是有代价的而且是非对称的，交易费用和交易的不确定性大大提高，交易成本在此过程中会增加。只要交易成本存在，那么制度就是重要的，制度的一个重要作用是建立一个稳定的社会结构（诺斯，1990），比之无制度的世界，制度约束降低了人们互动的成本，而市场制度实现了非人际关系交易的可能。依据科斯（1960）对于制度安排以及交易费用的解读，在技术水平既定的情况下，人们会选择交易费用最低的制度安排。也就是说，当技术发生变动时，如果通过调整制度安排能够降低交易费用，那么制度变迁就有可能发生。

再从信息搜寻成本来看，现代信息网络及技术的发展极大地降低了个人的信息搜寻成本，且移动支付的普及为各类渠道的交易提供了极大的便利，这些都是依托技术变革实现了交易成本的降低。对于寿险行业来说，业务的开展也从对代理人制度的高度依赖转向互联网平台的运营，这是一个典型的寿险业数字化转型过程中的制度变迁。对于寿险消费者而言，通过网络平台自助购买寿险产品一般来说是一种交易成本更低的选择；而对于寿险公司来说，借助互联网平台渠道可能依然需要付出极高的渠道成本，甚至这一成本未必比代理人制度低（实际业务中也的确存在这种情况），但如果能够因此以业务规模的扩展弥补增加的渠道费用，那么这种变化依然是可以接受的。

在寿险业数字化转型中，一个极具代表性的制度变迁尝试是网络平台互助的类保险产品。称其为"类保险"，是因为在我国的监管制度下，这种形式不被认为是保险产品，但不可否认的是，从为个人提供风险保障的角度来说，这不失为一种解决方案，而这种解决方案也只有在当下的信息技术支撑之下才具可行性。可以想象，如果没有现代信息技术作为基础，那么让如此众多的成员以每月一次的频率分摊实际费用将产生多么巨大的交易成本。当然，网络互助的形式最终走向终结，必然也有其制度上的缺陷。其一在于缺乏必要的风险分层，造成了低风险成员对高风险成员的补贴，这是一个典型的"柠檬市场"①，随着低风险成员的逐渐退出，剩下的高风险成员间分摊的费用逐渐提高，团体中风险相对低的成员不断退出导致互助规模不断缩减、分摊费用不断提高，直到分摊费用高到无人愿意参与。另一个原因在于，相比于传统寿险产品，这种互助式的分摊方式让成员更多地承担了风险，即使没有承担全部，也承担了大部分风险。寿险的定价是一种事前定价方式，消费者缴纳的保费数量须在保险合约签订之前便协商一致，一旦风险的实际发生率高于定价时的预计情况，寿险公司将承担这部分超出的风险；而互助形式是一种事后定价形式，待风险实际发生之后在所有成员之间进行分摊（即便是现代意义上的相互制保险，也并不是完全的事后定价）。在这种分摊的运行模式下，平台本身承担的风险并不高，而其更多的是作为中介收取服务费用，而不是风险的承担者。依据张五常（1969）对合约的观察，对于风险规避者而言，如果合约中有一方过多地承担了风险，那么就难以实现参与合约的资源价值最大化。也就是说，在这一制度变迁下，相比于原有的寿险产品，网络互助的参与者可能并没能分享到制度变迁带来的额外收益，甚至可能比原有的情况付出得更多。这就完全违反了制度变迁的基本逻辑，因而不能长久。虽然网络互助的形式在我国已告一段落，但这种尝试是值得肯定的，只是之前的运行制度本身以及风险分担本质机理的缺失等存在的问题使之无法良好地发展下去。如果能找到更加正确的方式和制度设计，未必不是一种有效的个人抵御风险的选择。

4.3.2 数字化转型收益的分配

就转型的总体逻辑而言，劳动相对于资本价格的提高，将产生用资本替代劳动的技术变迁，同时也会导致劳动者提升其生产能力以及对自身就

---

① "柠檬"在美国俚语中表示"次品"，阿克洛夫（1970）用"柠檬市场"指代信息不对称的市场，在极端情况下，因信息不对称引起的逆向选择会导致市场逐步萎缩直至完全消失。

业条件控制的制度变迁。由技术变迁导致的收益的增加将进一步促成新的收入流在要素所有者之间如何分配的制度变迁，同时技术变迁还将导致对产品的需求变化，以及新产品的创新，使消费模式更为多样化（Ruttan，1978）。

上述关于网络平台互助的例子包含着另一个关键问题：数字化转型带来的收益如何在寿险公司与消费者之间分配？

制度是不同团体长期博弈的结果，那么对于数字化转型所带来红利的分割，将会是集体行动的产物，最终起决定性作用的是团体的谈判能力。这种谈判能力在整个转型过程中会不断变动，需要认清和明确的一点是，虽然从个人的直观体会上来讲，整个社会的数字化转型来势汹汹，波及范围大，但转型本身是一个长期、持续的过程。

在最初，新技术带来了新的盈利的可能，那么对于掌控这一技术的个人或团体来说，就有动力将这一技术用以实践，从而引发制度变迁。这是一种诱致性制度变迁，即个人或群体在响应由制度不均衡引致的获利机会时所进行的自发性变迁，是现行制度安排的变更或替代，或者是新制度安排的创造，它由团体在影响获利机会时自发倡导、组织和实行（林毅夫，1989）。在此阶段，掌控资源者或者说技术拥有者更具谈判优势，能够更多地获得变迁带来的红利，且这种红利也是其推动制度变迁的根本动力。但随着时间的推移，财富与收入不平等的问题日渐突出，甚至可能引发一些重大的社会问题，改变现有制度对现行收入进行再分配的呼声渐涨。此时通常的结果是政府监管的介入，强制性制度变迁发生。强制性制度变迁由政府命令和法律引入和实行。与诱致性制度变迁必须由某种在原有制度安排下无法得到的获利机会引起不同，强制性制度变迁可以纯粹因在不同团体之间对现有收入进行再分配而发生（林毅夫，1989）。

诱致性制度变迁与强制性制度变迁循环往复地发生，将会构成寿险业数字化转型的整个过程。而这再次引出了对另一个新问题的思考，技术是否提升了企业相对于消费者的优势地位？上一小节例子——将绝大部分风险转由网络互助参与人承担，以及近两年频频引发的关于"大数据杀熟"等问题的热议，又引出了一个新问题，在技术越来越复杂、方式越来越隐蔽的趋势下，为调整扭曲而进行的强制性制度变迁是否会越来越困难？尤其当技术发展到突破现有人类社会的道德伦理边界时，我们应调整的是价值观抑或是强化技术应用的约束？这些问题均是在数字化转型中必须逐步回答并解决的。当然，我们依然可以秉持着"解决方法总会随着问题共同出现"的心态，去拥抱数字化转型为我们带来的便利。

4.3.3 技术对生产要素的替代

在工业革命之前，社会经济遵循马尔萨斯的理论，生产所需的要素投入主要由两部分组成：土地与劳动。土地对人口的承载力由技术水平决定，更高水平的技术能够使单位土地养活更多人口。而在当时的环境背景下，技术发展缓慢，相较之下人口增长更快。因土地总量不变，快速增长的人口在社会经济中的反应表现为劳动力过剩，最终导致劳动价格下降而土地价格上升。那么这一现象又回到了本章第二节中所讨论的，生产要素价格相对变化的情形。在这一情形下，以技术替代更高价格的生产要素对于生产者来说是有利可图的。

科技革命为新质生产力的孕育提供了坚实的土壤。它通过催生先进的生产力，为经济发展注入了新的活力，开辟了新的增长路径。这场革命正引领着经济结构朝着更加高效、可持续、智能化的方向发展。科技领域的重大创新总会引领产业的深刻变革，从而对人类的生产和生活方式产生深远的影响。在当今时代，信息化、网络化、数字化和智能化已成为发展的显著标志，它们正逐步形成新质生产力，带来更加高效和先进的生产模式，取代传统的生产方式。这些新兴的生产力不仅拥有巨大的潜力，而且能够推动社会生产力实现质的飞跃。

工业化转型和数字化转型发生的背景环境，都是在生产要素价格相对变化之下，实现技术对生产要素的替代。更准确地说，是以技术替代价格相对更高的生产要素。工业化转型推进了城市的发展，人口的集聚实现了社会化大生产，土地的使用效率得到了大幅度提升；而在数字化转型中，技术更多地替代了劳动。

同时，在工业化转型中，技术的应用也大量地替代了劳动力，或者更准确地说，是用"机械力"替代了"人力"。这样对于"力"的替代再上一次就要追溯到农业革命时用"畜力"替代"人力"。那么，同样是对于"人力"的替代，农业革命、工业化转型、数字化转型之间的区别又体现在何处？继续深入地区分可以发现，农业革命中以"畜力"替代"人力"，或者工业化转型中以"机械力"替代"人力"与"畜力"本质上都是以一种新的"能"替代旧的"能"做功，而能量的正确使用需要人的控制。

一个简单的例子：不论马车还是汽车，都需要驾驶者来操控。数字化转型中对"人力"的替代则更抽象，主要体现在对人的思维进行替代，如 AI 的部分替代和自动驾驶。当然，这一说法可能并不准确，实质上是通过对人的思维与行为进行规律性总结，通过技术的手段使机器在一定程度上能够依据人的惯常思维逻辑实现事务的自动化处理。也就是说，不论是人类历史上哪一时期的转型，对于"力"的替代，其边界始终在于人的主观能动性。

就寿险业数字化转型而言，我们需要思考的问题是：在这一次的转型中，到底是什么被替代了？一个显而易见的结论是：具有标准化流程的高重复性工作被自动化信息系统大量地替代了。例如，寿险的个人产品线越来越多地能够通过线上渠道进行购买，因为个人业务普遍为标准化保单，合约双方的责权固定，无须对合约内容进行反复磋商；而相较之下，团体险业务就没有办法实现自助化办理。又如，核保、核赔环节绝大部分也能够实现系统自动化处理，因为在标的物为"标准体"的情形下，两核环节可以被设计为高度标准化的流程，而对于核保与核赔依然无法实现完全自动化的根本原因则在于，当出现特殊情况时，由于没有事先预设相关情形处理方式，因此仍须人工介入。从 99% 到 100% 是质的飞跃，或许依然需要非常漫长的时间才能够实现，而更有可能的是，在这一轮的数字化革新中或许最终也无法跨过这一鸿沟。再如，数字化被认为能够较好地提高精算水平，而数字化提高精算水平的逻辑支撑在于，更全面的信息维度能够帮助构建更立体的模型，更强的计算能力能够分析处理更多的数据，实现更准确地预测结果。

技术对于生产要素的替代，尤其对于劳动的替代，就目前阶段而言具有明显的边界性。具有规律性的、标准化、流程化、重复化的事务更容易被替代；而需要发挥人的主观能动性，无迹可寻、具有创新性与探索性的工作则依然需要人去介入，创新性与探索性能力亦将成为人力资本的主要体现。

4.3.4　人力资本与就业

劳动者始终是生产力发展的核心，无论是在手工作坊时代还是现代工业社会，劳动资料和劳动对象只有通过劳动者的创造性劳动才能转化为现实的生产力。从手工协作到机械化大生产，劳动者的能动性和创造性始终是推动生产力发展的关键因素。打字机能够极大地提高打字效率，但需要打字员拥有相应的技能，新技术在社会生产中的广泛应用需要辅以相匹配的人力资本水平。在工业化过程中就不乏关于机械化生产挤压劳动力需求从而导致就业岗位减少造成大规模失业的担忧。失业确实发生了，但并不是长期的，而是暂时性的结构性失业。失业的原因主要是劳动者所具有的技能与企业需求不匹配，新技术的应用自然需要新技能的适配，更深层的原因是新技术的引入而产生的不均衡状态，这种不均衡包括了产品市场的不均衡、劳动力市场的不均衡以及制度的不均衡。

不均衡的产生首先源于产品市场，因要素价格相对变化而引致技术变迁的内核在于用技术替代相对价格更高的生产要素。但与此同时，依据外生增长理论，技术应用会同时提高全部生产要素的使用效率。此时，企业的产能提高，但市场需求的提升往往滞后，或在市场饱和的状态下，过剩的生产要素将被释放，这就导致了劳动力市场的不均衡。生产力的提高会促进经济增长，经济增长是一种需要更高技能的生产活动，而且由这些活动所派生的需求增加了对人进行投资的报酬率（舒尔茨，1968）。也就是说，技术变迁在提升人的经济价值的同时，也要求更高的人力资本，当经济发展达到需要越来越多高技能的阶段，对需要通过教育与培训，包括高等教育与社会培训而获得的高技能的需求会增加。

由技术变迁所形成的经济增长也会引致对产品需求的变化，以及新的更有利可图的产品创新机会的开辟（Ruttan，1978）。舒尔茨（1968）提出，在一个不断增长的经济体中，对于服务于非农部门的经济活动的合约与财产安排的需求会相对于农业部门相连的合约与财产权利的需求而增加。这在时下的数字化转型阶段同样适用，只不过对象有所改变，需求（无论是产品市场的需求还是劳动力市场的需求）从农业向工业的转换变为从第一、二产业向第三产业的转换。这一转换回应了本章第一节中所提到的劳动力产业间转移的过程，而在转移的过程中则要求了劳动力自身技能的提高。

以我国寿险业代理人队伍的发展为例，依据中国保险行业协会公布的数据显示，2019 年我国代理人规模达到了峰值的近一千万，随后逐年下降。至 2023 年第三季度末，代理人规模约 300 万，不到四年时间代理人规模下降了三分之二。《2023 年中国保险代理人职业发展趋势报告》中的数据显示，在头部企业中，中国人寿代理人规模从 2020 年的 130 余万降至

2022 年的 66 万；中国平安寿险及健康险代理人规模从 2020 年的 100 万降至 2022 年的 45 万；新华保险代理人规模从 2020 年的 60 万降至 2022 年的 20 万；人保寿险代理人规模从 2020 年的 41 万降至 2022 年的 10 万。

在代理人队伍缩减的同时，其整体素质正不断提升。2020 年 11 月，原中国银保监会发布《保险代理人监管规定》，要求保险公司在人力方面挤干水分，提高代理人队伍进入门槛，推动代理人队伍向职业化、专业化转变。2022 年 4 月，原中国银保监会提出 "保险公司、保险中介机构应按照中国保险行业协会发布的保险销售人员销售能力资质标准，建立保险销售人员分级管理机制，对保险销售人员实施分级管理"。2023 年 11 月，中国保险行业协会研究起草了《个人保险代理人销售能力资质等级标准（人身保险方向）（讨论稿）》，将保险代理人分为四个等级。国内寿险公司及保险经纪公司在进行代理人建设时，纷纷设置学历门槛，普遍要求代理人具备本科学历，并通过定期的分享会等形式长期、持续地提升队伍的整体素质。

我国寿险代理人规模的下降以及整体素质的提升代表了寿险行业不再一味追求销售队伍数量上的增长，而是在量和质上的均衡发展，以更高的人力资本提升效益。这在一定程度上体现了我国寿险业正从过去的粗放式增长转向今后高质量的发展。

新一轮科技革命由智能终端、可穿戴设备、移动互联网、大数据和云计算等前沿科技引领。这场革命不仅标志着生产力的数字化和智能化转型，更深刻地改变了劳动工具的本质，使得劳动组织和生产方式经历了翻天覆地的变化。这些变革为生产力的跨越式发展注入了前所未有的活力。在新质生产力的背景下，劳动者的角色也随之转变。他们不再是简单的机械操作者，而是成了具备广泛技能和高度适应性的多元化人才。这些人才在数字技术、人工智能、云计算等关键领域拥有深厚的知识储备和卓越的实践能力，能够为寿险公司带来更高层次的价值创造。

由此得到的结论是，与工业化转型时期一样，数字化转型也会引发结构性失业，新技术的应用对原有生产模式下的劳动力需求造成挤压，旧有工作岗位减少。但同时随着生产模式及社会需求的转变，新的工作岗位诞生，只不过中间存在一定的滞后性。回溯过去，在人类社会步入工业化社会之后，并没有发生长期持续性的，因使用机器替代劳动力而导致的大范围失业现象，在一个健康良好的经济体中，基本能够实现社会的充分就业。因此，对于失业问题担忧的症结实际上并不在于机器对现有职位的终结，而在于如何有效提升人力资本以满足新时代下的劳动力需求。一个显而易见的现象是，随着社会经济的发展，人力资本会持续性地提升，一个时下普通人所具备的一般技能可能并不能够保障他在农业社会或工业社会早期有较好的生产、生活能力，但他却能够适应当下的生产、生活方式。而知识与技能在很大程度上来自生活环境与社会背景，需要一个长期的积累过程。

对于个人、社会或是企业来说，重要的是了解转型过程中以及转型之后的人力资本需求，积极参与人力资本提升。这对于社会层面的意义在于缩短结构性失业持续时间，保障社会稳定，促进社会繁荣；于企业而言，能够增补自身劳动力需求，促进转型顺利；对于个人来说，在于保障生活的同时实现自我价值。

4.3.5 生产关系与社会制度

前文提到，技术变迁会引起制度变迁，因为技术变迁会打破原有的制度均衡。技术变迁推动了社会经济增长，在一个经济持续增长的社会中，人的经济价值也在同步提升。人的经济价值的提高会产生对制度的新需求，一些政治和法律制度就是用来满足这样的需求的，或者说"经济基础决定上层建筑"。

由技术变迁引致的制度变迁主要有两种，一种是用以促进生产的制度安排，包括降低生产成本和交易成本的制度安排，以及提高生产要素使用效率的制度安排；而另一种制度安排并不促进产出的增加，而只是制定产出的分配规则。需要明确的是，第二类制度安排的重要性并不亚于那些能够促进增长的制度安排，因为社会发展与经济增长的最终意义在于使全社会分享经济发展的果实，全面地提高人的生活水平，实现全社会的幸福与繁荣。19世纪中叶的工业革命时期，一名在伦敦的纺织女工每天工作15个小时，一年能够获得10英镑的报酬；受过一定教育能够速写和打字者，一年能够获得25英镑的报酬。对比现今的劳资关系，这种差距是当时的人们所无法想象的。当今社会不仅工作时长大幅缩短、工资显著上涨，而且劳动者也有了更为全面的保障。当然这种制度的变化是滞后的，是生产力决定生产关系的一个变化过程，即随着人的经济价值的提高，人们对各类服务的需求会转向对相应权利的需求，包括财产、知识与信息的获取、保障等（舒尔茨，1968）。

　　在数字化的转型中，可以预见的是生产力的大幅度提升，这一点往往是企业和个人的主要关注点，抓住转型先机的企业能够从中获得更多的利润，实现更好的发展；而个人能够在生活中获得转型带来的新产品，使生活更便利。社会对制度的反应往往是滞后的，正是由于制度变迁的滞后性，在制度完善前，当生产力与制度不匹配时，时常容易引发各类社会问题，这是作为制度主要提供者的政府需要在数字化转型过程中重点关注并积极应对的重要问题。关于数字化转型所带来的制度的具体变化，在此无法给出确切或精准预测，但在总体方向上可以肯定的是，在权利或利益的分配上一定是更倾向于普通民众而非企业，在各类公共服务的提供上也更向弱势方倾斜。

5 寿险业数字化转型中技术的应用

5.1 大数据及其在寿险业数字化转型中的应用

5.1.1 大数据及其应用原理

大数据（big data）是指数据量巨大、类型多样、处理速度快的数据集合。由于体量巨大、复杂性高、产生速度快等特点，难以用传统工具进行分析。大数据主要围绕数据存储、处理与计算等基础技术，形成了包括数据治理、数据分析、数据安全等一系列技术生态来实现数据价值。大数据不仅指数据的规模，更强调数据的潜在价值和处理能力。大数据主要具备以下三个特点：第一，更大的数据量，以更大的样本数量使得预测值向真实值趋近；第二，更快的数据处理速度，大数据能够在数据产生的同时进行处理和分析；第三，更强的数据分析能力，大数据的根本意义不仅在于掌握数据量的提升，更重要的是如何对数据有效使用，例如如何处理过去难以处理的非结构化数据。当数据体量巨大到无法使用当下主流处理工具和处理方法时，需要重新探究相关技术乃至探寻基础知识。

大数据的应用原理涉及数据的收集、存储、管理、分析和解释，以及如何从这些数据中提取有价值的信息。通过这些环节的有效结合，充分挖掘数据潜力，为企业和组织提供更准确、更深入的洞察，从而支持决策和创新。①数据收集与获取：大数据应用的第一步是收集和获取数据。数据可以有多个来源，包括传感器、日志文件、社交媒体、互联网、移动设备等。这些数据源产生的数据类型多样，包括结构化数据、半结构化数据、非结构化数据。②数据存储与管理：大数据技术使用分布式存储系统来存储数据，这些系统可以水平扩展，以容纳数百甚至数千台服务器上的海量数据。③数据处理是大数据应用中最核心的环节之一。大数据技术使用并行计算和分布式处理技术来处理庞大的数据集，可以对数据进行实时或批处理，以提取有用的信息、模式和趋势。④数据挖掘与机器学习：数据挖掘和机器学习技术是大数据应用中的重要组成部分。常见的数据挖掘和机器学习技术包括聚类、分类、回归、关联规则挖掘、神经网络等，通过这些技术，可以从大规模数据集中发现隐藏的模式、关联和知识。⑤数据可视化与解释：大数据分析的结果通常以可视化的形式呈现，以帮助用户更好地理解数据。数据可视化工具可以将复杂的数据集合转化为图表、图形和仪表板，以便用户可以直观地理解数据中的模式和趋势，并做出相应的决策。

5.1.2　寿险业数字化转型的大数据应用

5.1.2.1　寿险业数字化转型与大数据

寿险业天然地对数据有极高的依赖性，现代保险的运行以数理统计为底层依托。从行业实践来说，大数据对于寿险业的意义首先在于提高风险认知与风险管理。大数据技术可以帮助寿险公司更准确地判定个人和群体的风险水平，通过分析历史数据和实时数据，挖掘出客户的风险特征和趋势，实现对客户未来风险的有效预测，从而制定更合理的保费定价策略。

大数据有助于洞察客户需求并实现个性化定制，大数据技术可以帮助寿险公司深入了解客户的需求、偏好和行为模式，把握并理解客户的多样性，通过细分市场，设计更加个性化的保险产品，满足不同客户群体的特定需求。通过客户画像，寿险公司能够更精准地定位目标客户群体，推送相关产品和服务，提高销售转化率和市场份额。也就是说，寿险业依托大数据，能够为客户提供更加个性化和及时的客户服务，提升客户满意度和忠诚度。

在运营服务方面，大数据分析可以帮助寿险公司优化内部运营流程，提高自动化水平，降低成本，提升服务效率；通过实时监控和分析客户数据，优化理赔处理流程，快速审批理赔申请，减少处理时间，并提供更个性化、更及时的客户服务；更好地遵守监管要求，通过实时监控和报告，确保业务合规。同时，针对反欺诈和风险管理：大数据技术可以帮助寿险公司发现异常模式和异常行为，及时识别可能存在的欺诈行为，有效降低欺诈损失，提高风险管理的效率和准确性。

综上所述，大数据技术在寿险业数字化转型中具有重要作用，可以帮助寿险公司实现客户洞察、风险管理、理赔处理、市场营销等方面的优化和提升，从而实现业务的持续增长和创新发展。

寿险业在应用和布局大数据技术的同时，也要关注技术伦理与理论革新带来的挑战。例如，风险认知能力的增强也极大地挑战了风险相关理论，风险的损失是一种可能性，一种不确定性，随着预测水平的加强，越来越多的风险能够被量化，自然也扩大了可保风险的范围，我们可以看到越来越多的新型寿险产品被推向市场，风险覆盖范围亦越来越大。若有朝一日我们能够准确地预测某类损失一定发生或者一定不会发生，此时，风险的意义是否应该被重新定义？这是在大数据技术实现的风险认知能力不断提升的情况下对风险理论引发的思考与挑战。

此外，大数据下的伦理思考同样需要受到重视。数据所赋予险企的不仅是"能力"，更有"权利"。在传统的保险逻辑之下，投保人对于保险标的的信息与风险认知具有相对优势，因此需要"告知"和"保证"予以约束，实现一种责任分配的制度安排；同时，投保方的信息优势容易形成逆向选择与道德风险。但在保险人数据能力不断提升，甚至形成"数据霸权"时，逆向选择可能会转变为保险人对投保人的筛选。重新审视与定位不同主体的信息能力与地位，并据此调整相关制度环境或属必要。另一个需要思考的问题是，风险等级的细分边界在哪里？寿险的运营逻辑是对同质风险的集中与分散，但"同质风险"本身具有时效性，当风险认知能力不断提升，同质风险的划分将越来越具体。但从个体上来说，每一个个体都独一无二，风险自然也是各有高低而不可能完全一样，所谓同质风险无非是忽略了一些不被关注的差异。那么，这种差异在多大程度上是合理的，或者是被允许的，无限的细分是否会造成一种基于数据的"歧视"。这一问题同样也需要在寿险业数字化转型中进行思考、探讨以及论证。

5.1.2.2 大数据在寿险业中的应用概述

大数据的应用使得寿险公司能够更精准地进行市场定位，提高运营效率，加强风险控制，并最终提升客户服务质量和公司的整体竞争力。在寿险业的数字化转型中，大数据技术广泛应用于寿险业的不同业务环节和场景，包括产品管理、销售管理、运营管理和风险管理。表5-1总结了当前大数据技术在寿险业中的主要应用情况。

产品管理：寿险公司利用大数据分析市场趋势和客户需求，确定创新方向，设计符合市场变化的保险产品，通过大数据分析细致的风险因素，提高产品定价的精准度，并通过了解客户特点满足个性化需求。

销售管理：应用大数据技术深入分析客户行为、需求和喜好，定制化寿险产品和服务，以满足客户需求。

运营管理：利用大数据加速理赔流程，通过自动化和数据分析减少人为干预，提升用户体验，自动化筛查保单，简化核保流程，提升效率。

风险管理：大数据帮助监测和管理风险，及时调整策略，降低风险影响。构建保险欺诈案例数据库和风险识别模型，实时监测异常数据，识别可疑案件并采取相应措施。

表 5-1 大数据在寿险业中的应用

业务环节	应用场景	应用过程
产品管理	产品创新	基于大数据分析，了解市场趋势和客户需求，确定创新方向，满足不断变化的客户需求
	产品定价	大数据分析可以揭示细致的风险因素，提高产品定价精准度，更好地了解客户的特点，满足客户的个性化需求
销售管理	销售服务	分析客户的行为、需求和喜好，提供更深入的洞察，定制更符合客户需求的产品和服务
运营管理	核保处理	实现自动筛查保单，简化核保流程，提高核保效率
	理赔处理	加速理赔处理流程，减少人为干预，提高用户体验
风险管理	风险规避	监测和管理风险，及时调整业务策略，降低风险影响
	反欺诈数据库	构建保险欺诈案例数据库和欺诈风险识别模型，实时监测业务中的异常数据，识别可疑案件并采取措施

5.1.3 大数据在寿险业的具体应用案例

泰康人寿在大数据领域的应用体现了其对数据价值的深刻理解和高度重视。泰康人寿将大数据的管理和应用凝练为"采、存、析、用"四个关键步骤，即数据采集、数据存储、数据分析和数据应用，通过数据整合平台建设高效、安全的数据管理系统和数据仓库，实现对多样化数据来源的统一接入和存储，确保数据的完整性和可靠性，并进一步将大数据技术应用于核保、理赔、审计等方面。

在大数据核保方面，泰康人寿建立了一个基于大数据技术和智能算法的信用评分系统，该系统通过综合分析客户的个人信息、历史保单数据和医疗健康记录，为每位客户创建个性化的信用评分档案。这一系统的应用在多个方面产生了显著效果。一是在提高核保效率和准确性上，信用评分系统利用大数据的快速处理能力，智能识别和预测风险，从而提升了核保工作的准确性和效率。系统对客户的信用状况进行全面评估，帮助及时发现潜在风险因素，为核保决策提供了科学的依据，减少了错误决策的风险。二是在防范保险欺诈方面，信用评分系统在预防和打击保险欺诈行为方面起到了积极作用。通过综合评估客户的信用情况，系统能够有效识别可能的欺诈行为，并采取预防措施，维护保险行业的健康发展，增强公众对保险行业的信任。三是在个性化保险方案规划上，系统根据客户的信用评分提供定制化的保险产品和服务，满足客户的个性化需求，这不仅提高了客户满意度和忠诚度，而且促进了泰康人寿的业务增长和品牌建设。总体上，泰康人寿的信用评分系统不仅优化了核保服务，还在风险管理、反欺诈以及客户服务等方面做出了重要贡献，为寿险行业的稳健发展和客户利益的保护提供了有力支持。

在大数据理赔方面，泰康人寿通过实施大数据智能风险评估机制，创新性地提升了理赔服务的效率和个性化水平。该机制的核心在于利用大数据技术和智能算法对理赔案件进行细致的风险评估，从而实现个性化风险评分、差异化服务模式、风险规避与客户满意度提升。系统通过分析十多年的理赔历史数据和超过 40 个维度的评价指标，为每个理赔案件生成独特的风险评分。这种数据驱动的方法提高了对案件风险的识别和评估准确性，减少了理赔决策中的错误和遗漏。根据客户的风险评分，公司能够采取定制化的措施和服务方案，满足客户的个性化需求，从而提升服务的适应性和客户的满意度。智能风险评估机制使泰康人寿能够更有效地管理风险，通过精准的风险评估和个性化服务，降低了公司的风险暴露和理赔成本。同时，该评估机制也提高了理赔服务的效率和及时性，增强了客户对公司的信任和忠诚度，为公司的长期稳健发展奠定了基础。

在大数据审计方面，泰康人寿通过应用大数据审计模型，实现了审计流程的自动化和智能化，为公司内控和风险管理提供了有力支持。一是效率提升，大数据审计模型能够快速处理和分析大量数据，有效识别异常和风险点，节省人力资源，提高审计工作的效率。二是全面性和准确性增强，与传统审计相比，大数据审计减少了遗漏和错误，提高了审计的全面性和准确性，为内部控制和风险管理提供了更有力的支持。三是科学化和规范化，大数据审计模型的应用推动了审计工作的科学化和规范化，通过数据建立的审计标准和模型，实现了审计流程和方法的标准化，减少了个人主观因素导致的偏差。四是风险和问题的及时发现与解决，大数据审计有助于及时发现和解决潜在风险，减少经营风险和损失，通过全面监控和分析数据，能够迅速识别违规行为或异常情况，并采取相应措施。五是降低法律和信誉风险，及时的风险识别和处理机制有助于降低公司的法律风险和信誉风险，维护公司形象和声誉。

5.2 人工智能、生成式人工智能及其在寿险业数字化转型中的应用

5.2.1 人工智能、生成式人工智能及其应用原理

人工智能（artificial intelligence，AI）是指由人造系统所表现出具备模拟人类智能的能力，它涵盖了多种技术，包括机器学习、深度学习、自然语言处理、计算机视觉、智能决策和智能控制等多个方面。生成式人工智能（generative AI）是人工智能的一个子领域，专注于创造全新的内容，如文本、图像、音乐和视频。如上一章所述，数字化转型中以数字技术替代人力最主要的方式是使机器能够在一定程度上实现逻辑思维，从而解放劳动力。通过这些技术的应用，人工智能可以实现对复杂问题的智能化处理和解决，为各行各业带来更多的智能化应用和服务。

人工智能的应用原理是基于模仿人类智能行为，使机器能够执行通常需要人类智能才能完成的复杂任务。其应用原理主要包括：①机器学习：机器学习是人工智能的核心，它使计算机系统能够从数据中学习并改进其性能，通过分析大量数据，识别模式和规律，然后做出预测或决策。②深度学习：深度学习是机器学习的一个子集，它使用类似于人脑的神经网络结构来学习数据中的复杂模式。③自然语言处理：自然语言处理使机器能够理解、解释和生成人类语言，它包括语言翻译、情感分析、文本摘要等应用。④计算机视觉：计算机视觉技术使机器能够从图像或多维数据中解

释和理解视觉信息,执行图像分类、物体检测、面部识别等任务。⑤智能决策:智能决策是人工智能的一个重要应用方向,旨在使计算机系统能够根据环境和目标做出自主决策和行动。智能决策技术包括规则引擎、专家系统、强化学习等,广泛应用于金融风控、智能交通、物流调度等领域。⑥智能控制:智能控制是人工智能在自动控制领域的应用,旨在设计和实现能够自主学习和适应环境的智能控制系统。智能控制技术包括模糊逻辑控制、神经网络控制、遗传算法等,广泛应用于工业自动化、智能家居等领域。

生成式人工智能的精髓在于其创新的生成机制。这种技术能够依据接收到的提示或问题,自主产生答案或新内容,而不是单纯地对现有数据进行分类或识别。为了实现这一点,生成式人工智能需要通过分析和吸收海量数据,洞察并掌握语言的深层规律和模式,从而在面对提示或问题时,能够创造出合情合理的内容。传统的人工智能系统更多地被设计来完成一些被明确定义的任务,例如数据分析、人脸识别或自动翻译等。这些系统通常遵循一系列预设的规则,其功能输出主要基于对现有数据的处理和既定指令的执行。相较之下,生成式人工智能拥有更广阔的创造空间,它不受现有数据模式的限制,而是通过深入学习数据的概率分布,来创造出全新的数据实例。这使得生成式人工智能能够创造出在结构和内容上与训练数据相似但又具有独特性的数据样本。

5.2.2 寿险业数字化转型的人工智能、生成式人工智能应用

5.2.2.1 寿险业数字化转型与人工智能、生成式人工智能

寿险业的数字化转型需要人工智能,它能够提供强大的数据处理能力、预测分析、自动化操作和个性化服务,这些都是传统寿险业务模式难以实现的。同时,寿险业中人工智能的应用在提升反应速度与服务质量的同时,也极大地降低了人工成本。

人工智能技术的强大能力可以为寿险业带来多方面的重要优势。第一,人工智能可以通过大规模的数据分析和深度学习技术,更准确地识别客户的风险特征和趋势;基于这些数据,可以实现寿险产品的精准定价和风险评估,从而降低风险,提高保险公司的盈利能力。第二,人工智能可以通过自然语言处理和图像识别技术,实现理赔处理流程的自动化和智能化。例如,通过分析理赔申请中的文字描述和相关图片,可以自动识别理

赔类型、判断理赔合法性，从而加速理赔处理的速度，提高客户体验。第三，人工智能可以通过分析客户的行为和偏好，实现个性化的服务和产品推荐，例如，通过分析客户的保险需求和风险偏好，可以为客户提供定制化的保险方案，提高客户满意度和忠诚度。第四，人工智能可以利用大数据分析和机器学习技术，建立欺诈识别模型和风险监测系统，实时监测和识别潜在的欺诈行为和风险事件。这可以帮助寿险公司及时采取措施，降低欺诈损失和业务风险。第五，人工智能可以实现智能客服系统和销售助手，通过自然语言处理和语音识别技术，实现客户咨询和投保业务的自动化处理。这可以提高客户服务的效率和质量，降低运营成本。

生成式人工智能作为人工智能的一个重要分支，在寿险业的数字化转型中展现出独特的价值。它通过创造性内容生成的能力，为寿险公司提供了新的产品开发思路和客户服务模式。生成式人工智能在提升效率、控制成本、产品创新、客户体验优化、风险管理和数据驱动决策方面均有显著贡献。然而，技术的应用也需要考虑到合规性、安全性以及技术与业务的深度融合。寿险公司在推进数字化转型的过程中，需要培养数字技能人才，推动企业文化转型，并制定明确的顶层设计和战略规划，以确保技术投入与业务目标的一致性。

尽管人工智能技术为寿险业带来了巨大的潜力，但也应注意到，人工智能目前还不能完全替代人工，不恰当的应用可能会引发客户的不满。因此，寿险公司在应用人工智能技术时，需要结合现实技术水平和社会情绪，恰当地在业务流程中运用人工智能，以真正提升业务效益。同时，寿险公司也需要面对技术应用中的挑战，如技术接受度、模型透明度和可控安全的内容生成等，并采取相应的策略和措施，以确保数字化转型的成功。

5.2.2.2 人工智能在寿险业中的应用概述

目前寿险业已在众多服务环节展开对人工智能的应用，如智能客服、核保、核赔、风险预警、欺诈侦查等，具体应用场景见表5-2。从目前发展来看，传统寿险业务，尤其个险业务中的绝大部分后台流程都能够被智能化信息技术替代。在标准化了的个人险业务中，承保、理赔等环节已经形成了较为规范的操作标准，这种对人工的替代大大降低了人力成本和运营成本，也极大地转变了险企员工的工作方式。同时伴随大数据等技术的加持，对于事物本质规律的把握更深、更透彻，标准化制定范围将不断扩大，需要人工介入的案件比例会持续降低。

表 5-2　人工智能在寿险业中的应用

业务环节	应用场景	应用过程
产品设计	定制服务	总结分析消费者上网习惯、关键检索、掌握消费者需求
	健康管理	实时检测健康风险，预测疾病趋势，及时风险预警，提醒客户就医
	移动终端	采集客户信息，改善客户习惯，判断出险概率，拟定精准费率
资产管理	智能顾问	通过深度学习平台，阅读研报、投资分析、财务分析等，并提供决策建议
产品营销	客户管理	挖掘客户关系与潜在价值，计算承保范围，提高复购率
	智能顾问	建立客户画像，提供多样化风险解决方案，定制个性化寿险产品
风险控制	智能核保、核赔	交互式自助评估风险，提供科学有效的核保建议，提升理赔效率，提高客户满意度
	智能合规	运用人工智能进行文件审核、案件分析与预测、整合结构化数据与非结构化数据、自然语言处理等，降低人力成本，提高工作效率与准确率
客户服务	智能客服	建立客户数字身份识别系统，实现业务在线办理；维护和运营个人信息安全。利用智能语音交互技术，通过智能客服为用户提供保险咨询、投保推荐、理赔服务，等提高客服效率

在销售方面，人工智能也有极高的辅助能力，现有寿险营销高度依赖代理人，人力成本居高不下，业务员流动性大、脱落率高、培训成本高是寿险代理人制度长期存在的问题。人工智能在短期内无法完全替代营销人员，但能够在一定程度上提供简单的咨询、产品推荐等服务。借助庞大的数据库信息以及强大的分析能力，人工智能在某些方面可能能够给出比寿险代理人更合理的建议与产品推荐。例如近几年短视频网站吸引了大量的用户，各行业纷纷通过短视频网站进行产品推广，新壹科技推出了"秒赢"（一款聚焦保险垂直领域的 AIGC 内容生成工具）。"秒赢"能够基于保险产品的特点撰写对应的文案，并通过视频素材库自动生成推广视频，辅助保险经纪人经营网络社交账号，获得线上流量。智能客服持续的在岗能力能够为客户提供耐心、专业的建议和方案，有利于构建和谐的客户关系。在提供客服服务时，保险公司可以借助人工智能生成对应业务环节的介绍视频；在理赔环节通过视频电话实现人脸识别与相应的核验工作等。

除了在保险业务模块，人工智能还被运用到员工培训方面，例如科大讯飞研发的认知智能大模型可以为保险代理人进行个性化的实战演练，并已形成一套考试、考评、评测的成熟体系。在人力、财务、采购、法务等方面，通过自认语言交互优化流程的自动化，实现整体的提效。人工智能强大的学习能力能使其快速具备深度的专业知识，形成复合型专家能力，为寿险公司提供真正的数字劳动力。

5.2.3　人工智能在寿险业的具体应用案例

为贯彻"以人民为中心"的服务理念，切实有效解决客户在理赔服务中遇到的问题，平安人寿在 2023 年推出了全新的"AI 智能理赔"服务。该服务利用人工智能技术，构建了一套智能化、高效率的理赔流程，从理赔报案到理赔申请再到理赔审核，全程实现智能化操作。这一举措旨在为客户提供更便捷、准确的服务体验，显著缩短理赔申请的处理时间，提高客户的理赔满意度，让客户在理赔过程中享受到更为省心、高效和经济的服务。AI 智能理赔服务主要包括智能报案、智能申请和智能审核三个环节（如图 5-1 所示），具体内容如下：

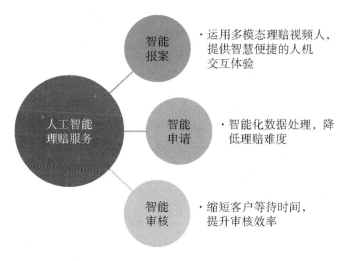

图 5-1　平安人寿：人工智能理赔服务

注：多模态理赔视频人，是保险公司搭建的 AI 理赔视频机器人。通过拟人化对话指导用户办理理赔业务，用户通过语音即可完成报案信息填报。

在智能报案的应用上，平安人寿通过引入虚拟数字人技术，极大地丰富了客户的报案体验。该公司的多模态理赔视频人系统允许客户通过语音、文字或图像等多种交互方式进行理赔报案，这样的设计不仅个性化而且具有较高的灵活性。

　　以一个车辆事故理赔场景为例，客户现在可以通过平安人寿的移动应用或在线平台，使用智能系统进行报案。客户可以选择用语音或文字描述事故情况，或者上传事故现场的图片和视频。这种报案方式的多样性确保了客户可以根据自己的需求和偏好选择最便捷的方式，提升了报案的便捷性和客户体验的个性化。在报案过程中，人工智能技术被用来快速识别和处理客户提交的信息，自动填写理赔报案表格。客户在核对信息无误后，即可迅速完成报案，这一流程的自动化显著提升了报案效率，为客户节省了宝贵的时间和精力。此外，多模态理赔视频人系统还能根据客户的报案信息和理赔需求，智能推荐最合适的理赔流程，并向客户提供必要的指导和建议。这种智能化服务不仅提高了理赔的准确性和效率，也增强了客户对保险公司的信任和满意度。

　　总体来说，平安人寿的这一创新举措展现了数字化转型在寿险服务中的实际应用，通过提供自然、简洁的人机交互体验，为客户带来了更便捷、更智能、更个性化的理赔服务，同时也凸显了科技在提升客户服务质量方面的巨大潜力。

　　在智能申请方面，平安人寿利用先进的人工智能技术，通过图像识别、质量判断、信息验证和合规检测等四大功能模块，实现了寿险理赔流程的智能化管理，极大地提升了客户服务的便捷性和效率。

　　以一个实际案例来阐释，假设一位客户在保险有效期内不幸遭遇交通事故并受伤，需要向平安人寿申请理赔。在传统的理赔流程中，客户往往需要经过烦琐的步骤来提交理赔请求。然而，平安人寿的智能理赔系统简化了这一过程：①图像识别与分析：客户可以通过移动应用或在线平台轻松提交理赔申请，并上传事故现场的照片等证据材料，智能系统通过图像识别功能自动分析这些照片，快速确定事故的具体情况。②图像质量判断：利用人工智能技术，智能理赔系统能够评估提交照片的质量，确保其清晰度和完整性，从而提高理赔审核的准确性。③信息验证：系统将进一步核实客户提供的个人信息、保险合同内容及事故描述等，与公司数据库中的信息进行匹配，确保理赔申请的真实性和合法性。④合规检测：在最后阶段，智能理赔系统会自动检查理赔申请是否遵守了相关的法律法规和保险条款，预防欺诈行为，确保整个理赔过程的合规性和透明性。

通过这一系列智能化流程，平安人寿不仅加快了理赔处理速度，降低了理赔的复杂性，而且提升了客户的满意度。同时，系统的高度自动化和智能化还有助于及时发现和防范潜在的欺诈行为，保障了寿险业务的健康和可持续发展。这一创新举措充分展现了平安人寿在提升客户体验和运营效率方面的行业领导力。

在智能审核方面，平安人寿开发了一个理赔智能审核系统，该系统通过粗审和精审两个阶段，显著提升了理赔审核的效率和速度。

在粗审阶段，系统采用规则引擎、实体识别和关键词匹配等自动化方法，对理赔案件进行初步筛选。这个阶段主要处理相对简单的 10 多种理赔异常情况，如规则违规或常见错误信息，从而快速完成初步审核，提高整体审核流程的效率。进入精审阶段，平安人寿运用 OCR（光学字符识别）技术和 Transformer 模型（一种基于自注意力机制的深度学习模型）等先进技术，对理赔案件进行深入分析。OCR 技术将图片中的文字信息转换为可编辑文本，便于系统进一步处理和分析。同时，Transformer 模型帮助系统更准确地理解和处理理赔案件中的语义信息，提升了审核的准确性。为了增强智能审核的准确性，平安人寿还结合了集成学习技术，与 Transformer 模型一同使用，通过综合多个模型的预测结果，降低单一模型可能带来的风险，确保审核结果的可靠性。通过这些技术的融合应用，平安人寿的智能审核系统不仅能够全面检测理赔过程中的各种异常情况，而且减少了技术风险，为客户提供了一个更准确、更可靠的理赔服务体验。这一系统的建立，体现了平安人寿在提升理赔服务质量和效率方面的持续创新和行业领先地位。

5.3 物联网及其在寿险业数字化转型中的应用

5.3.1 物联网及其应用原理

物联网（Internet of Things，IoT）是基于互联网，通过无线信息传输、产品电子编码标识等现代信息通信技术来实现数据交换、信息传递和智能互动的网络系统。其核心理念是让物理世界与数字世界相连接，实现设备之间的自动化和智能化。物联网利用各类数据传感器与数据采集器作为技术支撑，实现了物质世界与信息世界的实时联通；相比于大数据强调对数据的分析与处理，物联网更多地提供了更底层的数据收集，极大地丰富了数据维度，并且提供了连续的状态数据，能够更全面地反映被观察对象随时间的变化过程，为进一步的分析提供了数据基础。

物联网的应用包括传感器和设备连接、数据传输和通信、数据处理和分析、实时监控和控制、智能决策和优化，以及应用服务和场景应用等多个方面，通过这些应用，物联网可以实现对物理世界的智能化、自动化和互联互通，推动各个领域向智能化、高效化方向发展。其应用原理主要包括以下六个方面：①传感器和设备连接：物联网的基础是通过各种传感器和设备收集现实世界中的数据；这些传感器可以感知物体的状态、环境的变化等，并将数据传输到物联网平台或云端进行处理和分析。②数据传输和通信：物联网使用各种通信技术将传感器和设备收集的数据传输到物联网平台或云端，常用的通信技术包括 Wi-Fi、蓝牙、蜂窝网络等，这些技术可以实现设备之间的无线连接和数据传输。③数据处理和分析：一旦数据被传输到物联网平台或云端，就需要对数据进行处理和分析，物联网平台需要结合数据分析和挖掘技术，对收集到的数据进行实时处理、数据挖掘和模式识别，从中提取有用的信息。④实时监控和控制：物联网平台可以实现对物联网设备的实时监控和远程控制，通过分析数据和监测设备状态，可以及时发现问题并采取措施，实现对设备的远程管理和控制。⑤智能决策和优化：物联网平台可以根据收集到的数据和分析结果，实现智能决策和优化，通过机器学习和人工智能技术，可以对设备运行状态进行预测和优化，提高设备的效率和性能。⑥应用服务和场景应用：物联网的最终目的是为各种应用场景提供智能化、自动化的解决方案，提高生活质量和工作效率。

5.3.2 寿险业数字化转型的物联网应用

5.3.2.1 寿险业数字化转型与物联网

寿险业数字化转型需要物联网。前文介绍的大数据以及人工智能，大数据需要对海量的数据进行分析，从而实现更深层的理解和认识；人工智能需要大量、多维的数据作为支撑，实现系统的智能化。物联网能够实现更多的底层数据收集，极大地丰富数据维度，为大数据及人工智能提供数据支持。

具体来说，物联网设备可以用于监测被保险人的生活方式、健康状况和行为习惯等信息，例如，智能健康手环可以记录被保险人的运动量、睡眠质量等数据，智能家居设备可以监测居住环境的安全性和风险情况。基于这些数据，保险公司可以更准确地评估被保险人的风险水平，并根据实际情况调整保险产品的定价策略，提高风险管理的精准度和效率。并且，物联网设备连续的、实时的数据采集能力能够实现智能预警和风险监控，物联网设备可以实现对被保险人的实时监测和预警，如智能医疗设备可以监测被保险人的健康状态，及时发现异常情况并向保险公司发送警报，这可以帮助保险公司及时采取措施，防止风险事件的发生，减少理赔损失。

　　物联网设备还可以实现保险公司与客户之间的实时互动和沟通，保险产品可以通过手机 App 与客户进行交互，提供个性化的保险建议和服务，帮助保险公司实现智能化的理赔处理等。例如，智能车载设备可以实时监测车辆行驶状态和事故情况，自动采集事故数据并提交给保险公司，加速理赔处理流程，减少人为干预，提高理赔效率。

　　基于物联网技术收集到的数据，保险公司也可以为客户提供个性化的保险产品和服务，如根据被保险人的行为和健康数据，定制健康保险方案，提供个性化的保障和健康管理服务。

　　综上所述，物联网技术在寿险业数字化转型中具有重要作用，可以帮助保险公司实现风险评估和定价优化、智能预警和风险监控、个性化保险服务、智能理赔处理以及客户互动和服务优化等方面的目标，推动寿险业向智能化、高效化方向发展。

　　物联网技术对个体数据的采集无疑将加快保险产品差异化、个性化的发展趋势，但在物联网技术赋予保险公司更强大的服务能力与风险管理能力的同时，需要警醒的是如何确保被保险人的隐私安全。在美国部分州，UBI 车险（usage-based insurance，一种基于驾驶行为而定保费的保险）在实践不久之后就被质疑，认为个人驾驶习惯、车辆行驶位置等数据属于个人隐私，保险公司不应采集相关数据并将其用于分析。同样地，可穿戴设备对于被保险人健康数据的实时监测应被限制在怎样的范围之内？或者说，哪些数据是可以被采集的？哪些数据是不允许被采集的？哪些数据是在个人允许的情况下可以被采集的？这些问题有赖于信息时代下，个人"数权"的建立，"数权"与财产权等所有权类似，是个人对自身及所拥有的物品等信息数据完全处置的权利。如上一章中所提及，社会数字化转型最终必然导致技术变迁与制度变迁，"数权"是技术变迁之下必然会引发的制度变迁之一，在合理制度之下的技术应用才能更好地服务社会经济。

5.3.2.2　物联网在寿险业中的应用概述

物联网技术在财产险和人身险中均已开始应用，甚至产生了新的保险形态。尤其在车险中，基于物联网的 UBI 产品开始走向市场，这种基于车辆使用时长或驾驶状态的保险产品打破了原有车险"保险随车"的模式，无论是行驶时长或是驾驶习惯，都在不同层面实现了风险细分。且此类产品带有新的风险评估因子，能够进行更准确的评估，并且在此基础上优化服务类别，提供个性化的事故预防服务，同时保险人也能够获取天气、地理等数据用以丰富索赔评估所需的信息。在医疗与健康险中，可穿戴设备实现了对被保险人健康状态的监测与数据采集，同时搭建了新的客户交互渠道，通过一定的激励方式鼓励被保险人进行健康管理，图 5-2 展示了可穿戴设备信息收集传导技术流程。

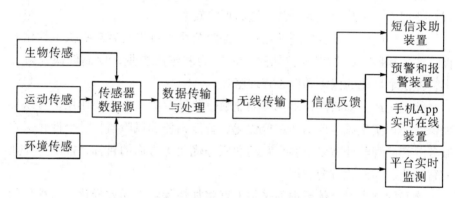

图 5-2　可穿戴设备信息收集传导技术流程

在寿险业务的数字化转型中，物联网技术被应用于多个业务环节和应用场景，表 5-3 总结了物联网技术在寿险业中的适用场景。在风险管理方面，通过结合区块链技术、大数据和人工智能，构建风险预警模型，如反洗钱和欺诈识别，并将这些模型整合到业务流程中；通过实时监控被保险人和保险标的的风险状态，及时发现异常并介入。在风险事故发生时，自动启动理赔流程，减少保险欺诈和索赔遗漏，提升客户服务的便捷性。在职场管理方面，利用智能门禁、人员考勤、访客登记和行为轨迹追踪等技术，结合其他数字化手段，实现职场人员管理的自动化和智能化。通过技术赋能，寿险公司能够提高风险管理的效率和准确性，同时优化职场管理，提升整体运营效率和客户服务质量。

表5-3　物联网技术在寿险业中的应用

业务环节	应用场景	应用过程
风险管理	风险识别	通过区块链技术与大数据、人工智能等相结合，构建反洗钱、欺诈识别等风险预警模型，并将其嵌入到各个业务模块
	风险检测	实时监控被保险人与保险标的的风险状态，一旦发现异常及时介入；在风险事故发生时自动发起理赔流程，减少骗保和索赔遗漏，为客户提供更便捷的服务
职场管理	数字化职场	以智能门禁、人员考勤、访客登记、行为轨迹等进行追踪，并结合其他数字化技术实现自动化、智能化人员管理

5.3.3　物联网在寿险业的具体应用案例

中国人寿是积极利用物联网技术的一个典型代表。其构建了具有特色的保险数字化平台，该平台依托物联网技术，将线上数字化服务与线下职场相结合，有效连接职场、销售队伍和客户，实现资源的快速优化配置。

中国人寿物联网以数据服务为契机，助力科技赋能，旨在面向全体员工，实现所有信息化设备可视化、数字化、智能化。通过在全国近三万个职场网点部署互联网络，对各类电子化设备实行统一管理，构建公司内部全面真实的职场数据，从而实现数字化网点的网络、设备、人员运行状态的实时感知与管理，完成数字化职场运营实况立体呈现；在职场撤销、迁移等变动中，实现线上的弹性化管理。

为满足一线职场的实际需求，并通过持续优化系统服务来提升其价值，该系统通过整合职场信息、员工数据和信息化办公设备，创建了一个全面的职场运营数据库。这一数据库使得中国人寿能够实时捕捉职场数据，实时更新信息展示，及时做出决策，监控应用状态，保障数据安全，并实时盘点资产。这些功能旨在满足管理层、职场经理和销售人员在智能应用方面的多样化需求。通过规范的管理和实时监控，实现了故障的早期预警和资源的智能分配等自动化服务。这增强了对全国数字化职场的科技服务支持，有效应对了不同地区在科技投资和设备管理方面存在的不均衡和不足问题，从而整体提高了整个系统的科技服务能力。

中国人寿物联网以提升用户体验为目标，致力于服务基层，贯彻"以用户为中心"的服务理念。公司建立了集中化的物联网运营服务中心，并通过实施"直面用户、闭环管理"的工作机制，有效解决了科技服务在职场网点的"最后一公里"问题，显著提升了客户体验。通过一线直通机制，中国人寿物联网显著提高了故障处理的效率。面对公司基层职场的广泛分布和多样化的信息化设备，中国人寿物联网实现了全国近3万个职场与运营服务中心的直接联系，提供全天候"一站式"服务，快速响应并解决科技服务问题，实现了职场数字化运营的统一和扁平化。这不仅解决了以往科技服务响应慢和区域科技投入不均衡的问题，而且使服务时效提高了70%。

中国人寿物联网还优化了故障上报流程，减少了用户的报障难度。用户现在可以通过拨打服务热线或使用云助理报障来快速反馈问题，简化了故障上报、处理、查询和恢复确认的整个流程。多样化和智能化的报障方式，如热线直接沟通和云助理报障，使得用户操作更加简便，降低了报障的门槛。

此外，中国人寿物联网强化了基层服务体验的闭环管理。通过与一线用户共享故障流转进度，增强了用户对服务流程的监控主动性。统一的故障结单标准和"谁上报谁结单"的原则，确保用户能够积极参与故障处理过程，避免被动接受结果。同时，通过深入基层调研，中国人寿物联网深入了解一线需求，不断提升服务的开放性和透明度，从根本上解决了基层服务的盲点问题。

5.4 云计算及其在寿险业数字化转型中的应用

5.4.1 云计算及其应用原理

云计算（cloud computing）是一种基于互联网的计算模式，利用共享的计算资源（包括远端服务器、数据库、网络等）对数据进行存储、共享、分析等一系列操作的计算方式。云计算可以实现计算资源的集中与合理配置，使公共计算能力在群体中共享，并根据资源应用情况，根据服务对象的需求灵活分配算力和数据资源。云服务实现了多用户信息实时共享，为企业的数字化办公提供了信息桥梁，且在突破了空间限制，提高了流程效率和灵活性的同时，也实现了更好的扩展性和更高的负载能力。

云计算通过网络提供各种计算服务，包括存储、计算、数据库、应用程序等，云服务基于"软件即服务"（Software as a Service，SaaS）的思想，提供商可提供包括软件、基础设施、平台等各类信息服务，用户可以根据需要随时随地访问这些服务，而无须在本地部署和维护硬件设备和软件系统。云计算的应用原理主要包括以下五个方面：①虚拟化技术：云计算基于虚拟化技术，将物理硬件资源抽象成虚拟资源，包括虚拟服务器、虚拟存储和虚拟网络等，通过虚拟化技术，云计算平台可以将物理资源动态划分为多个虚拟资源，实现资源的灵活分配和管理。②资源池化和弹性伸缩：云计算平台将物理资源汇集到统一的资源池中，用户可以根据需要按需分配和使用这些资源；同时，云计算平台还支持弹性伸缩功能，根据用户的实际需求自动调整资源的分配和释放，实现资源的动态扩展和收缩。③网络连接和数据传输：云计算平台通过互联网提供各种计算服务，用户可以通过网络连接访问这些服务，平台提供安全、高速的网络连接和数据传输服务，确保用户可以随时随地快速访问云端服务，并实现数据的安全传输和存储。④多租户架构和隔离机制：云计算平台通常采用多租户架构，即多个用户共享同一套云计算基础设施，为了确保用户之间的数据安全和隐私保护，云计算平台通常采用严格的隔离机制，确保不同用户的数据和计算环境相互独立，防止数据泄露和降低安全风险。⑤按需付费和服务模式：云计算平台通常采用按需付费的服务模式，用户只需根据实际使用量支付相应的费用，无须提前投入大量资金购买硬件设备和软件系统；同时，云计算平台还提供多种服务模式，用户可以根据需求选择适合的服务模式，快速部署和管理应用程序。

5.4.2 寿险业数字化转型的云计算应用

5.4.2.1 寿险业数字化转型与云计算

云服务本身在数字技术中也更具工具属性，如通过物联网收集的数据上传到云服务器后便允许所有用户进行操作与访问；大数据所需的海量运算在本地服务器算力不足的情况下可以通过云服务器良好的扩展性在一定程度上得到解决。云计算和大数据相辅相成，大数据需要借助云计算的高效能力，云计算需要使用大数据的庞大信息，二者共同解决寿险行业存在的客户拓展成本高、产品同质化严重、产品创新性不强、定价不准确、理赔难等问题，基于大数据和云计算可实现寿险定价的动态化、差异化和精确化。

云计算技术的应用在寿险业数字化转型中主要具有以下四点优势：第一，云计算平台提供了弹性扩展的能力，可以根据业务需求动态分配和释放计算资源，对于寿险公司来说，可以根据业务流量和需求量的变化，灵活调整计算资源，实现快速扩展和缩减，避免资源浪费和性能瓶颈。第二，云计算平台提供了强大的灾备和容灾备份能力，可以帮助寿险公司实现数据的备份和恢复，确保业务连续性和数据安全。寿险公司可以将数据备份和存储在云端，避免因硬件故障或自然灾害等导致数据丢失和业务中断。第三，云计算平台通常具有严格的安全控制和隐私保护机制，可以帮助寿险公司保护客户数据和业务机密。云计算服务提供商通常采用多层次的安全防护措施，包括数据加密、访问控制、身份认证等，确保用户数据的安全和隐私。第四，云计算平台提供了丰富的服务和工具，可以帮助寿险公司实现业务创新和优化，通过云计算平台，寿险公司可以快速部署和管理应用程序、实现数据分析和挖掘、开发智能化的保险产品和服务，从而提升业务竞争力和客户体验。

综上所述，云计算技术在寿险业数字化转型中具有重要作用，可以帮助寿险公司降低成本和风险、提升安全性和隐私保护、实现灾备和容灾备份、促进业务创新和优化等方面的目标，推动寿险业向数字化、智能化方向发展。

5.4.2.2　云计算在寿险业中的应用概述

云计算在寿险业已有了广泛应用，一些寿险公司不再自己购买经营所需的软、硬件，而是向云服务提供商租赁基于网络的软件、服务器等，来管理企业的经营活动，如平安保险将其90%的资管应用系统在"云"上进行部署，充分利用"平安云"的计算能力和快速扩展能力支持日常业务开展；华泰保险通过其云服务，提升运维管理能力实现效率提升；众安保险基于云服务搭建"无界山"，能够支持千亿保单的存储与查询。利用云计算技术，不仅可以大大节省寿险公司自身在硬件和软件方面的投入，还可以更加便捷高效地利用云平台提供的软件资源进行本企业经营管理系统和软件的开发。表5-4总结了云计算在寿险业中的主要应用。

表 5-4　云计算在寿险业中的应用

业务环节	应用场景	应用过程
运营管理	IT 基础设施整合	实现不同机房的 IT 基础设施共享,实现公司算力资源的灵活部署。整合各分支机构及子公司的业务数据,形成统一的数据库供分析、检索
	财务管理	对经营记录进行全方位的记录,实现从结果监控转向流程控制,结合大数据与人工智能实现更多前瞻性的预测和规划,从被动响应转向主动出击
组织架构	分布式交互结构	去中心化依赖,弹性分配资源,提升信息利用率,实现信息共享
业务拓展	数据支持	通过云服务实现超大数据量的存储与查询,支持各业务线快速展业,并通过各业务模块的对接为客户提供智能化解决方案
	提升承保效率	通过云计算技术对现有算力扩容,同时处理海量并发数据,增强公司流量高峰时的算力,保障承保效率

5.4.3　云计算在寿险业的具体应用案例

为实现"科技国寿"战略的具体落地,中国人寿致力于通过数字化手段实现全面的连接,建立物联网基础设施,并巩固其"云上国寿"的科技基础。中国人寿通过构建算力强大的混合云,形成开放兼容的技术架构,并建成泛在互联的物联网。

中国人寿打造了一个功能强大的混合云平台,该平台采用了先进的云计算技术,实现了创新的"大后台+小前端"IT 架构。通过这种布局,中国人寿对传统的 IT 基础设施进行了革新,构建了一个由北京、上海两地的三个数据中心组成的私有云,并且这个私有云能够无缝地与公共云资源相连,形成了一个既安全又环保、具有弹性的混合云系统。通过 3 万条互联网专线和 820 G 的总带宽,该混合云系统成功地将高效的移动互联网络扩展到各级管理机构和基层网点,显著降低了成本并提高了 5 到 10 倍的带宽速度,构建了一条直通一线的信息高速公路,并形成了一个广泛互联的物联网。在这个系统中,前端应用程序可以迅速在公共云上部署,而后端数据则安全地存储在私有云中,既保持了灵活性和弹性,又确保了数据的安全性和可靠性。混合云平台支持资源的弹性扩展和无缝切换,极大提高了数据的安全性和计算能力,同时也有效降低了运营成本和能耗。特别是在疫情期间，中国人寿的混合云平台展现了其在弹性扩展、快速便捷、安全可靠以及持续运行方面的优势。公司能够在短短 4 小时内将云视频服务的资源扩充至原来的三倍，在 2 小时内将核心业务系统的资源扩大至原来的六倍，迅速有效地应对了移动办公、远程协作和在线销售等互联网应用需求的急剧增长。

此外，中国人寿在混合云环境中实施了双向 API 开放平台，这使得内部各级单位和外部合作伙伴都能够高效利用内外部的技术资源。通过这一平台，中国人寿可以围绕特定的业务场景，灵活地整合和创新各种应用与服务，从而激发和利用数字技术的潜力，实现资源的共享和互利共赢的局面。

在客户服务方面，中国人寿始终将理赔服务视为保险业务的核心，致力于提升用户体验。公司利用大数据技术优化理赔流程，简化了理赔程序并显著提高了理赔效率，从而构建了一个智能化的理赔服务新模式。其推出了创新的移动理赔服务，允许客户通过寿险 App、微信公众号、"国寿 e 店"等多种途径便捷地提交理赔申请，确保了理赔服务的可访问性和便捷性，实现了"随时、随地、随手可及"的服务理念。"云端赔"自推出以来，已经累计处理了约 114 万件理赔案件，完成了约 9.2 万次视频查勘，并上传了约 642 万份单证，为公司的理赔服务提供了坚实的技术支撑。这些创新举措展现了中国人寿在提升客户服务体验方面的坚定承诺和实际行动。

5.5 区块链及其在寿险业数字化转型中的应用

5.5.1 区块链及其应用原理

区块链（blockchain）是一种去中心化的分布式账本技术，核心目的在于解决数据的安全性与可靠性，通过链式数据结构来存储与验证数据，利用分布式节点共识算法来生成和更新数据，利用密码学的方式保证数据传输和访问的安全，利用由自动化脚本代码组成的智能合约来编程和操作数据。区块链上的每一笔交易都被记录在不可篡改的区块中，形成链式连接，实现了数据的可追溯性；公共的分布式账本让所有参与者都可以查看和验证交易数据，实现了区块链的开放性；区块链分布式的存储摆脱了传统中心化方式，从物理上保障了数据难以被篡改的特性；区块链以广播的方式进行数据传递在机制上保证了所记录下来数据的真实性。这些特征使区块链成了一套去中心化的、公开透明的信任系统，由共享数据达成的共识以高度透明的形式构建了一个与每个用户互动的综合信息数据库，实现了在大量相关方之间高效的信息互通。目前，区块链技术在寿险领域的应用才刚刚开始，但其应用价值已经引起了寿险业的广泛兴趣。

区块链的基本原理是将数据以区块的形式链接在一起形成一个不断增长的链条，并通过密码学技术确保链条的安全性和不可篡改性。区块链的应用原理可以概括为以下五点：①分布式存储和共识机制：区块链采用分布式存储技术，将数据存储在多个节点上，每个节点都拥有完整的数据副本。通过共识机制，节点之间达成一致，验证和确认新的数据块的有效性，并将其添加到区块链中。②区块链结构和加密技术：区块链由一系列数据块组成，每个数据块包含了交易记录和元数据等信息，并通过哈希值链接到前一个数据块，形成一个不可篡改的链条，同时，区块链采用了加密技术，对数据进行加密处理，确保数据的安全性和隐私性。③去中心化和透明性：区块链是去中心化的系统，没有中心化的管理机构，所有的交易和数据都是在节点之间直接进行，这意味着没有单一的控制者，所有参与者都可以对交易和数据进行监督和验证；区块链还具有高度透明的特性，所有的交易和数据都可以被公开查看，确保了系统的公开和透明。④智能合约和程序化执行：智能合约是一种以代码形式编写的自动化合约，可以在区块链上执行和实施，无须第三方的干预。智能合约可以根据预先设定的条件和规则自动执行，实现自动化的交易和合约执行，提高交易的效率和安全性。⑤不可篡改性和安全性：区块链采用了密码学技术和分布式存储机制，确保了数据的不可篡改性和安全性，一旦数据被写入区块链，就无法被篡改或删除，任何人都无法对已经确认的交易进行修改，确保了数据的完整性和可信度。

5.5.2　寿险业数字化转型的区块链应用

5.5.2.1　寿险业数字化转型与区块链

区块链技术在寿险业数字化转型中具有重要作用，可以帮助寿险公司实现数据安全和不可篡改性、智能合约和自动化执行、去中心化的信任机制、降低欺诈和风险、提升业务效率和降低成本等多个方面的目标，推动寿险业向数字化、智能化和创新化方向发展。

区块链是去中心化的系统，不存在单一的管理机构，所有的交易和数据都是在节点之间共享和验证的。这意味着寿险公司可以通过区块链建立更加开放、透明和可信的交易环境，减少信息不对称和信任问题，增强客户信任度。其分布式存储和加密技术，确保数据在网络中的安全性和完整性。寿险公司可以将客户的保险信息和交易记录等数据存储在区块链上，确保数据不被篡改或删除，增强数据的安全性和可信度。这种不可篡改性和透明性意味着，所有的交易和数据都可以被公开查看，任何的篡改行为都会被追溯和记录，提高了数据的可追溯性和安全性，降低了欺诈和风险的发生。

区块链上的智能合约可以根据预先设定的条件和规则自动执行，以简化寿险业务流程，实现自动化的保险合约和理赔流程。例如，当客户发生意外事故时，智能合约可以自动触发理赔流程，根据合同条款自动计算理赔金额并将资金转账给受益人，提高理赔效率和客户体验。同时，区块链可以降低中间环节和人工干预，减少运营成本和人力资源投入，提升企业竞争力和盈利能力。

5.5.2.2 区块链在寿险业中的应用概述

将区块链技术引入寿险保单管理当中，尤其是互联网寿险产品的保单管理体系中，可以对寿险合约以及客户身份等进行在线验证，能够在支付与理赔结算流程中实现高效的验证环节。因此在区块链技术的支撑下可以构建起一个安全可靠的保单全周期管理体系，形成在线销售寿险产品的闭环管理。

在客户关系管理中，依赖于可靠、不可篡改的数据库，区块链将彻底改变人们的身份、资产等相关信息的登记与验证方式，打造链上"数字身份证"，并基于全网的多方验证形成数据信息的"自证明"模式。

在合规与反欺诈中，区块链技术可用于追踪寿险经营中人员、合同等相关信息的真实记录与执行情况，具有极强的应用前景。区块链在技术层面提供了一套可靠的信息信任逻辑，对于人员身份、交易、执行、资金流向等合规可控，杜绝违规操作具有重要价值。表5-5总结了区块链技术在寿险业中的主要应用场景。

表 5-5　区块链在寿险业中的应用

业务环节	应用场景	应用过程
风险控制	客户身份验证	利用区块链技术建立安全、不可篡改的客户身份验证系统。客户的个人信息经过加密后存储在区块链上，只有在客户授权的情况下才能被访问和验证，提高身份验证的安全性和效率
	数据共享与隐私保护	建立一个安全的数据共享平台，通过加密和授权机制确保客户数据的隐私，同时允许在授权范围内的数据共享，促进保险产品和服务的创新
	反欺诈与合规	记录保险交易的每一个环节，通过智能合约自动检测和预防可疑的交易行为，同时帮助保险公司满足监管要求，提高合规性
运营管理	保单管理	保单的详细信息如投保日期、保额、条款等可以记录在区块链上。由于区块链的不可篡改性，任何对保单的修改都将被记录并可追踪，增加了保单管理的透明度和信任度
	理赔处理	通过区块链技术，理赔信息和医疗记录可以安全地存储并共享给保险公司和相关方。智能合约可以自动处理符合条款的理赔申请，加快理赔速度，减少欺诈行为
资产管理	资产追踪与管理	利用区块链的透明性和可追踪性，保险公司可以实时追踪和管理寿险产品背后的投资资产，提供给客户更加透明的资产管理服务

5.5.3　区块链在寿险业的具体应用案例

太保寿险致力于构建一个具有深远影响力的保险行业联盟生态系统，旨在通过区块链技术赋予新型商业模式以信任和效能。太保寿险已经在个人服务、医疗健康、跨境贸易、汽车服务、农业服务和金融投资等关键领域实施了区块链技术的创新应用。这些创新不仅增强了太保寿险的服务实力，也促进了整个保险行业的数字化进程。

在技术层面，太保寿险的区块链解决方案融合了智能合约、共识算法和密码算法等先进技术，打造了一个高度可靠、不可篡改的数据存储和交易系统。这一系统对于提升保险行业的风险管理水平和建立客户信任具有显著作用。太保寿险在智能理赔服务和再保险交易两大板块的应用尤为突出，展现了其在区块链领域的前瞻思维和创新实践。

在智能理赔服务领域，太保寿险利用区块链技术建立了一个高效的医疗数据交互平台，实现了医疗信息与保险服务的流畅衔接。该平台的优势在于确保了数据的真实性和不可篡改性，极大地提升了理赔流程的透明度和安全性。客户在提出理赔时，太保寿险能够通过平台迅速获取诊疗记录和费用信息，从而实现快速核算和即时支付，显著提高了理赔效率，减少了客户的等待时间。以"闪付"服务为例，客户在申请理赔并完成授权后，太保寿险能够实时获取并处理相关数据，免除了传统理赔所需的实物资料，极大简化了理赔流程。该服务已在太保寿险全国 23 家分公司实施，与 2 000 余家医院建立了合作关系，为超过 2 万客户提供了便利，小额闪付的平均处理时间仅为 3.14 小时。

在再保险领域，太保寿险与全球区块链保险联盟 B3i 合作，在 B3i 平台上成功完成了巨灾超赔再保险合约的续转。太保寿险运用区块链技术实现了再保险合约的透明化和自动化管理，显著提升了再保险交易的效率与安全性。这一举措不仅扩大了 B3i 平台的国际再保险区块链商业化应用场景，也为太保寿险在区块链技术应用方面积累了重要经验。

综合来看，太保寿险在区块链技术的应用上取得了显著成效，通过智能理赔服务和再保险交易等创新应用，不仅提高了自身的服务效率和客户体验，也为寿险行业的数字化转型开辟了新路径。展望未来，随着区块链技术的不断进步，太保寿险有望在更广泛的领域深化区块链技术的应用，为保险行业带来更多创新和增长机遇。

6 数字化转型对寿险业发展的影响：宏观效应

6.1 理论分析

数字化转型作为数字经济时代的核心战略导向，已然成为国家、行业、企业的关键竞争优势，寿险业也不例外。随着保险科技的迅猛发展和数字技术的日益普及，传统的寿险业逐渐意识到数字化转型的重要性，并积极采取措施应对。数字化转型在信息交互共享、降低交易成本、丰富交易方式等方面的优势有效解决了寿险业发展中信息获取渠道堵塞、供给需求难以匹配等问题，除此之外，数字化转型还通过促进经济高质量发展助力寿险业做大做强。同时，考虑到空间异质性规律，即空间的隔离造成事物之间的差异，数字化转型对寿险业发展可能存在空间溢出效应。鉴于此，本书主要从直接效应与空间溢出效应两个方面研究并论证数字化转型对寿险业发展的影响。通过深入探讨这些方面的影响路径，可以更好地理解数字化转型对寿险业发展的重要意义，并为行业未来的发展提供有效的政策建议和战略指导。

6.1.1 数字化转型影响寿险业发展的作用机理

数字化转型可以通过信息获取、市场规模、产品匹配等加大目标客户与寿险公司之间的联系，从而促进寿险业的发展。第一，数字化转型通过大数据数字技术将交易数据信息化，并通过竞价排序机制传递信息，方便客户和公司信息获取，为寿险业务发展奠定基础。数字化转型通过搜寻匹配算法实现信息高效传递、数据高效整合，在交易双方间创造链接，解决消费者偏好信息不对称问题（李三希 等，2021）。数字化转型构建的信息交流平台推动创业者把握商机及创业过程中的信息沟通，提供了信息来源和基础（周广肃 等，2018）。第二，数字化转型推动地区经济高质量发展，激发客户多样化需求，促进市场规模的壮大。数字化转型通过提升创业活跃度促进经济高质量发展，促进产品市场产量和种类增长（赵涛 等，2020），吸引更多的新客户。此外经济增长和地区寿险保费收入之间存在回归关系（江生忠 等，2017），一定限度的经济增长可以促进寿险保费收入的增加。互联网经济刺激消费者购买需求，使得销售不受时间和空间限制，迅速吸引目标群体（谢利坤，2019），延伸服务边界，拓宽了寿险产品的销售渠道，扩大市场规模。第三，数字化转型可以加速用户与产品之间匹配，增加适配度。数字算法能降低搜寻摩擦，通过基于个人数据的精准化个性推荐为消费者匹配潜在交易对手（李三希 等，2021），实时捕捉客户需求，提升消费者满意度，并寻找与推荐最适合消费者的寿险产品。第四，数字化转型提升了寿险业的产品创新能力。通过数字技术的应用，寿险公司能够开发出更具创新性和个性化的产品，满足不同客户群体的需求。例如，结合大数据分析技术，可以设计出更精准的保险产品定价方案；利用人工智能技术，可以打造出更智能化的理赔服务流程。这种不断创新的产品设计能力，使得寿险公司能够不断提升自身的市场竞争力和创造力，推动寿险业可持续发展。综上，本书提出以下观点，数字化转型有利于推动寿险业发展。

6.1.2 数字化转型影响寿险业发展的空间溢出效应

数字化转型凭借其强大的信息传递功能，降低了空间和行业之间的壁垒，大大缩短了区域间的空间距离，使各行业、各区域更加紧密联系在一起。段小梅等（2021）通过对2007—2018年长江经济带各省份面板数据的分析，指出数字化投入、数字化环境对高技术产业出口竞争力有正向的空间溢出效应。梁琦等（2021）通过空间杜宾模型对创新质量进行分解，发现数字化转型压缩了区域要素流动距离，且对创新质量的空间溢出效应显著为正。除此之外，数字化转型中的互联网技术对促进经济增长（张俊英 等，2019）、研发要素流动（黄明凤 等，2021）等都有溢出效应。那么，日益注重要素流动、受创新驱动，并与经济增长密切相关的寿险业应该在空间上也受到数字化转型溢出效应的影响。具体而言：

首先，数字化转型在一个地区寿险业中的成功实践往往会成为其他同行业企业的借鉴对象。当一个地区寿险业通过数字化转型实现了业务流程的优化、服务质量的提升、产品创新的推动、行业水平的提高等成果时，这些成功经验往往会被其他地区寿险业观察和学习，从而促使它们也加大数字化转型的力度，以提升自身竞争力。

其次，数字化转型带来的技术、信息和经验的共享也会形成空间溢出效应。一方面，寿险业中的数字化技术和经验往往能够跨越地域障碍，通过各种渠道进行分享和交流，从而促进行业内数字化水平的整体提升。另一方面，成功的数字化转型实践往往会激发其他相关行业的关注和学习，进而推动整个产业链上下游企业的数字化转型进程，产生连锁反应。

最后，数字化转型对于人才、资金和资源的聚集也会形成空间溢出效应。成功的数字化转型往往会吸引更多的人才和资金涌入，形成人才集聚、产业集群，进而促进地区或行业的经济增长和产业升级。同时，数字化转型也会改变供应链和价值链的布局，从而影响到周边地区或其他相关产业的发展。

因此，本书认为，数字化转型对寿险业的发展影响并不局限于单一地区，而是通过技术传播、经验共享、人才集聚等方式形成空间溢出效应，对邻近地区的寿险业发展产生积极的推动作用。这种空间溢出效应有助于形成更加良性的产业生态和区域经济发展格局。

6.1.3 数字化转型影响寿险业发展的空间效应

在区域视角下，数字化转型对寿险业的发展具有明显的空间效应。首先，数字化转型的推进在不同地区可能存在着差异性，导致寿险业在各个区域的数字化水平不一致。一些发达地区或经济中心往往具备更为先进的数字化技术和基础设施，数字化转型的进程也更为迅速，这使得该地区的寿险业能够更好地应对市场竞争和满足客户需求，发展空间更大。而相对落后的地区，则可能面临数字化转型进程缓慢、技术水平不足等挑战，寿险业的发展空间相对受限。

其次，数字化转型的影响会因地区特征而异，从而产生不同的发展路径和策略。例如，寿险公司在人口密集、经济发达的城市地区可能更加注重互联网渠道和智能化服务的发展，以应对客户多样化的需求和提升服务水平；而在人口稀少、经济欠发达的农村地区，则可能需要更多地关注基础设施建设和数字化技术普及，以提升保险覆盖面和保障水平。

最后，数字化转型也会在不同地区间形成寿险业发展的格局差异。一些区域可能因为数字化转型的推进较为迅速，吸引更多的资金和人才涌入，形成寿险业集聚效应，进一步推动行业的发展；而在数字化转型相对滞后的地区，则可能面临着市场份额下降、竞争力减弱等挑战，需要加大数字化转型力度以提升竞争实力。因此，本书提出，数字化转型对寿险业的发展存在空间效应，数字化转型对于东部地区寿险业发展的影响明显高于中西部地区和东北地区。

6.2 研究设计

6.2.1 模型设定

（1）探索性空间数据分析。为确定能否采用空间计量模型，参考现有研究方法，本书采用全局 Moran's I 指数及其统计检验对样本数据进行探索性空间分析，其中，Moran's I 的定义如式（6-1）所示：

$$\text{Moran's I} = \frac{n \sum\limits_{i=1}^{n} \sum\limits_{j=1}^{n} \omega_{ij}(x_i - \bar{x})(x_j - \bar{x})}{\sum\limits_{j=1}^{n}(x_i - \bar{x})^2 \sum\limits_{i=1}^{n} \sum\limits_{j=1}^{n} \omega_{ij}} \tag{6-1}$$

式（6-1）中，n 代表区域数量，x_i 代表属性值，ω_{ij} 则代表空间权重矩阵 (i, j) 元素。Moran's I ≥ 0 则代表各区域之间研究对象为正相关，Moran's I < 0 则为负相关，即存在空间排斥现象。

（2）空间权重矩阵的设定。为测度各变量空间上的联系紧密程度，进行空间权重矩阵分析，权重矩阵如式（6-2）所示：

$$W = \begin{bmatrix} \omega_{11} \cdots \omega_{1n} \\ \vdots \quad \vdots \\ \omega_{n1} \cdots \omega_{nn} \end{bmatrix} \tag{6-2}$$

其中，ω_{ij} 表示 i 地区与地区 j 间的距离，主对角线上元素值为 0。

（3）空间计量模型。根据 Moran's I 的测量结果，可构建空间计量模型。首先，设定无空间效应的基准回归模型，如式（6-3）所示：

$$y_{it} = \alpha + X'_{it}\beta + \text{Controls} + \mu_i + \lambda_t + \varepsilon_{it} \tag{6-3}$$

其中，y_{it} 代表 i 省份在第 t 年的寿险业发展水平，X'_{it} 代表 i 省份在第 t 年的数字化转型程度，Controls 代表控制变量，μ_i 和 λ_t 分别代表地区固定效应和时间固定效应，i 代表省份，取值从 1 到 31，t 代表年份。

考虑到变量间存在的空间相关性，引入空间杜宾模型（SDM），构建模型如式（6-4）所示：

$$y_{it} = \delta \sum_{j=1}^{n} \omega_{ij} y_{it} + \alpha + X'_{it}\beta + \text{Controls} + \mu_i + \lambda_t + \theta \sum_{i=1}^{n} \omega_{ij} y_{it} + \varepsilon_{it}$$

$$(6-4)$$

考虑到寿险业发展存在的动态影响，进一步引入了空间动态杜宾模型，构建模型如式（6-5）所示：

$$y_{it} = \chi y_{it-1} + \delta \sum_{j=1}^{n} \omega_{ij} y_{it} + \alpha + X'_{it}\beta +$$

$$\text{Controls} + \mu_i + \lambda_t + \theta \sum_{i=1}^{n} \omega_{ij} y_{it} + \varepsilon_{it} \qquad (6-5)$$

6.2.2　变量测度与说明

6.2.2.1　数字化转型的测度：宏观层面

对于省级层面的寿险数字化转型测度，采用移动互联网用户数、互联网相关产出、互联网普及率、互联网相关从业人员数和数字金融普惠发展指数五个方面的指标。以上五个指标的实际内容如下：

（1）移动互联网用户数：即各省份每年年末移动电话的用户数，以"万户"为单位计量。

（2）互联网相关产出：即各省份当年人均电信业务总量，以"元/人"为单位计量。电信业务主要包括电话业务、数据业务、电话卡业务以及增值业务。

（3）互联网普及率：即各省份当年互联网宽带接入用户数，以"万户"为单位计量。

（4）互联网相关从业人员数：即各省份当年的信息传输、计算机服务和软件业从业人员人数。

6.2.2.2　寿险业发展水平及控制变量的测度

（1）寿险业发展水平（y）：寿险业发展水平是本章关注的被解释变量。参考刘君（2017）和杨新顺等（2017）的做法，本书使用各省历年人身保险保费收入作为寿险业发展水平的代理变量，单位"万元"。

（2）经济增长（GDP）：地区经济发展水平与寿险业发展之间相互耦合、相互促进（郑伟 等，2010；吴洪 等，2011）。本书使用历年各省人均生产总值来衡量，单位"元"。

（3）外资规模（FDI）：外资规模对寿险业发展有着显著影响。一方面，FDI 流入规模通常能反映地区开放程度和金融市场环境自由度（周佰成 等，2020）；另一方面，FDI 的引入为地区里带来更多的资本投入（陈万灵 等，2013），有利于寿险业发展。因此，本书将各省历年 FDI 纳入控制变量中，单位"万美元"。

（4）人口密度（Pop）：人口密度是影响寿险业发展水平的重要因素之一（孙祁祥 等，1997）。本书使用该省当年单位土地面积上的人口数量来反映人口密度情况，单位为"人/平方千米"。

（5）财政支持力度（Gov）：寿险业的发展离不开财政支持（韦生琼，2004）。本书使用各省当年财政预算内收入除以财政预算内支出得到的比值来衡量这一指标。

（6）金融发展水平（Finance）：金融发展水平也会对寿险业发展产生影响（Bian et al.，2019）。首先，金融发展水平的提高通常伴随着经济增长和人们收入水平的提高，这会增加个人和企业的财富积累和金融资产，从而提高了人们购买寿险产品的能力和意愿。其次，金融市场的发展提供了更多的资金来源和投资渠道，使保险公司能够更好地进行资产配置和风险管理，为寿险业提供了更加稳定和丰富的资金支持。最后，金融市场的发展也提升了寿险产品的多样性和创新性，满足了不同客户群体的需求，促进了寿险业的进一步发展。综上，本书使用机构存贷款余额占该省生产总值的比重来表示地区金融发展水平。

（7）寿险公司分布情况（Num）。寿险公司的分布情况是影响寿险业发展的重要因素之一，保险公司分布情况的提升往往会带动地区保险业的发展，促进当地经济的繁荣和保险市场的竞争（邵全权，2015）。本书采用各地区历年寿险公司总数数量作为寿险公司分布情况的代理指标。

详细的变量说明见表 6-1。

表 6-1 变量说明

一级指标	二级指标	指标属性
数字化转型：宏观层面	移动互联网用户数/万户	+
	互联网相关产出/元/人	+
	互联网普及率/万户	+
	互联网相关从业人员数/人	+
寿险业发展水平	人身险保费收入/万元	+
控制变量	经济增长（人均GDP）	+
	外资规模/万美元	+
	人口密度/人/平方公里	+
	财政支持力度	+
	金融发展水平	+
	寿险公司分布情况	+

数据来源：2010—2020 年的《中国统计年鉴》《中国城市年鉴》《中国保险年鉴》以及寿险公司财务年报。

6.3 实证分析

6.3.1 描述性统计分析

表 6-2 是主要变量的描述性统计结果。结果显示，被解释变量保费收入（y）的均值为 52 907，但均值容易受到极值的影响，而保费收入的最大值为 316 185，最小值为 74.57，相对于均值都有较大的偏离，仅仅通过均值不能很好地反映保费收入在不同省份的平均状况。而保费收入的标准差为 55 125，标准差较大，表明数据比较分散，即不同地区间保费收入差异较大。

核心解释变量移动互联网用户数（$Diag_1$）、互联网相关产出（$Diag_2$）、互联网普及率（$Diag_3$）、互联网相关从业人员数（$Diag_4$）同样呈现"最大值与最小值相对均值的偏离程度大"以及"标准差大"的特点，而移动互联网用户数、互联网相关产出、互联网普及率、互联网相关从业人员数均从不同方面反映了寿险业数字化转型的程度,因此四个解释变量呈现的"最大值与最小值相对均值的偏离程度大"以及"标准差大"的特点表明不同省份的寿险业数字化转型程度有较大差异。其中互联网相关从业人员数的标准差最大,说明互联网相关从业人员数在 31 个省份之间的巨大差异对寿险业数字化转型程度的影响最大,从而导致保费收入在不同地区间的巨大差异。

从控制变量看,不同省份在经济发展水平(GDP)、外商规模(FDI)、人口密度(Pop)、财政支持力度(Gov)、金融发展水平(Finance)、以及寿险公司分布情况(Num)等方面也存在明显差异。

表 6-2　主变量的描述性统计分析

变量名称	观测值	均值	标准差	最小值	最大值
y	341	52 907	55 125	74.57	316 185
$Diag_1$	341	1 537	927.7	72.34	6 107
$Diag_2$	341	2 181	1 726	81.66	14 938
$Diag_3$	341	291.6	384.2	0	7 053
$Diag_4$	341	68 194	168 566	2 572	983 710
GDP	341	53 663	27 190	9 214	164 889
FDI	341	929 135	866 792	135	3 579 000
Pop	341	494.7	726.3	2.504	4 227
Gov	341	0.761	0.311	0.036	0.982
Finance	341	3.844	12.371	0.153	31.68
Num	341	2.761	6.143	0	39

6.3.2　基准回归

表 6-3 报告了数字化转型影响寿险业发展的 OLS 回归结果。列(1)仅研究数字化转型对寿险业发展的影响:平均来看,数字化转型指数(Diag)每增加 1%,寿险业发展水平将提升 77.1%。此外,在加入了控制变量的模型(6-2)后,核心解释变量数字化转型指数(Diag)的估计系数依旧显著为正(49.1%),表明数字化转型在寿险业发展过程中发挥了积极作用。从回归结果可以看到,控制变量均对寿险业发展水平的影响为正

向的，具体而言：

经济发展水平（GDP）与寿险业发展之间的正相关关系在10%的置信水平下保持显著，表明该地区经济发展水平的提高能够带动寿险市场的活跃度；外资规模（FDI）和人口密度（Pop）与寿险业发展水平的显著正向关系展现了区域内外商投资的增加和人口密度的上升对于提升该区域寿险业发展水平的重要性；而财政支持力度（Gov）对于寿险业的激励作用尤为明显，可能的经济解释是政府通过提供各种形式的财政支持，如税收优惠、补贴和基金设立等，可以有效激发寿险业的发展活力；此外，政府的财政支持还可以促进寿险业向农村地区和低收入群体渗透，提高寿险覆盖率，实现社会保障的普惠目标。

此外，金融发展水平（Finance）与寿险公司分布情况（Num）的系数均为正，且通过了1%水平的显著性检验，反映出资本市场的发达和金融环境的改善有利于寿险业的发展，寿险公司总部数量越多的地区寿险业聚集效应越强，寿险业自身发展越充分。

表6-3　数字化转型影响寿险业发展的基准回归结果

变量	（1）	（2）
Diag	0.771***	0.491***
	（0.049）	（0.057）
GDP		0.451*
		（0.192）
FDI		0.128***
		（0.042）
Pop		0.159***
		（0.037）
Gov		0.681***
		（0.134）
Finance		0.452***
		（0.093）
Num		0.045***
		（0.013）
Constant	4.105***	1.368
	（0.012）	（1.275）

表6-3(续)

变量	（1）	（2）
Observations	341	341
R²	0.551	0.702

注：表中括号内为稳健标准误，***、**和*分别表示回归结果在1%、5%和10%置信水平下通过显著性检验。

通过上文对基准回归模型的分析，可以得出：数字化转型对寿险业发展有显著正向影响。普通的线性估计模型仅能反映数字化转型对本地区寿险业发展的影响，然而一个区域的寿险业发展还会受到周边地区的寿险市场以及数字化转型程度的影响：数字化转型能够打破经济发展的空间壁垒，加强区域间经济的联系，促进要素在地区间的流动，从而对邻近地区的寿险业产生溢出效应。为了证实数字化转型的这种空间外溢效应，下面引入空间面板模型进行分析。

6.3.3 空间面板回归

6.3.3.1 保费收入的探索性空间分析

运用空间面板模型检验保费收入的空间相关性，先对保费收入进行空间依赖性分析，结果如表6-4所示。可以看出，保费收入的Moran's I指数值均为正值且标准差值很小，随着时间推移保持在一个稳定的水平且在5%的检验水平上均显著，这说明保费收入在各省之间具有较高的正空间相关性，保费收入高的省份周围多为保费收入高的省份，而保费收入低的省份通常邻近保费收入低的省份。

表6-4 保费收入 Moran's I 指数检验结果

变量名称	指数	2010年	2011年	2012年	2013年	2014年	2015年	2016年	2017年	2018年	2019年	2020年
保费收入	Moran's I	0.179	0.189	0.183	0.172	0.169	0.189	0.179	0.191	0.189	0.181	0.174
	E（I）	−0.033	−0.033	−0.033	−0.033	−0.033	−0.033	−0.033	−0.033	−0.033	−0.033	−0.031
	Sd（I）	0.096	0.099	0.101	0.100	0.100	0.101	0.101	0.101	0.101	0.098	0.092
	z	2.215	2.233	2.149	2.048	2.023	2.212	2.103	2.214	2.210	2.205	2.117
	P值	0.027	0.026	0.032	0.041	0.043	0.027	0.036	0.027	0.027	0.025	0.029

注：E（I）为Moran's I指数的均值，Sd（I）为标准差，z为Z值，显著性水平取0.05。

为进一步分析寿险业保费收入的空间相关性，绘制散点图。根据现有研究，选取 2010 年和 2020 年的 Moran's I 绘制散点图，如图 6-1 所示。大部分省市集中于一、三象限，说明保费收入在空间上存在显著的正相关关系；此外，2010 和 2020 年保费收入在一、三象限的省份个数大致相同，说明寿险业保费收入的正空间相关性保持稳定，各个省市之间紧密联系共同促进保费收入的增长和寿险业的蓬勃发展。

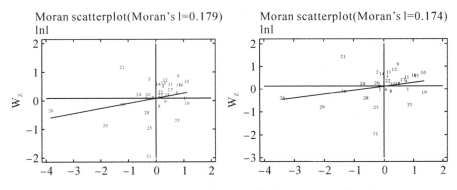

图 6-1　2010 和 2020 年寿险业保费收入 Moran's I 散点图

6.3.3.2　空间面板模型分析

表 6-5 展示了使用空间自回归模型（SAR）和空间杜宾模型（SDM）分析时，数字化转型影响寿险业发展空间模型的回归结果，下面对两种模型的回归结果进行分析：

首先从空间自回归模型（SAR）结果来看，核心解释变量数字化转型指数（Diag）的提高能够显著地刺激寿险业发展，数字化转型指数（Diag）每提高 1%，寿险业的发展水平提升 42.1%。

控制变量方面，经济发展水平（GDP）、人口密度（Pop）、财政支持力度（Gov）、金融发展水平（Finance）以及寿险公司分布状况（Num）对寿险业的影响均为显著的正向：其中经济发展水平每提高 1%，都将促进寿险业增长 22.7%；人口密度（Pop）每增加 1%，寿险业发展水平显著提升 27.9%；金融业发展水平每上升 1%，寿险业发展水平将显著提高 38.7%；寿险公司分布状况每 1% 的增加会对寿险市场产生 9.1% 的促进作用；财政支持度（Gov）每提升 1%，会对寿险业产生高达 57.3% 的刺激作用。而外资规模（FDI）的扩张对寿险业的促进作用没有显著促进作用。

其次从空间杜宾模型（SDM）结果来看，核心解释变量数字化转型指数（Diag）的系数为正，且通过了1%水平的显著性检验，数字化水平每提高1%，其寿险发展水平相应提高34.8%。溢出效应层面，数字化转型的发展有效地促进了周边地区寿险业的提升，数字化转型指数每提升1%，周边地区的寿险发展水平平均提高11.3%，证实了数字化转型可以通过空间外溢效应作用于邻近地区的寿险业发展。

外资规模（FDI）的系数为正且通过了1%水平的显著性检验，说明外商投资的增加能够引入先进的技术和管理模式等，从而对本地区寿险业产生积极的示范作用。溢出效应方面，外资规模（FDI）与邻近地区寿险业发展水平不存在显著的相关关系，说明外商投资对于周边地区寿险业刺激水平很有限：其一，可能由于金融发展水平的地区不均衡，使得不同地区受到外商直接投资带动作用不同；其二，外商直接投资可能产生技术依赖，难以发挥辐射效应。

人口密度（Pop）在1%置信水平下与寿险业发展水平呈正相关，人口密度（Pop）每增长1%，该省寿险业发展水平平均增加45.9%，表明区域内人口规模增大能够极大地扩展寿险市场规模，并且促进其改革创新。从溢出效应来讲，人口密度与周边地区寿险业发展水平呈显著负相关，即人口密度每增加1%，该省周边地区的寿险业发展水平平均下降9.3%，可能由于金融行业的集中程度高，一个地区经济繁荣引入大量人口带动了当地寿险业的发展，而当地寿险市场服务范围的扩大在一定程度上会抢占周边地区的寿险市场。

财政支持力度（Gov）与寿险业发展水平在1%的水平下呈正相关，Gov每增加1%，寿险发展水平平均提高61.8%。溢出效应层面，财政支持力度（Gov）与该省周边地区寿险业发展水平呈显著正相关，财政支持力度（Gov）每提高1%，平均上周边地区寿险业发展水平提高10.7%表明政府财政的增加也能够改善周边地区寿险业的营商环境。

金融发展水平（Finance）的系数为正且通过了1%水平的显著性检验，金融发展水平（Finance）每增加1%，该省寿险业发展水平相应增长21.5%。溢出效应层面，金融发展水平（Finance）与该省周边地区的寿险业发展水平呈显著正相关，金融发展水平（Finance）每提高1%，其周边地区的寿险业发展水平平均上升11.0%。

人身险公司总部数量（Num）与寿险业发展水平在5%水平呈正相关，即该省人身险公司总部数量（Num）每上升1%，平均来看，其寿险业发展水平将上升 7.1%。从溢出效应来看，人身险公司总部数量（Num）与该省周边地区寿险业发展水平之间关系不显著。

对比基础回归和空间面板回归模型可以发现，相较于 OLS 模型，变量数字化转型指数（Diag）的回归系数（34.8%）在 SDM 模型中明显降低；而经济发展水平（GDP）、人口密度（Pop）和财政支持力度（Gov）的增长对当地寿险业的带动作用有所提高；外资规模（FDI）的刺激作用降低；金融发展水平（Finance）在 SDM 模型中对寿险市场的促进作用有小幅增强，而人身险公司总部数量（Num）的增加对当地寿险业发展也存在一定激励作用。

由于普通的线性估计模型仅能反映数字化转型对于本地区寿险业发展的影响，然而考虑到寿险市场的发展存在空间差异性和空间自相关，即一个区域的寿险发展还会受到周边地区的寿险市场、数字化转型程度以及其他经济条件的影响，所以本书引入包含空间要素的 SDM。SDM 在 OLS 原有的核心变量和控制变量的基础上，将邻近地区的数字化转型状况以及周边地区的经济发展水平、外商直接投资等纳入考量，能够更加全面地考察数字化转型对寿险市场的溢出效应。

表 6-5　数字化转型影响寿险业发展空间模型的回归结果

变量	SAR	SDM
Diag	0.421 *** (0.053)	0.348 *** (0.039)
GDP	0.227 ** (0.120)	0.317 *** (0.025)
FDI	0.350 (0.241)	0.184 *** (0.037)
Pop	0.279 *** (0.049)	0.459 *** (0.050)
Gov	0.573 *** (0.128)	0.618 *** (0.021)
Finance	0.387 ** (0.090)	0.215 *** (0.038)
Num	0.091 ** (0.117)	0.071 ** (0.116)

表6-5（续）

变量	SAR	SDM
W·Diag		0.113 *** (0.025)
W·GDP		0.039 (0.024)
W·FDI		0.043 (0.027)
W·Pop		−0.093 *** (0.030)
W·Gov		0.107 ** (0.047)
W·Finance		0.110 *** (0.029)
W·Num		−0.044 (1.591)
Observations	341	341
R^2	0.422	0.409

注：表中括号内为稳健标准误，***、**和*分别表示回归结果在1%、5%和10%置信水平下通过显著性检验。

6.3.3.3 异质性分析

由于人口禀赋、经济发展水平等方面存在差异，地区间数字化转型分布和水平呈现异质性特征，数字化转型对寿险业发展水平的作用也可能存在区域差异。因此，分析数字化转型对不同地区寿险业发展的影响是必要且重要的。表6-6展示了数字化转型对寿险业发展的区域异质性结果，列（1）到列（4）分别是数字化转型对东部、中部、西部以及东北地区寿险业发展的回归结果，均控制了地区固定效应与时间固定效应。可以发现：相较于其他地区，数字化转型对东部地区寿险业发展的促进效应更强，回归系数为0.613，且在1%的水平上显著；数字化转型对中部地区寿险业发展的回归系数为0.429，且在1%的水平上显著；数字化转型对西部地区寿险业发展的回归系数为0.244，且在5%的水平上显著；数字化转型对东北地区寿险业发展没有显著影响。这些回归系数的差异可能源自东部、中部、西部和东北地区之间在经济发展水平、数字化基础设施、市场需求和人力资源等方面的差异。具体而言：首先，东部地区多为发达地区，具有更为先进的数字基础设施和更高的经济发展阶段，为数字化转型提供了充实的物质支撑和保障。此外，位于东部地区的寿险公司可能更具备资金、技术和人才优势，能够更快速地实施数字化转型，并且在市场竞争中占据领先地位。其次，中部地区在经济发展和数字化基础设施建设方面相对于东部地区有所滞后，但仍然处于一个较为发达的阶段。数字化转型对中部地区寿险业发展的促进效应较为显著，可能是因为中部地区的寿险市场规模较大，数字化转型可以带来更多的市场机会和竞争优势。最后，西部地区和东北地区在经济发展和数字化基础设施建设方面相对滞后，数字化转型对寿险业发展的促进效应相对较弱。这可能是由于这些地区的经济基础较弱，数字化转型囿于资金、技术和人才等方面限制，导致数字化转型的速度较慢、效果较差。

表 6-6　数字化转型影响寿险业发展的区域异质性

变量	东部地区	中部地区	西部地区	东北地区
	（1）	（2）	（3）	（4）
Diag	0.613***	0.429***	0.244**	0.106
	（0.002）	（0.001）	（0.108）	（0.073）
GDP	0.422**	0.394*	0.618	0.362
	（0.010）	（0.194）	（0.188）	（0.085）
FDI	0.578***	0.454***	0.703***	0.671***
	（0.004）	（0.002）	（0.319）	（0.007）
Pop	0.356***	0.308***	0.298***	0.152***
	（0.001）	（0.002）	（0.001）	（0.006）
Gov	0.692***	0.609***	0.702***	0.328***
	（0.001）	（0.005）	（0.001）	（0.002）
Finance	0.648***	0.557***	0.348***	0.284***
	（0.003）	（0.002）	（0.003）	（0.001）
Num	0.073***	0.054***	0.004*	0.037
	（0.001）	（0.001）	（0.131）	（0.176）
Constant	1.757**	1.682**	1.647**	1.806**
	（1.146）	（1.151）	（1.160）	（1.067）
Observations	110	66	132	33

表6-6(续)

变量	东部地区	中部地区	西部地区	东北地区
	（1）	（2）	（3）	（4）
R^2	0.725	0.711	0.491	0.053

注：表中括号内为稳健标准误，***、**和*分别表示回归结果在1%、5%和10%置信水平下通过显著性检验。

6.4 研究发现与政策启示

6.4.1 研究发现

基于2010—2020年我国31个省市（不包含港、澳、台地区）面板数据，本书运用空间计量模型系统分析了数字化转型在促进寿险业发展过程中的直接效应与空间溢出效应，结果表明：

第一，数字化转型的发展促进了市场规模的扩大、方便信息获取产品匹配等，从而有效地促进了地区寿险业发展水平的提升。

第二，数字化转型对寿险业发展的影响存在空间溢出效应，数字化的趋势能够加速信息的传递，降低空间壁垒使得区域联系更加紧密，本地区数字化转型的深入发展能有效带动邻近地区寿险业发展水平的提升。

第三，数字化转型对东部地区寿险业发展的促进效应最为显著，对中、西部地区寿险业发展的促进效应次之，对东北地区寿险业发展没有产生明显的效果。

第四，区域经济发展水平整体的提高能够促进寿险市场发展繁荣，但其对周边地区的寿险业发展水平的激励作用有待提升。

第五，外商投资的增加能够对区域内寿险业产生积极的示范作用，可能源于引入了先进的技术和管理模式等。然而外商直接投资对邻近地区寿险业发展水平的促进作用不显著。

第六，区域内人口规模增大能够极大地扩展当地寿险市场规模，同时人口密度与周边地区寿险业发展水平呈显著负相关，即人口密度的提高可能会挤占周边地区的寿险市场。

第七，政府财政支持的强化能够促进寿险业繁荣，同时也能改善周边地区寿险业的营商环境。

第八，金融发展水平的提升推动了当地以及周边地区寿险市场发展水平的提升。

第九，改善寿险公司的分布情况对于推动寿险业的发展具有重要意义，有利于提高保险覆盖率、提升服务质量、促进市场竞争和推动经济发展。

6.4.2　政策启示

综上，本书提出以下政策启示：

第一，加快寿险业数字化战略转型，提升寿险业的核心竞争力和价值创造力。进入数字经济时代，我国保险企业面临的内外部环境都发生了重大变化。受到外部环境的推动，产业格局的改变、经济发展方式的转变、技术经济范式的变革，以及内部能力重塑拉动，保险企业应随社会经济发展形势，充分把握数字经济带来的机遇，实施数字化战略转型。对此，寿险业须将战略思维提升为"数字思维"，力图实现寿险业从工业化思维向互联网思维转变，从传统业务模式向价值链数字化模式转变，从同质化产品向个性化智能产品转变。此外，要借鉴国外先进经验，在海外建立保险机构，把自身放置于国际竞争市场上，将"走出去"与"引进来"相结合。

第二，稳步加深数字化转型程度，强化空间外溢效应。数字化转型的蓬勃发展显著促进了寿险业发展水平的提升，因而要持续推动各地区数字化转型的发展，使寿险业的发展水平不断提高。对此，可通过大力发展数字金融，从宏观政策上支持数字技术与保险业的高效融合。同时政府应该持续加大财政支持，并加快数字基础设施建设，尤其是中西部地区的数字基础建设，加大各地区新型基础设施建设的协调力度，避免数字技术发展不均衡带来的地区性差异，充分发挥数字金融的普惠性。

第三，积极推动差异化、动态化的数字化转型策略的实施，充分发挥各地区的经济和资源优势，促进地区间寿险业发展的均衡性和协调性，从而推动整个寿险业的可持续发展。首先，因地制宜地设计差异化的数字化转型策略：对于经济发达地区，可以重点推动高端数字技术的应用，提升寿险服务的智能化和个性化水平；而对于经济欠发达地区，可以注重基础数字化设施的建设和普及，提高寿险服务的覆盖范围和便捷性。其次，根据各地实际情况动态调整和优化数字化转型策略，保持其与地区发展的一致性和适应性。最后，充分运用数字化转型过程中的信息共享、技术支持和资源整合等功能，促进地区间寿险业发展的协调和互补；通过建立数字化平台和共享机制，实现地区间寿险市场信息的畅通流动，降低信息不对称的问题，提高市场的透明度和效率。

第四，重视地区经济发展和金融市场塑造，为寿险业发展提供良好的环境。首先，政府应采取一系列经济政策措施，如鼓励投资、扶持实体经济发展、推动科技创新等，来促进经济的增长。经济的增长将带动人们的收入水平提高，从而增加他们购买寿险产品的能力和意愿。其次，健康的金融市场是支撑寿险业发展的基础。政府可以通过推动金融市场的发展，加强监管力度，提高金融服务的效率和质量，从而为寿险公司提供更加稳定和健康的运营环境。

第五，外商投资的增加能够刺激区域内寿险业的发展。在外商投资引导中，政府应鼓励外商独资企业进入寿险业上游（技术研发、基础产业）领域，在寿险业下游（市场拓展）领域鼓励中外合资企业的建立，有利于国内寿险业从垂直溢出中获益。

7 数字化转型对寿险公司发展的影响：微观效应

7.1 理论分析

7.1.1 数字化转型影响寿险公司发展的直接效应

数字化转型作为企业价值创造活动的核心驱动力之一（Chouaibi et al., 2022），对寿险公司价值创造和利润提升有着显著的促进作用。随着寿险公司运用大数据、人工智能、云计算等数字技术的范围和程度的不断深入，数字技术渗透到企业研发、管理、销售等经营活动的方方面面，通过改进业务流程、重塑组织能力以及调整商业模式为寿险公司创造效益。数字化转型在寿险公司的经营绩效提升方面发挥了重要作用，具体如下：

其一，数字化转型通过信息化管理，提高了寿险公司处理信息数据的效率和水平。具体而言，首先，数字化转型引入了先进的信息技术和数据处理工具，使得寿险公司能够更快速、更准确地收集、存储和处理客户信息、风险数据、理赔记录等海量数据，通过实时监测和分析这些数据，寿险公司能够更好地理解客户需求、识别潜在风险，并做出相应的决策。其次，数字化转型推动了寿险公司信息系统的升级和优化。寿险公司通过建立更加智能化、灵活化的信息系统，能够实现数据的快速整合和共享，降低数据处理的复杂性和成本；同时，数字化转型有效提升了寿险公司信息系统的安全性和稳定性，保障了数据的完整性和保密性，进一步提升了数据处理的效率和质量。最后，数字化转型还大大加强了寿险公司的数据分析和预测能力。依托一系列数据分析工具和算法，寿险公司能够更深入地挖掘数据背后的规律和价值，发现潜在的商机和风险。通过建立数据驱动的决策机制，寿险公司能够更及时地调整产品策略、优化业务流程，提升市场竞争力和盈利能力。

其二，数字化转型有效拓展了寿险公司的业务范围，扩大了寿险市场边界。具体而言：首先，数字化转型引入了新兴数字技术，使得寿险公司能够实现线上线下业务的融合。通过建立在线平台和移动应用，寿险公司能够更便捷地向客户提供保险产品信息、在线购买服务以及理赔申请等功能，从而拓展销售渠道和客户接触点。其次，数字化转型提升了寿险公司的服务水平和客户体验。通过智能化客服系统和在线咨询平台，寿险公司能够实现全天候的服务响应，提供个性化、即时的服务支持。客户可以通过多种渠道与寿险公司进行沟通和交互，享受更加便捷、高效的保险服务，从而提升客户满意度和忠诚度。最后，数字化转型推动了寿险产品的创新和定制化。寿险公司通过数据分析和客户洞察，能够更好地了解客户需求和偏好，精准定位市场细分，开发符合客户需求的个性化保险产品；另外，数字化技术的应用也使得寿险产品更具灵活性和可定制性，能够根据客户的需求和生命周期阶段进行调整和优化，满足不同客户群体的个性化需求。

其三，数字化转型对提升服务质量和客户体验、增强客户忠诚度和口碑效应起到了关键作用。具体而言：首先，数字化转型引入了以智能客服系统和在线理赔平台为代表的数字技术和数字工具，有利于客户能够获得更快速、更便捷的服务响应。客户可以通过多样的数字化渠道提交保单申请、咨询问题、提出投诉等，而寿险公司可以通过自动化流程和人工智能技术快速处理并回复，从而提升服务的效率和即时性。其次，数字化转型提升了客户体验个性化和定制化程度。通过数字技术，寿险公司可以收集并分析客户的数据，精准了解客户的偏好和需求，从而提供个性化的保险产品和服务。例如，根据客户的风险偏好和经济状况，量身定制合适的保险方案；或者通过智能化算法，为客户提供定制化的保费计算和理赔方案，满足客户个性化的需求。此外，数字化转型也为客户提供了更为多元化的服务渠道和交互方式。除了传统的电话咨询和面对面服务，客户还可以通过在线平台、移动应用和社交媒体与寿险公司进行交流和互动。这种多样化的服务渠道不仅提高了客户获取信息和咨询的便利性，也增强了客户与公司之间的互动和沟通，进而提升客户体验和满意度。最后，通过提升服务质量和客户体验，数字化转型也增强了客户的忠诚度和口碑效应。优质的服务和个性化的体验能够提高客户黏性和忠诚度，客户更愿意选择寿险公司的产品和服务，并将其推荐给身边的朋友和家人。这种口碑效应不仅提升了寿险公司的品牌知名度和市场份额，也为公司带来了持续的客户流量和业务增长。因此，数字化转型通过提升服务质量和客户体验，增强了客户的忠诚度和口碑效应，为寿险公司提升经营绩效和维持竞争优势提供坚实基础。

其四，数字化转型促进了寿险公司创新能力和竞争力的提升。具体而言：首先，数字化转型拓宽了寿险公司的创新渠道，丰富了寿险公司的合作伙伴。通过数字技术，寿险公司可以与科技公司、创业企业等进行合作，共同开发创新产品和服务。例如，与智能科技公司合作开发智能健康监测设备，推出基于健康数据的定制化保险产品；或者与电子商务平台合作推出在线销售保险产品，拓展销售渠道和客户群体。这种多元化的合作模式不仅提升了创新的速度和效率，也促进了行业间的资源共享和技术交流，进一步推动了行业的创新发展。其次，数字化转型加速了寿险公司的业务流程优化和效率提升，为公司提供了更灵活、更敏捷的运营环境。通过自动化流程和智能化系统，寿险公司可以简化核保、理赔、客户服务等流程，降低运营成本和时间成本，提升业务处理的速度和准确性。这种高效的运营模式不仅释放了人力和资源，也为寿险公司释放了更多的创新潜力，促进了公司内部创新文化和创新氛围的培育。最后，数字化转型增强了寿险公司的市场竞争力和品牌影响力。数字技术应用催生了更多个性化、差异化的寿险产品和服务，以满足不同客户群体的需求，增强了寿险公司的竞争优势。同时，优质的服务和创新的产品也提升了客户的满意度和忠诚度，增强了公司的品牌口碑和市场地位。这种竞争优势和品牌影响力为寿险公司持续发展和业务扩张提供了有力的支撑。

综上，本书提出以下观点：数字化转型在提升寿险公司绩效中扮演着至关重要的角色，数字化转型有利于提升寿险公司经营绩效。

7.1.2 数字化转型影响寿险公司发展的间接效应

7.1.2.1 人力资本结构

资源基础理论（resource-based theory）提出人力资本是企业的内在资源，为企业发展提供用之不竭的动力（Nayak et al.，2021）。长期以来，人力资本结构与企业经营绩效关系研究都是学界的热门话题，研究成果主要集中在两个方面：一是人力资本结构的度量。常用指标包含人力资本内部结构和人力资本分布结构，前者通常使用各个学历或职位层次人力资本占比来衡量，后者一般采用人力资本基尼系数反映人力资本结构不平等程度（Castelló et al.，2002；刘智勇 等，2018）。二是人力资本结构能否提升企业绩效及其作用机制。现有研究表明，人力资本结构优化有利于企业降低管理费用和成本、推动科技创新、提升组织激励，推动企业经营绩效发展（裴政 等，2020）。

人力资本结构由员工的知识、技能以及经验组成，体现组织在个体层面的知识存量（杨晓敏，2018）。对寿险公司而言，人力资本结构优化在降本、创新以及组织结构调整中发挥了重要作用，能够显著提升寿险公司的竞争优势，对提高寿险公司经营绩效起到了关键作用（Sani，2012；Amiri et al.，2015）。具体而言：

第一，人力资本中知识作为影响寿险公司经营绩效的重要因素之一（Kirchner et al.，2021）。通常知识水平高的员工，个人认知能力较强，工作效率和潜力更突出，对企业经营绩效的提升作用更大（Purnamawati et al.，2022）。

第二，人力资本中技能对于寿险公司发展至关重要，因为人力资本技能提升有利于寿险公司探索新的生产选择以促进企业绩效增长（Altinay et al.，2016）。此外，它还能帮助寿险公司适应复杂多变的商业环境，培养和提升员工学习能力，优化组织各部门的知识吸收和分配过程，从而促进产品开发和服务改进（Mallén et al.，2016）。

第三，人力资本中经验也显著影响了寿险公司的经营绩效（Stiles et al.，2003）。工作时间越久的员工处理痛点和难点的经验越丰富，所以熟练的员工被认为是成长型组织的重要资产（Pasban et al.，2016）。现有研究也论证了员工工作经验与业务绩效之间存在显著关系（Bilan et al.，2020；Matricano，2020）。

综上，本书认为，数字化转型将有利于寿险公司优化人力资本结构，进而改善寿险公司经营绩效。

7.1.2.2 成本

企业经营绩效的众多影响因素中，成本是重要因素之一（Yu et al.，2009）。大量文献研究了成本与公司绩效之间的关系，普遍共识是成本的降低对公司绩效提升有积极影响（Myrodia et al.，2021；Lin et al.，2020）。对寿险公司而言，搜索成本、交易成本、管理成本的降低有利于企业生产方式、组织形式、商业模式的变革和创新，从而推动经营绩效发展（Goldfarb et al.，2019；凌士显 等，2017）。降低成本是数字化转型推动寿险公司经营绩效提升的重要机制之一，经济解释如下：

第一，数字化转型引入了自动化流程和智能化系统，取代了传统的人工操作，减少了繁杂的管理环节，极大地提高了业务处理的效率和准确性。通过自动化流程，寿险公司可以简化核保、理赔、客户服务等流程，降低运营成本和人力成本。例如，自动核保系统可以在几秒钟内完成对投保人信息的核验和风险评估，大大缩短了核保周期，减少了人力成本和时间成本。

第二，数字化转型通过信息管理，提升了寿险公司风险评估和产品定价的准确性。通过大数据分析和人工智能技术，寿险公司可以更准确地识别潜在客户群体和风险，优化产品设计和定价策略，降低市场开发和产品推广的成本；同时，通过智能化的风险管理系统，寿险公司可以及时发现和应对潜在风险，降低风险管理成本和赔付成本，提升经营绩效和盈利能力。

第三，数字化转型拓展了寿险公司的业务范围，通过互联网渠道和智能化服务，实现了线上线下的融合，拓展了销售渠道和客户群体，提升了市场占有率和盈利能力。通过在线销售渠道，寿险公司可以节省传统渠道的租金、人工等额外成本，降低销售成本，提高销售效率。此外，智能化服务平台可以为客户提供更快速、更便捷的服务，降低客户服务成本，提升客户满意度和忠诚度，降低客户流失率，有助于寿险公司经营绩效提升和长期稳健发展。

因此，本书认为，数字化转型将有利于寿险公司降低成本，从而推动经营绩效的提升。

7.2　数字化转型指数的构建：微观层面

7.2.1　测度数字化转型的常用方法

数字化转型是一个系统性综合过程，因此衡量行业数字化转型的标准可以分为三类：一是基于实际案例的深入研究，二是基于调查问卷的综合分析，三是依托行业公开信息的文本分析法。

案例分析法主要采用单案例或多案例的方法对企业数字化转型进行深入研究。例如，王永贵等（2023）聚焦工业制造行业，选择施耐德电器作为案例样本，分阶段探索了施耐德电气数字化的特征与模式，强调了数字知识的重要性。虽然基于案例的方法可以深入研究企业数字化转型的全过程（焦豪 等，2021），但其普适性有限，其路径难以在不同行业间推广与应用。

问卷调查方法通过收集问卷来评估数字化转型。例如，Skare 等（2023）采用欧洲企业融资渠道调查中的数字经济和社会指数以及中小企业数据，构建了中小企业数字化转型指数。杨震宁等（2021）针对七大类数字技术设计了 14 个问题，并在全国范围内收集了 615 份问卷，以评估企业采用数字技术的程度和范围。调查方法虽然能揭示数字化转型的动态过程，但也面临样本量小、代表性有限、难以开展面板研究等问题。

近年来，利用公开信息数据来考察行业数字化转型程度的文本分析法兴起。例如，一些研究通过信息成本和科技成本等投入指标来衡量数字化转型（Wang et al.，2017；Liu et al.，2020b，2021），或者利用公共平台搜索数字化转型相关信息，如企业注册信息、年度报告等来衡量数字化转型（Bai et al.，2021；Huang et al.，2021）。例如，Chen 等（2020）为美国非科技上市公司构建了六类有关数字化转型的关键词，并通过统计财报电话会议记录和年报正文中的关键词频率来衡量企业的数字化转型。Qi 等（2020）和 Wu 等（2021）根据中国上市公司年报中数字化转型关键词的出现频率来衡量企业数字化转型。同样，袁淳等（2021）通过对 30 份国家数字经济相关政策文件进行分词，识别出 197 个与企业数字化转型相关的关键词，并获得关键词在企业年报中的出现频率。文本分析法在从文本数据中抽取信息、发现模式和洞察趋势方面具有很大的优势，已经在社会科学、市场研究、舆情分析等领域得到了广泛的应用。

本书认为，数字化转型作为新时代下企业高质量发展的重大战略，这类特征信息更容易体现在企业具有总结和指导性质的年报中。年报中的词汇用法能够折射出企业的战略特征和未来展望，在很大程度上体现企业所推崇的经营理念及在这种理念指引下的发展路径。因此，从企业年报中涉及"企业数字化转型"的词频统计角度来刻画其转型程度，有可行性和科学性。在类似的研究中，韩永辉等（2017）通过关键词的配对、筛选，统计出各省市相应的产业政策文件累计数作为产业政策强度的刻画指标。这为本书提供了启发性类推逻辑，可通过上市企业公布的年度报告中的相应关键词词频测度，作为企业数字化转型程度的代理指标。

然而，现有的数字化转型关键词词典未必适用于寿险业。为解决上述问题，本书采用文本分析法构建了寿险业数字化转型指标体系，为后续评估寿险业数字化转型及其经济效应研究奠定基础。

7.2.2 寿险公司数字化转型指数构建

大量研究认为，数字化转型是企业将数字技术应用于其产品、流程、组织、商业模式和战略的过程（Liu et al., 2020a；Yoo et al., 2012；Vial, 2019）。寿险公司的数字化转型也应该具备以上特征。因此，寿险公司的数字化转型在反映寿险公司独有特征的同时，应当涵盖对产品、流程、组织结构、商业模式和战略的数字化应用。这样的转型过程将使寿险公司更加适应数字化时代的要求，提升其竞争力和业务效率。本书主要围绕数字技术应用、互联网商业模式、智能管理与服务以及现代信息系统四个维度构建寿险公司数字化转型指数。

数字技术应用在寿险业的数字化转型中发挥着关键的基础性作用。寿险公司利用大数据分析、人工智能和机器学习等技术，处理庞大的客户数据，实现更精准的风险评估和定价。同时，数字技术还支持精细化的客户分析，帮助公司更好地了解客户需求，为其量身定制保险产品。另外，区块链技术也能在寿险领域提供可靠的数据共享和交易验证，增加透明度和信任度。

寿险业数字化转型的集中体现是互联网商业模式的引入。寿险公司逐渐采用线上渠道，通过移动应用和网站提供在线购买寿险和享受寿险服务的便利性。这种模式不仅降低了销售成本，还进一步扩大了潜在市场。同时，互联网平台还能够实现快速的投保流程和在线理赔，提升客户体验和服务。

智能管理与服务在数字化转型中具有至关重要的地位。自动化流程和决策支持系统可以加速核保和理赔流程，进而提高效率。智能客服系统能够为客户提供快速的问题解答和服务支持，提升客户满意度。此外，基于物联网技术的健康监测设备也能够与寿险产品结合，实现更精准的风险评估和个性化定价。

建立强大的现代信息系统是寿险业实现数字化转型的必要所在。这包括了全面的数字化文档管理系统、数据分析平台和风险管理系统。这些系统可以帮助寿险公司更好地管理数据，监测业务情况，并做出更明智的决策。同时，现代信息系统也能够支持寿险产品的创新，如联动其他金融产品或投资工具。

上述四个维度相互影响、相互作用，有效反映了寿险公司的数字化转型程度，推动了寿险公司业务的创新与发展。具体而言：首先，数字技术应用为寿险公司提供了数字化基础设施和技术支持，包括人工智能、大数据分析、区块链等技术的应用，使得寿险公司能够更好地管理和分析数据，提高业务效率和客户体验。其次，互联网商业模式的采用使得寿险公司能够通过在线渠道进行产品销售、客户服务和营销推广，拓展市场覆盖范围，降低运营成本，提高销售效率。再次，智能管理与服务的实施使寿险公司能够通过智能技术提升业务管理效率和服务质量，提升客户体验和满意度。最后，现代信息系统的建设为寿险公司提供了数据管理、业务流程优化、决策支持等方面的助力，促进了公司内部各个业务环节的协同作业和信息共享。

7.2.3 寿险公司数字化转型指数的测算方法

数字化转型的测度和衡量尚未形成统一标准，现有研究主要从大数据、人工智能、云计算、区块链等基础性数字技术应用视角来构建企业数字化转型指数（Zhuo et al.，2023；王诗卉 等，2021），这种划分依据能够体现企业的普遍性数字化特征，但难以综合反映寿险公司数字化转型的特征和程度。此外，各类数字技术的应用不是独立割裂的，它们往往以"你中有我、我中有你"的形式贯穿寿险公司数字化转型进程中，通过共同作用以实现寿险公司产品定制化、经营协同化、渠道无界化和管理智能化的战略目标。

数字技术的推广和使用贯穿寿险公司产品创新、技术重构、服务设计、数据运用的方方面面。本书围绕数字技术应用、智能业务运营、在线商业模式、现代信息系统四个方面，考察寿险公司数字化转型程度。

测算方法上，采用文本分析法来构建寿险公司数字化转型指数，具体操作步骤如下：第一步是获取寿险公司企业年报，通过 Python 爬虫功能，收集整理 2010—2020 年国内所有寿险公司的年度报告作为关键词筛选的数据库，在剔除经营时间不超过三年、财报披露不完整的寿险公司后，最终保留了 56 家寿险公司的原始数据[①]。第二步是确定关键词，参考测度数字化转型的相关文献（吴非 等，2021；Du et al.，2023；袁淳 等，2021），再结合《中小企业数字化赋能专项行动方案》[②]《关于银行业保险业数字化转型的指导意见》[③] 等重要政策文件和研究报告，总结出与寿险公司数字化转型相关的关键词，如表 7-1 所示。第三步是提取关键词，采用 jieba 中文分词技术对第一步生成的数据库进行分词，计算数字技术应用、智能业务运营、在线商业模式、现代信息系统四个维度下的关键词频次。第四步是测算寿险公司数字化转型程度，对第三步中得到的词频数据进行标准化处理，采用熵权法确定各指标权重，最终合成寿险公司数字化转型指数（$Digital_{it}$）。该指标数值越大，则说明该寿险公司数字化转型程度越高。权重确定的具体计算过程如下：

首先是无量纲指标处理：

$$Y_{it} = \frac{X_{it} - X_{it,\,min}}{X_{it,\,max} - X_{it,\,min}} \tag{7-1}$$

上式中，$X_{it,\,min}$、$X_{it,\,max}$ 分别为 t 年寿险公司 i 指标的最小值和最大值。

在得到基础指标标准分值后，可以得到维度指标得分。假定 E_j 为第 j 项维度指标，包含 n 项个体指标。其中，第 m 项个体指标为 Y_m，权数为 W_m。则计算公式为：

$$E_j = \frac{\sum_{m=1}^{n} W_m Y_m}{\sum_{m=1}^{n} W_m} \tag{7-2}$$

在得到维度指标得分的基础上，假定第 j 项维度指标的权数总计为 W_j，则可以得到综合评价结果，计算公式为：

$$F = \sum_{j} E_j(W_j) \tag{7-3}$$

---

① 数据来源：http://icidp.iachina.cn/? columnid_url = 201510010001。
② 数据来源：http://www.gov.cn/zhengce/zhengceku/2020-03/24/content_5494882. htm。
③ 数据来源：http://www.gov.cn/zhengce/zhengceku/2022-01/27/content_5670680. htm。

表 7-1　寿险公司数字化转型的关键词及指数构建

变量	分类维度	分词词典
寿险公司数字化转型	数字技术应用	数据、数字、数字化、数据处理、数据管理、数据中心、数据科技、数字化转型
		数字化平台、数字化服务、数字化运营、数字生态、数字保险、保险科技、金融科技
		大数据、物联网、云计算、云服务、区块链、分布式、分布式账本技术
	互联网商业模式	互联网、线上、线上化、线上服务、线上线下、线上到线下、在线
		互联网、互联网保险、App、公众号（官微）、官方网站（官网）
		网络直播、电子设备、电子保单、电子化、电子商务
	智能管理与服务	智能、智能化、智慧、人工智能、智能应用、智能感知、自动化、自动对接
	现代信息系统	信息、信息化、信息技术、信息管理、信息科技、信息系统、社交化、社交网络平台

7.3　数据和研究设计

7.3.1　研究设计

本章设计如下的基准回归模型：

$$\text{Performance}_{it} = \alpha + \beta\,\text{Digital}_{it} + \gamma\,\text{Controls}_{it} + \mu_I + \lambda_t + \varepsilon_{it} \quad (7\text{-}4)$$

其中，i 和 t 分别代表寿险公司和年份，被解释变量 Performance_{it} 代表寿险公司经营绩效，本书参考 Elango 等（2008）、仲赛末等（2018）的做法，使用寿险公司的净资产收益率（return on equity，ROE）作为替代变量。核心解释变量 Digital_{it} 代表寿险公司数字化转型指数，取值在 0 到 1 之间。Controls_{it} 为企业层面的控制变量，具体指标见表 7-2。μ_I 是寿险公司固定效应，λ_t 是年份固定效应。

为了更加全面地考察数字化转型对寿险公司经营绩效的影响，参考相关研究，引入以下影响寿险公司经营绩效的控制变量：

资产负债率（Lev）是影响寿险公司经营绩效的重要因素之一（杨树

东 等，2010）。资产负债率的高低反映了寿险公司的资金运营效率。如果资产负债率过高，可能意味着企业资产运营效率不高，资产配置不合理，导致资金利用率低下，进而影响了企业的经营绩效。本书使用寿险公司历年总负债与总资产的比值来衡量资产负债率。

寿险公司的成长能力（Income）也会对寿险公司经营绩效产生影响（凌士显 等，2017）。首先，成长能力强的寿险公司通常能够实现业务规模的持续扩张，增加保费收入。随着业务规模的扩大，公司的盈利能力和市场份额也会相应提升，从而促进经营绩效的改善。其次，成长能力强的寿险公司通常拥有广阔的客户基础。通过提供具有多样化的产品和服务，吸引更多的潜在客户购买寿险产品，进而提升公司在寿险市场上的竞争力和市场份额，推动公司经营绩效的提升。最后，成长能力强的寿险公司通常能够实现资本的持续增长，保障经营绩效的稳定性和可持续性。本书使用各家寿险公司历年保费收入的对数值作为寿险公司成长能力的代理变量。

员工性别结构（Gender）也会对寿险公司经营绩效产生影响（王铭利 等，2022）。员工性别结构的合理性是寿险公司公平、开放和包容工作环境的有效体现，多样化的工作团队能够促进员工的积极性、创造力和团队合作精神，从而提升寿险公司的经营绩效水平。本书采用各家寿险公司每年男性员工人数占员工人数的比重来度量员工性别结构。

企业规模（Size）是影响寿险公司经营绩效的重要因素。大量研究表明，较大规模的公司通常能够通过规模效益、风险分散、市场影响力和创新能力等方面的优势，实现更高水平的经营绩效（李维安 等，2012；胡宏兵 等，2014；陈华 等，2016；彭雪梅 等，2018）。本书运用寿险公司员工总人数的对数值来刻画寿险公司规模情况。

分保比例（Rein）同样影响寿险公司经营绩效水平，寿险公司通过将一部分风险转移给再保险公司，有助于降低风险、提高资本效率、优化盈利水平和控制再保险成本，从而提升寿险公司的整体经营绩效水平（彭雪梅 等，2018；袁峰 等，2022）。鉴于此，使用寿险公司历年分出保费与保费收入的比值来衡量分保比例。

市场份额（Mshare）也会对寿险公司经营绩效产生影响。较大的市场份额可以为寿险公司带来更多的竞争优势、品牌认知度、业务多样性、资源整合能力和风险承受能力，从而促进寿险公司的持续发展和经营绩效的提升（朱南军 等，2017）。本书采用某家寿险公司保费收入占当年寿险市场总保费收入的比重来刻画市场份额。

表7-2 变量说明

变量名称	变量符号	变量定义
寿险公司数字化转型指数	Digital	采用文本分析法，基于寿险公司数字化转型相关词频构造的综合性指数
寿险公司经营绩效	Performance	寿险公司净资产收益率（ROE）：净利润/年平均净资产
资产负债率	Lev	总负债/总资产
成长能力	Income	保险业务收入取对数
性别结构	Gender	男性员工人数/总人数
企业规模	Size	公司员工人数取对数
分保比例	Rein	分出保费/保费收入
市场份额	Mshare	保费收入/市场保费总收入

7.3.2　样本选择和数据来源

本书选取2010—2020年中国寿险公司作为研究对象，对样本进行了一系列的筛选和预处理，最终保留56家寿险公司的非平衡面板数据。此外，为了减少极端值对研究结果的干扰，本书对所有变量都进行了5%的截尾处理。数据主要来自中国保险行业协会公开披露的寿险公司年度报告和CSMAR数据库。

7.4　描述性统计分析

主要回归变量的描述性统计结果见表7-3。研究样本在2010—2020年经营效率的均值为-0.028，最大值为0.253，说明近年来寿险业总体经营绩效发展低迷。寿险公司数字化转型程度的标准差为0.243，反映出寿险公司之间数字化转型水平差异大，寿险业数字化转型发展不均衡；中位数为0.083，说明寿险业数字化转型程度有待提高。控制变量中，寿险业的资产负债率标准差较大，反映出寿险公司之间资本结构差异较大；整体上，寿险公司成长能力和公司规模持续发展，寿险公司性别结构合理，分保比例稳定；市场份额均值为 0.006，而最大值为 0.151，反映出目前大型寿险公司在市场占有率上仍保持明显优势。

表 7-3 描述性统计

变量	观测值	均值	标准差	最小值	中位数	最大值
Performance	415	−0.028	0.182	−0.421	0.015	0.253
Digital	415	0.178	0.243	0	0.083	1
Lev	415	1.815	15.047	0.082	0.883	284.077
Income	415	8.559	2.072	−1.386	8.55	13.325
Gender	415	0.394	0.063	0.232	0.39	0.637
Size	415	8.792	1.914	3.497	8.692	14.208
Rein	415	0.084	0.487	−0.695	0.017	9.44
Mshare	415	0.006	0.017	0	0.001	0.151

7.5 实证结果与分析

7.5.1 数字化转型对寿险公司发展的直接效应：基准回归

7.5.1.1 基准回归

本书首先使用固定效应模型来检验数字化转型是否影响寿险公司经营绩效。基准回归结果如表 7-4 所示。列（1）显示，在没有控制变量的情况下，寿险公司数字化转型指数的估计系数为 0.093，在 1% 的水平上具有统计显著性。列（2）控制公司固定效应和年份固定效应后，寿险公司数字化转型指数的估计系数有所降低。列（3）加入控制变量后，寿险公司数字化转型指数的估计系数下降至 0.080，但仍然显著为正。这些结果表明，寿险公司数字化转型有利于寿险公司经营绩效提升，能够有效赋能寿险业发展。

表 7-4　基准回归结果

	（1） Performance	（2） Performance	（3） Performance
Digital	0.093 ***	0.086 ***	0.080 ***
	（0.047）	（0.005）	（0.030）
Lev			−0.001 **
			（0.000）
Income			0.072 ***
			（0.009）
Gender			−0.162
			（0.163）
Size			−0.009
			（0.008）
Rein			0.031 *
			（0.017）
Mshare			1.038
			（1.550）
_ cons	−0. 816 ***	−0. 639 ***	−0. 520 ***
	（0.022）	（0.018）	（0.120）
公司固定效应	No	Yes	Yes
时间固定效应	No	Yes	Yes
观测值	415	415	415
R^2	0.417	0.379	0.319

注：表中括号内为稳健标准误，***、** 和 * 分别表示回归结果在 1%、5% 和 10% 置信水平下通过显著性检验。

7.5.1.2　内生性控制

为验证是否存在反向因果关系导致的内生性问题，即经营绩效表现良好的寿险公司更可能进行数字化转型，净资产收益率的显著提升可能是寿险公司进行数字化转型的原因而非结果，本书主要采用两种方法进行论证。第一，考虑时滞性。寿险公司数字化转型可能存在时滞性（赵宸宇等，2021），本书将核心解释变量滞后一期后重新回归，回归结果如表 7-5 列（1）所示，数字化转型的估计系数在 10% 的置信水平下为正。第二，工具变量法回归。从数字经济和企业数字化转型的发展历程来看，杭州被视为中国数字经济起步早、发展水平高的代表性城市，企业数字化转型程度遥遥领先（郭峰 等，2020）。基于工具变量的相关性和外生性条件，本书选取各个寿险公司总部到杭州的最近地理距离的自然对数（ln dis）作为寿险公司数字化转型的工具变量（Shang et al.，2023）。为了进一步控制固定效应，还加入了地理距离的自然对数和时间趋势的交互项（ln dis×year）。表7-5列（2）展示了工具变量法第一阶段的回归结果，可以看出，距离杭州越远的地区，寿险公司数字化转型程度越低，符合研究预期。表7-5列（3）为工具变量法第二阶段的回归结果，寿险公司数字化转型的回归系数在1%的水平上显著为正，验证了数字化转型对寿险公司经营绩效的促进作用。

表7-5　内生性检验

	(1) Performance	(2) Digital	(3) Performance
L. Digital	0.061 * (0.036)		
Digital		−0.038 *** (0.015)	0.096 *** (0.027)
ln dis × year		0.000 *** (0.000)	
Controls	Yes	Yes	Yes
_ cons	−0.563 ** (0.268)	6.483 *** (0.000)	−0.493 *** (0.011)
公司固定效应	Yes	Yes	Yes
年份固定效应	Yes	Yes	Yes
观测值	245	415	415
R^2	0.490	0.307	0.311

注：表中括号内为稳健标准误，***、**和*分别表示回归结果在1%、5%和10%置信水平下通过显著性检验。

7.5.2　数字化转型对寿险公司发展的间接效应：机制检验

7.5.2.1　人力资本结构机制

受数据限制，本书仅能获得寿险公司员工学历相关数据，员工学历很大程度上能反映公司人力资本结构情况。参考赵宸宇（2021）的做法，本书采用本科及以上学历员工人数占比（HR）来衡量人力资本结构。

表7-6列（1）反映了数字化转型对人力资本结构的影响，数字化转型程度越深，寿险公司人力资本结构越优化。提升人力资本结构、增加高技能人才占比是寿险公司数字化转型的必由之路：一方面，从供给端看，传统寿险公司员工的整体知识储备和工作技能难以适应数字化转型的需求，数字化转型过程中单一重复的工作内容被机器替代成为普遍现象，这使得高水平的创新型人才作为一种稀有资源更加受到寿险公司的重视和关注。另一方面，从需求端看，数字技术发展催生新工种，形成新业态，这些新岗位的工作任务与提供专业化、定制化、场景化的高增值服务密切相关，需要高水平人力资本方可胜任，进而倒逼寿险公司员工通过再教育、技能培训等手段提升自身能力，以满足数字化转型中新工作的需要。

表7-6的列（3）在考察数字化转型与寿险公司经营绩效关系时引入了人力资本结构，可以看出，与基准回归列（2）相比，数字化转型回归系数显著减少，表明人力资本结构是数字化转型作用于寿险公司经营绩效的有效机制。

表 7-6 机制检验：人力资本结构

	(1) HR	(2) Performance	(2) Performance
Digital	0.135 **	0.080 ***	0.075 **
	(0.057)	(0.030)	(0.041)
HR			0.261 **
			(0.046)
Controls	Yes	Yes	Yes
_ cons	−0.145	−0.520 ***	−0.341 ***
	(0.225)	(0.120)	(0.130)
公司固定效应	Yes	Yes	Yes
年份固定效应	Yes	Yes	Yes
观测值	415	415	415
R^2	0.147	0.319	0.334

注：表中括号内为稳健标准误，***、** 和 * 分别表示回归结果在1%、5%和10%置信水平下通过显著性检验。

7.5.2.2 成本机制

对企业而言，数字化转型具有降本功能（杜勇 等，2022）。寿险公司的成本主要采用综合成本率（Cost）进行衡量。为了量化寿险公司的成本，参考武冬铃和萧军（2012）的做法，使用综合成本率以反映寿险公司的整体经营成本情况，计算公式为：综合成本率＝（赔付支出－摊回赔付支出＋提取未决赔款准备金－摊回未决赔款准备金＋业务及管理费＋手续费及佣金＋分保费用＋保险业务营业税金及附加－摊回分保费用）/已赚保费。表7-7列（1）的结果显示，变量 Digital 对机制变量 Cost 的回归系数显著为负，说明数字化转型对寿险公司综合成本率带来了显著的负向作用。此外，表7-7列（3）中，核心解释变量 Digital 的回归系数显著小于基础回归列（2）的结果，表明数字化转型具有降低成本的功能，从而提升寿险公司经营绩效。

表 7-7　机制检验：成本

	（1） Cost	（2） Performance	（3） Performance
Digital	−0.103 ***	0.080 ***	0.068 **
	（0.027）	（0.030）	（0.045）
Cost			−0.164 ***
			（0.009）
Controls	Yes	Yes	Yes
_ cons	−0.498 ***	−0.520 ***	−0.394 ***
	（0.210）	（0.120）	（0.281）
公司固定效应	Yes	Yes	Yes
年份固定效应	Yes	Yes	Yes
观测值	415	415	415
R^2	0.329	0.319	0.422

注：表中括号内为稳健标准误，***、** 和 * 分别表示回归结果在1%、5%和10%置信水平下通过显著性检验。

7.6　研究发现与政策启示

7.6.1　研究发现

随着数字化转型的深入发展，数字技术从根本上改变了寿险公司的运营方式、组织形式、商业模式和创新模式。数字化转型已然成为传统寿险公司提升竞争力，实现可持续发展的战略任务。本书利用 56 家寿险公司2010—2020 年的企业年报数据，基于文本分析法构建了寿险公司的数字化转型指数，探究了数字化转型对寿险公司经营绩效的影响与机制。主要结论如下：

第一，数字化转型显著提高了寿险公司的经营绩效。数字化转型每增加一个单位，寿险公司的净资产收益率将提升 0.080。经过内生性检验后，结论仍然稳定。

第二，数字化转型有利于人力资本结构优化，进而推动寿险公司经营绩效的发展。随着数字化转型战略的实施，寿险公司对低学历、低技能劳动力的需求呈现"断崖式"下跌，而对产品研发、数字综合管理和智慧运营等方面高端人才的需求日益旺盛，寿险公司通过调整和更新人力资本结构，将技术和知识等核心要素更为高效地融入企业价值链的各个环节，有利于寿险公司经营绩效稳定可持续发展。

第三，数字化转型具有降低成本的功能，能够促进寿险公司经营绩效的发展。寿险公司的数字化转型通过自动化和智能化技术的广泛应用，能够大幅度减少烦冗的成本，提高业务处理效率；此外，数字化转型还能够优化寿险公司内部业务流程，简化决策层级，减少管理成本和运营成本，促进寿险公司经营绩效的提升。

7.6.2　政策启示

基于上述研究分析，本书提出以下的政策启示：

一是全面推进寿险公司数字化转型。一方面，通过政策补贴、资金资助等措施为寿险数字化转型提供平台支持和政策保障。另一方面，重视底层核心技术研发力度，完善智能保顾、智能风控、自动理赔、精准定价、可穿戴设备等典型应用场景，有效解决寿险公司数字化转型难点和痛点。

二是高度重视人力资本结构的提升和管理。挖掘人力资本的长期作用，以促进寿险产品、服务与管理的更新迭代。激励高素质人才与数字化转型深度融合，培养数字化复合型人才，实现人力资源开发最大化，提高寿险公司差异化竞争能力。

三是加大政策支持力度，助力寿险公司降本增效。政府应推出税收优惠政策，减免数字化转型相关投资的税收负担，降低企业的转型成本。此外，还可以提供贷款和资金补助等金融支持，缓解寿险公司数字化转型时的资金压力。

四是数字资源共享与数据产权保护并举，构建寿险业数字生态系统。引导寿险公司提高资源透明度和共享性，降低运营成本，防止重复建设和资源浪费，提高资源配置效率，减少创新的不确定性。加强数据产权保护，有利于保持寿险公司在科技创新和资源共享领域的积极性和信心。

8 寿险业数字化转型面临的风险及其治理

8.1 寿险业数字化转型面临的风险

依据风险具有可变性，寿险业数字化转型面临的风险可分为两类：一类是寿险业在经营过程中所存在或面临的风险，它们与寿险业数字化转型相互影响，比如市场风险、保险风险、信用风险与控制风险；另一类是寿险业数字化转型过程中产生的特有的、新的风险，比如成本风险、信息安全风险与法律合规风险。

8.1.1 寿险业数字化转型面临的一般风险

8.1.1.1 市场风险

市场风险，是指由于利率、权益价格、汇率等不利变动，导致保险公司遭遇非预期损失的风险。其中，利率风险是指由于无风险利率的不利变动导致保险公司遭遇到的非预期损失的风险。目前寿险业正面临利率下行的市场环境。图 8-1 中的数据来源于财政部 2012—2023 年的 10 年期国债收益率数据，并将其作为时间序列进行趋势拟合。可以发现，近年来我国的利率呈下降趋势，意味着正逐渐步入低利率时代，而低利率风险对寿险公司的影响可以分别从资产端和负债端进行分析。一方面，从资产端来看，短期内以公允价值计量计入的当期损益、其他综合收益资产价值会上升，进而提高所有者权益，但是长期内利率持续下行，会降低寿险公司的投资收益率，导致寿险公司利润和所有者权益降低。

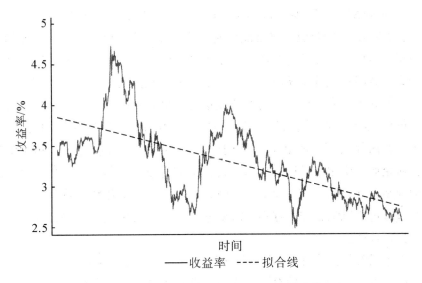

图 8-1　2012—2023 年 10 年期国债收益率趋势拟合

以表 8-1 所展示的 2022 年部分上市寿险公司敏感性分析为例，一方面，在市场利率下降 50 个基点情景假设环境下，税前利润和综合收益的变动都具有不同程度的下降，其中中国人寿下降幅度最大，税前利润和综合收益分别下降 5.17 亿元和 299.48 亿元，下降程度与资产中浮动利率的资产数量有关，资产数额越大，下降幅度越大。另一方面，从负债端来看，利率下降会使负债准备金增加，降低所有者权益。

表 8-1　市场利率减少 50 个基点对税前利润和综合收益变动的影响

单位：亿元

	税前利润的变动	综合收益的变动
平安人寿	0.63	8.39
新华人寿	1.49	16.13
中国人寿	5.17	299.48

数据来源：2022 年平安人寿、新华人寿、中国人寿年报。

权益价格风险是指由于权益价格的不利变动（由利率和外汇风险变动引起的除外）导致保险公司遭遇非预期损失的风险，寿险公司中存在该类风险的主要资产为可供出售金融资产的投资和以公允价值计量且变动计入当期损益的金融资产中的上市股票以及证券投资基金。以 2021 年上市寿险公司中的平安人寿、新华人寿、中国人寿为例，该类投资资产占总投资资产的比重分别为 17.1%、23.2%、17.6%①，仅次于债权型投资。基于"信息效率观"，如果股票价格能够充分并且及时反映市场信息、行业信息和公司特质信息，股价的异质性波动就会变强，即股价变化的非同步性就会变高，就能够充分反映所投资股票的质量。我国资本市场尚在完善过程中，股价并不能完全反映公司的特质信息，最直观的表现就是近些年来股票市场出现的"同涨同跌"现象（朱杰，2019）。而数字化转型背景下，由于企业内部信息披露和监管部门的监管高效化，信息披露过程更加透明，对企业特质化信息披露更为完善，能够有效缓解信息不对称，降低股价的同步性（杨松令 等，2021）。因此，寿险业数字化转型背景下，寿险业对权益价格风险管理过程中，需要进一步提升对优质股票和证券投资基金的投资选择。

汇率风险是指由于汇率的波动引起外币资产与负债的（含外汇衍生品）价值变动，导致保险公司遭受非预期损失的风险。我国寿险公司目前所拥有的外币资产与负债主要是美元和港元，图 8-2、图 8-3 数据来源于中国外汇交易中心的 2012—2023 年人民币月均汇率并将其作为时间序列进行趋势拟合。可知近些年来，港元和美元对人民币的汇率均处于上升趋势。在港元和美元对人民币汇率上升的市场背景下，一方面寿险公司持有的外币资产价格会上升，另一方面寿险公司持有的负债价格也会上升。因此，探究汇率对寿险公司的利润和股东权益的影响需要对比寿险公司所持有的外汇资产与负债。以我国上市寿险公司中的平安人寿、新华人寿和中国人寿为例，如表 8-2 所示，在人民币贬值的市场环境下，三家上市寿险公司存在税前利润和综合收益变动损失的风险。

表 8-2　外币汇率增加对税前利润和综合收益变动的影响

单位：亿元

公司	变量变动	税前利润的变动	综合收益的变动
平安人寿	美元对人民币升值5%	0.700 3	1.696
	港元对人民币升值5%	0.484 9	1.242 2
新华人寿	美元和其他外币对人民币升值10%	6.09	11.97
中国人寿	美元和其他外币对人民币升值10%	9.27	68.20

---

① 数据分别来源于平安人寿、新华人寿、中国人寿 2022 年年报。

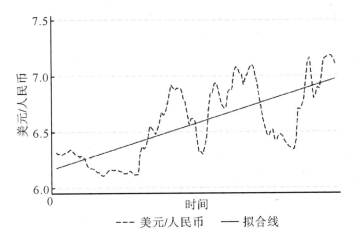

图 8-2　2012—2023 年美元/人民币月均走势

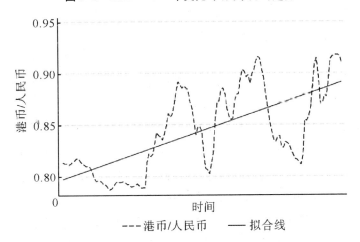

图 8-3　2012—2023 年港币/人民币月均走势

数据来源：2022 年平安人寿、新华人寿、中国人寿年报。

综上可见，近些年市场风险的变化趋势会提高寿险公司的经营成本、降低寿险公司的利润水平。而寿险业数字化转型前期需要大量的投入，并且在短期以内的效果不一定明显，出于安全性考虑，实力不够强的寿险公司会倾向于减少数字化转型的投入，导致资源投入不充分和数字化转型产出落后（胡振华 等，2009），最终表现为寿险公司数字化转型早期经营效率落后。

8.1.1.2　保险风险

保险风险是指由于损失发生、费用以及退保相关假设的实际经验与预期发生不利偏移，导致保险公司遭受非预期损失的风险。损失发生风险的原因在于死亡、疾病等事故实际发生的次数、损失程度与假设的存在差异而造成的，特别是突发事件的发生，使损失超出预期程度。例如：1992年美国安德鲁飓风事故的发生，造成约200亿美元的保险损失以及导致13家保险公司破产。费用直接关系到保险公司的成本控制问题，根据2023年麦肯锡全球保险行业报告，自2003年以来，寿险公司的成本收入比（销售、一般和管理费用/总收入）增加了23%，相比之下，财产保险公司的成本收入比仅增长5%，特别是寿险公司与以银行为代表的销售代理机构之间，为了在销售渠道上取得竞争优势，寿险公司往往所支付的佣金水平要高于实际上报的水平，即"报行不一"问题。在市场利率较高的市场环境下，寿险公司可以用投资收益去覆盖这一部分成本，但是目前低利率的市场环境，依旧维持较高的费用水平难以维持寿险公司的安全性经营，因此针对费用问题，2023年国家金融监督管理总局相继出台了"报行合一"、人身险预定利率下调等政策。退保率是指保险公司在一定时期内退保金与保费收入的比例，反映了业务质量和客户满意度。本书收集了2012—2022年寿险行业退保率数据，结果如图8-4所示。从寿险行业退保率整体趋势上来看，自2018年以后，我国寿险行业退保率大大降低，退保风险有所降低，虽然在2022年有所回升，但相较于2014—2018年依旧处于退保低位。但是退保风险在寿险业务结构上存在显著的分布差异，以公司规模为依据将中国人寿、平安寿险、太保寿险、新华保险、太平人寿、泰康人寿、人保寿险和友邦人寿作为"TOP 7+1"的头部寿险公司，其他寿险公司作为中小型寿险公司，发现退保风险聚集于中小型寿险公司，反映出在代理人质量、消费者退旧投新、退保黑产以及产品质量等方面依旧存在很多问题。寿险业数字化转型由于存在数据量和种类多、定价模型更为精确等方面的优势，对于未来保险事故的发生概率和损失程度的预测性会更为精准，还有智能保顾等新服务的不断优化，给消费者会带来更优质的服务与体验，因此可能降低保险风险给寿险业带来的损失。

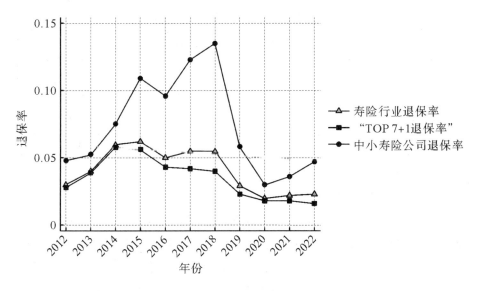

图 8-4　2012—2022 年寿险行业退保率

数据来源：13 个精算师，https://cj.sina.com.cn/articles/view/6363707782/17b4e7986019013fa4。

8.1.1.3　信用风险

信用风险是指由于交易对手不能履行或者不能按时履行其合同义务，或者交易对手信用状况的不利变动，导致保险公司遭受非预期损失的风险。一方面，从近三年债券市场的违约情况上来看，如表 8-3 所示，债券违约主体数量、新增主体数量、违约规模、新增主体违约规模均呈现下降的趋势，原因是自 2020 年个别国企违约以后，大部分低资质、高风险的市场主体已经完成出清，因此寿险业信用风险在债券违约方面有所降低；另一方面，在数字化转型背景下，寿险业与互联网平台的关联日益紧密，从 2013 年开始至 2022 年，我国开展互联网保险业务的保险公司从 60 家增加到 129 家，互联网保险的保费规模从 290 亿元增加到 4 782.5 亿元，年均复合增长率达到 32.3%①。保险公司可以通过第三方网络平台开展投资、增信等业务，而且互联网提供的产品很多都是属于非基础资产，底层资产复杂，提高了风险暴露的可能性，导致保险公司面临更多的信用风险。

---

① 数据来源：新华网，https://www.news.cn/fortune/2023-06/13/c_1129689306.htm。

表 8-3　2020—2022 年境内债券市场的违约情况

年份	违约主体数量/家	违约债券规模/亿元	新增违约主体数量/家	新增违约主体的违约债券规模/亿元
2020 年	34	1 179	26	704
2021 年	37	1 076	17	589
2022 年	18	311	10	203

数据来源：新浪财经。

8.1.1.4　控制风险

控制风险是指保险公司内部管理和控制不完善或无效，导致固有风险未被及时识别和控制的偿付能力相关风险。一方面，在保险公司制度设计与管理方面，突出的问题是股权制度、高层管理制度设计不合理，股权变化、股权质押比例还有高管人员的空缺与变更，不利于寿险公司的长期性、稳定性经营。在 2022 年共有 19 家保险公司发生股权变更，在年末有超过 30% 的保险公司存在股权质押或者冻结的情况，其中 7 家公司股权质押或冻结比例超过 50%，16 家保险公司大股东质押股权数量超过其所持股权数量的 50%，还有 6 家保险公司存在董事长或者总经理同时空缺的情况①。另一方面，在操作规范合理与信息披露方面也存在不足。2022 年寿险公司总罚款 8 625 万元，有 28 家寿险公司的罚款超过 50 万，其中有 24 家寿险公司的罚款原因中存在数据不真实、编制虚假报表、虚列费用的问题②，销售误导的现象依旧存在。此外，监管机构收到的人身险公司相关投诉件中，销售纠纷涉及的投诉件数占比五成③。寿险业在数字化转型过程中也将面临控制风险，但同时为降低控制风险的发生概率与损失程度提供了技术基础。首先，区块链技术的不可修改性增加了违规操作的难度；其次，数字技术为信息披露提供了更宽阔的渠道，为监管机构和市场提供了更多样的监督方式与方法。

---

①　数据来源：中国保险保障基金有限责任公司官网，http://www.cisf.cn/fxjc/bxyfxpgbg/3850.jsp。

②　数据来源：13 个精算师，https://zhuanlan.zhihu.com/p/602452522。

③　数据来源：中国保险保障基金有限责任公司官网，http://www.cisf.cn/fxjc/bxyfxpgbg/3850.jsp。

8.1.2 寿险业数字化转型面临的特有风险

8.1.2.1 成本风险

成本风险是指由项目预算和成本的不确定性所导致的风险，这种不确定性可能包括预算不足、成本超支、资源成本上升、成本估计不准确等因素。寿险业数字化转型的成本可分为资金成本与时间成本两大类，其中资金成本包含资本投入与劳动投入。资本投入上不但包含大量初始成本的投入，例如网络设备、终端设备、存储设备和智能设备，等等，而且随着数字化战略的深入，固有设备的更新与维护以及数字设备的增加也会带来巨大的资本投入。虽然 2022 年保险业保险科技的投入规模达到了 569 亿元，占保费收入的 1.2%，较 2021 年的 0.92% 有所上升，但是 2022 年保险业承保利润为 410 亿元，并且 2020 年以来寿险业利润三年连降，盲目进行寿险业数字化转型投入会进一步扩大寿险公司经营的成本风险。劳动力投入主要表现为复合型人才需求，寿险业数字化需要既具有保险、法律法规、营销等专业知识，又同时具备过硬的数字化科技知识的高资质复合型人才，例如：创新产品设计需要具备高度的互联网思维，同时遵从保险的底层逻辑，并能够从技术角度考虑实际可行性，但是此类人才紧缺，吸引人才流入需要提高待遇水平，如果采取培养的方式，又会产生新的人力资本投入。德勤发布的《2022 年保险行业展望》报告显示，43% 的受访者表示相关职能部门缺乏相应人才，其中前五的岗位人才均涉及数字技术：云计算、数据科学和分析、人工智能和机器学习、软件开发、网络安全。时间成本上企业数字化转型存在长期性，短期内的效果不显著，因此寿险业数字化转型成效在短期内难以反映在寿险公司的经营业绩、股价等指标上。此外，寿险业数字化转型的路径还与企业自身的业务、管理结构、财务状况存在相关性，所以并没有明确具体的路径选择，成本投入是否有利于寿险公司经营发展存在不确定性。

8.1.2.2 信息安全风险

信息安全风险是指人为或自然的威胁利用信息系统及其管理体系中存在的脆弱性导致安全事件的发生及其对组织造成的影响，一方面对于客户会造成个人隐私的侵犯，另一方面会侵犯公司的数据产权。信息安全风险主要内容包含信息的收集与维护两个方面。关于信息的收集，需要确定可收集与不可收集信息的边界。以 UBI（usage-based insurance）车险为例，现有的传感设备完全有能力收集车辆的实时位置信息，从而获知车主曾行驶过的所有路段及去过的全部场所，并附上对应的时间标签；也能够通过速度变化、转向惯性等信息得知驾驶员的驾驶习惯与风格。但在 UBI 车险发展最领先的美国，却禁止使用驾驶习惯作为保费定价的影响因子，因为这被认为极大侵害了个人隐私。同理，寿险产品中可利用的传感器设备能够获取投保人或者被保险人的生理信息，但是这是否存在侵犯个人隐私的问题，又或者会产生"歧视"，将部分群体从保障范围中排除，就如同传统寿险下，老年人难以获得全面的保险保障。2021 年 8 月颁布的《中华人民共和国个人信息保护法》标志着个人信息的保护有了法律的"安全锁"，社会对于个人信息的使用有了制度上的规范，这将有助于引导寿险业构建自身的数据规范以及技术的合理运用。

关于信息维护，一方面，保险公司产生更多的数据资产：如被保险人的健康和生物数据、被保险人事故现场的无人机和卫星图像数据、客户网站投诉和点评数据、社交网站数据、客户位置信息等，面临的主要风险也已经转变为软件的可靠性和网络安全风险。另一方面，虽然作为平台建设基础的区块链技术具有不可修改性，安全系数会更高，但是实际上保险行业建设的信息平台多为混合式架构，存在公共云与私有云的区分，哪些数据资产可以作为共享数据在公共云平台范围内共享或交易，哪些是需要严格保密的放入私有云平台，是每个寿险公司数字化转型战略实施中需要考虑的问题。

8.1.2.3　法律合规风险

寿险业数字化转型的法律合规风险是指寿险公司在数字化转型经营过程中未能遵循法律法规、监管要求、规则、自律性组织制定的有关准则、已经适用于公司自身业务活动的行为准则，而可能遭受法律制裁或监管处罚、重大财务损失或声誉损失的风险。信息技术在寿险业的深入运用不仅打破了风险的区域性，更加重了风险跨行业与跨市场传导的可能性，这对于监管部门来说是艰巨的挑战。一是行业监管的挑战，寿险业数字化转型本身是深度跨界融合的产物，且在技术的加持下寿险业自身的价值链不断延伸，金融混业经营的趋势越发明显，且不断向金融业以外的行业挺进，面对跨行业跨市场的风险，单一领域的监管部门监管范围与监管措施具有局限性，需要更多跨部门协调合作。二是加快监管部门对前沿技术的学习与应用。一方面，可以更为深刻了解寿险公司采用前沿技术所存在的风险因素和潜在风险传导机制；另一方面，降低监管机构的监管成本，提高监管的效率和准确性。三是我国保险行业监管在创新初期存在滞后性，而在此期间，行业的风险隐患与不规范行为逐渐积累，并引发违规行为，最终监管介入规范市场。在这一过程中，相关法律的缺位以及对于风险无法准确预估导致了对创新往往采用事后监管的形式。但数字赋能下，寿险业技术迭代迅速，各类创新涌现，势必需要具有前瞻性的法律法规以及更高水平的风险识别能力才能保证有效监管。以数据要素市场建设为例，寿险业数字化转型离不开对数据要素的收集、加工与运用，但是目前关于数据要素的产权、利用程度和交易方式等相关法律建设还处于初级阶段。

8.2　寿险业数字化转型的风险治理

从行业的角度阐述寿险业数字化转型的风险治理包含内部治理和外部治理两个方面。寿险业数字化转型风险的内部治理是指寿险公司在数字经济的背景下，为了降低风险给寿险公司所带来的损失，达到数字化转型的目标，而在寿险公司内部实施的各种制约和调节的组织、计划、程序和方法。寿险业数字化转型的外部治理则是外部的监管机构和社会组织为了降低风险给寿险行业带来的损失而采取的监督与管理手段。

8.2.1　寿险业数字化转型风险的内部治理

一方面，在外部环境上，数字经济得到快速发展。《中国数字经济发展研究报告（2023 年）》指出 2022 年中国数字经济规模达到 50.2 万亿元，同比名义增长 10.3%，数字经济下保险业转型从信息化转向数字化，从流程驱动过渡为数据驱动。另一方面，在内部环境上，寿险公司数字技术应用程度不断提高。寿险业在原有基础上逐渐开始重视大数据、云计算等建设，并借助人工智能等新型技术进一步提高生产要素的使用效率。在处于内外环境迅速变化的背景下，寿险业数字化转型对寿险公司经营绩效的提升具有促进作用的同时，也伴随着市场风险、成本风险、信息安全风险、法律合规风险等风险。如何充分发挥寿险业数字化转型的优势，尽量减少与规避寿险业数字化转型的风险则正是寿险公司内部治理的目的所在。

8.2.1.1 完善治理结构与控制环境

控制环境是企业内部环境的控制，支撑着内部治理的框架，起着塑造组织控制文化、影响人员控制意识、奠定组织风格和组织结构等关键作用，包含道德观、评定员工的能力、董事会与审计委员会、经营理念等方面。寿险业数字化转型通过生产工具和生产技术的变更，影响最为显著的是要求员工能力的变化，如何围绕所需的员工能力的变化建设对应的企业环境是影响该要素的关键。我国寿险数字化转型过程中的人才问题主要存在"两缺"：一、专业知识欠缺，我国尚不缺保险专业知识和信息化技术知识的人才，但是兼具保险专业知识和信息化技术知识的人才却十分匮乏，信息技术加强了风险跨行业和跨市场传导的可能性，单一领域的人才并不能有效识别与应对；二、技能欠缺，虽然有理论知识但缺乏对信息技术的实际认识和操作经验，不能应对日新月异的信息化变革，目前高校存在只重理论基础而忽视实践的困境，采用的教学模式不能完全应对寿险业数字化转型。

该问题可从三个方面出发：第一，现有的人才吸纳上，一方面可以扩大招收范围，在全球范围内招募复合背景交叉人才，满足寿险业对跨行业跨市场风险应对的需求，通过多种方式引进专业数字化团队。例如中国人寿 2022 年校园招聘中数字化运营岗不仅要负责数字化技术预判风险，而且需要对科技产品进行流程管控[①]；另一方面，提高该类人才的待遇水平，吸引人才流入。第二，人才培育上，企业应结合自身需求和资源建立完善的数字化人才培养体系，结合数字化转型进程动态调整人才培养计划，不但有利于寿险业的差异化竞争，而且可以降低成本风险给寿险业数字化转型带来的危害。第三，人才考核上，建立合理的绩效评估机制，综合考量要做到工作结果与工作态度、个人贡献与团队贡献、短期绩效与长期绩效相统一（白振华，2022），有利于克服时间成本上短时期内转型效果不显

---

① 信息来源：中国人寿官网，https：//chinalife. zhiye. com/custom/zwxq? hideMenu = 1&jobAdId = 1391fce6-6595-42fc-b6d6-96c747c49db7&activityGuid = &jc = 2&ClassificationTwo = 寿险北京分公司本部 &ClassificationOne = 金融科技类。

著的困难，并且不同部门的绩效考核在主体维度上要有适当的差异性，在时间维度上要有适当的灵活性，充分激励员工的工作积极性。例如，财政部 2023 年发布《关于引导保险资金长期稳健投资 加强国有商业保险公司长周期考核的通知》，强化寿险公司长期绩效考核的建设。

8.2.1.2　加强信息系统建设的建议与措施

企业在其经营过程中，不仅需要处理内部产生的信息，而且也需要处理与外部的事项、活动及环境等有关的信息，此要素的关键在于信息系统的建设，特别是寿险业数字化转型背景下，市场、保险、信用等风险的跨市场跨行业的传导性提高，对信息系统建设的要求也更为紧迫。传统保险行业一般是采用集中式架构建设信息系统，其具有稳健、可靠和易维护的特点。集中式架构是指一台或多台主计算机组成中心节点，数据集中存储于这个中心节点中，并且整个系统的所有业务单元都集中部署在这个中心节点上，系统的所有功能均由其集中处理。不过传统的集中式架构信息系统存在局限性：第一，经济性、灵活性不足，2022 年我国寿险公司业务规模达到 3.2 万亿元，同比增长 2.8%[①]，并且寿险公司的业务逐渐复杂化，关联因素增加会导致风险聚集与扩散的可能性增加，业务量的增加和业务复杂程度的提高势必带来信息储量的扩张。虽然集中式架构的信息系统处理可以通过纵向配置升级或者横向设备增加解决该问题，但是前者单机性能终将有限，后者单个服务器造价高昂，会给寿险公司带来巨大的成本投入，加剧成本风险。第二，非结构化数据处理能力有限，大数据时代的数据优势在于将原来非结构化数据通过数字化手段进行结构化处理，实现信息在存量与质量上的升级，因为集中式架构为闭源，平台兼容能力不足，在大数据时代难以取得竞争优势。第三，无法应对实时的数据处理，在当前金融行业、互联网行业与保险行业合作深入的经济背景下，社会各要素之间的互动性逐渐变得更强，寿险公司通过投资、增信等业务与其他行业与市场产生关联性，因此其他行业或市场的实时变动可以通过该传导机制影响寿险业，扩大信用风险，而集中式架构是一种离线的批处理方式，无法对该类突发事件进行实时响应，限制了寿险公司的风险管理能力与水平。

---

① 数据来源：国家金融监督管理总局官网，https://www.cbirc.gov.cn/cn/view/pages/ItemDetail.html? docId=1093180&itemId=954&generaltype=0。

因此，目前寿险公司数字化转型在信息系统建设上需要从集中式架构向"集中+分布"混合架构演变①。混合架构即结合了私有云和公有云的优势，允许企业在自己的数据中心运行关键应用程序和数据，同时利用公有云提供的计算资源。一方面，可以使用公有云的计算资源与能力，保证寿险公司的业务与风险管理上对计算处理能力的需求；另一方面，关键数据储存在寿险公司自己内部的云平台可以保证数据的安全，避免信息安全风险的发生。寿险公司在混合架构的信息系统建设上需要关注以下两方面：第一，关注寿险公司在业务与风险管理上的研判与理解，进而调整信息系统的架构建设。如果寿险公司的信息系统在架构上的设计与自身业务和面临的风险种类存在脱节，其获取、处理、使用信息等环节将会处于被动局面，导致信息价值开发程度不高、经营效率低下、风险管理能力不足等问题。第二，强化员工能力与信息系统建设的适配性。尽管混合架构的信息系统相比于集中式架构的信息系统其兼容性更强，但是不同云平台之间的开发与运用方式依旧存在差异，并且还存在寿险业数字化转型员工从传统集中式架构向混合式架构转变过程中的适应问题，当前背景下还可能面对两三个月就要更新开源系统的现象，提高成本风险。为解决该问题，寿险公司不仅要从员工的培训入手，更为重要的是要加强与科技公司的合作。例如，2020 年 6 月，人保集团和中华保险两家保险公司发布了新闻，分别与腾讯、阿里签约云建设合作，推进 5 年建设"两地四中心"私有云和"1 000 天"建设混合云的战略规划，要让引进的信息系统更适合寿险公司自身的经营特征。

8.2.1.3 完善风险可变的评估与管理机制

保险业作为风险交易的行业，风险评估机制是企业内部核心竞争力之一。第一，在风险监测上，寿险公司应根据自身的业务特征对可能面临的风险进行分类，例如：市场风险、保险风险、信用风险等，进而利用数字技术对不同种类的风险进行监测与研判。实时关注外部市场与内部环境的动态变化，同时得注意风险链条的分析，与互联网平台合作的公司要认识到互联网平台存在风险聚集与扩散的可能性，防范互联网跨界风险，注意合作对象的资质审核。第二，在风险选择上，保险业务的核保端，寿险公

---

① 新闻来源：知乎，https://zhuanlan.zhihu.com/p/273309460。

司在前置风控时可通过数字化平台对客户进行风险状况识别，校验理赔历史，核查理赔真实性，压缩理赔时间，减少保险风险发生的可能性。在开发新业务时，要注意新业务风险与寿险公司自身的承受能力相匹配，避免因与保险公司原有业务、制度不适应而导致的控制风险的发生。第三，在风险应对上，充分利用大数据、人工智能等数字技术带来的信息和技术上的优势，优化和完善风险评估模型，做好压力测试、敏感性测试等风险测试，做好风险释缓与衰减机制，依据风险监测对风险链条和传递环节的分析，降低市场风险对寿险公司的影响。第四，在遭遇风险时，建立合理的风险指标体系与风险知识图谱，运用智能化的机器人，支持检索及应用图谱信息，依托大数据，统计并管理各类风险指标，寿险公司应把各项风险信号划分类别，提高企业对于各类风险的响应速度。

8.2.1.4　优化治理信息安全监控

在普华永道 2019 年发布的《数字信任洞察之中国报告》的调研报告中显示，国内企业数字化转型中产生的最严峻的风险是信息安全风险与法律合规风险①，寿险业数字化转型在广度和深度上加大了对信息的开发力度，因此有必要优化信息安全的监控。第一，梳理寿险业数字化转型的业务分类与应用场景，据此梳理相关的监管要求，例如在产品管理、销售管理、运营管理、风险管理等业务环节分类梳理相关的信息安全监管要求，并且因为寿险业提供的产品存在差异性，所以要对不同产品的信息安全监管要求进行梳理。第二，厘清信息在采集和流通环节的动向与分布特征，加强信息流动的环节管理，在使用信息的过程中形成全口径监控覆盖，避免信息滥用。如瑞士再保险公司以寿险核保手册为基础，开发寿险自动核保平台，以避免出现信息安全问题。第三，基于信息的收集、处理、存储、传输、使用、归档、销毁等全生命周期的不同阶段，从收集端、存储端、调用端等不同环节着手加强信息安全的监管措施，并且对信息安全风险进行整体性识别。第四，加强客户对寿险业信息安全管理的信任，从合规信任、管理信任、响应信任、数据信任等多方面加强客户对寿险业数字化安全管理的认识与理解，可以邀请官方机构（如公安部等级保护 2.0 认证）、标准协会（如 ISO 系列认证）等第三方机构对寿险业数字化安全管

---

① 详细请见：普华永道中国官网，https://www.pwccn.com/zh/blog/state-owned-enterprise-soe/information-security-risks-countermeasures-digital-transformation.html。

理进行认证。例如，日本某些科技企业制定适用的伦理规则，在监督环节实现自我监督，使企业内部监管与外部监督相协同，充分发挥市场调节功能。

8.2.1.5 局部转型到全面转型与治理配套

寿险业数字化转型存在巨大的资金成本、时间成本等问题，并且因为数字化转型具有同业务、经营模式等企业特性相适应的要求，各寿险公司转型路径存在差异性，中小型寿险公司对数字化转型的存在畏难，针对该问题，需要将寿险业数字化转型从局部向全面推广，实现寿险业数字化转型的成本控制。一方面，从外部市场上，需要将寿险业数字化转型从大型寿险公司向中小型寿险公司推广。在 2023 全国中小企业数字化转型大会上，工业和信息化部有关负责人表示，要打造良好生态，引导大企业带动上下游中小企业链式数字化转型，持续为中小企业数字化转型注入新动能[①]。例如，建设的信息系统没有与上下游企业相联系，造成"信息孤岛"，因此大公司可以转变经营理念，对外提供技术支持，主动提供优质数据，建立共享数据库，消除信息壁垒，打破"信息孤岛"的现状，提高平台价值。另一方面，在中小型寿险公司内部中，寿险公司应该以数字化转型为锚点，与公司业务相结合，战略驱动企业数字化转型升级，进行阶段性规划，从某一业务或部门等公司局部开始入手，一旦局部数字化取得成效，将为全面完成保险数字化转型降低成本奠定基础。

8.2.2 寿险业数字化转型风险的外部治理

8.2.2.1 寿险业数字化转型相关法规与政策支持

寿险业数字化转型的外部治理需要设置一定的框架范围，以保障寿险业数字化转型顺利进行的同时，预防寿险业数字化转型风险的发生与降低风险带来的损失和影响，因此需要建立和完善相关的法规与政策。目前，国内寿险业数字化转型的相关政策支持可以大致分为两个阶段：互联网建设阶段与深化数字经济建设阶段。2018 年以前为深化互联网建设阶段，一方面，在宏观经济上，加强互联网基础设施建设与规划发展路径，为"互联网+保险"奠定物质基础。在国家重大战略部署下，自 2014 年以来我国

---

① 新闻来源：新华网，http://www.xinhuanet.com/tech/20231103/2e2be94974764a119fa63c22132f340b/c.html。

政府陆续出台了《国务院关于积极推进"互联网+"行动的指导意见》《国务院办公厅关于深入实施"互联网+流通"行动计划的意见》《推进普惠金融发展规划（2016—2020 年）》《中国制造 2025》等一系列文件，促进了互联网的建设。另一方面，保险业内则是着力于推动与规范互联网保险产品的发展。《关于促进互联网金融健康发展的指导意见》《互联网保险业务监管暂行办法》明确了第三方平台条件，界定了互联网保险业务的范围，确定了互联网保险业务经营的原则、经营条件与经营区域，提出了信息披露和遵守相应经营规则的要求，明确了监管措施和手段。《关于互联网平台购买保险风险提示》《互联网保险风险专项整治工作实施方案》提出了加强保险机构依托互联网跨界开展业务、互联网高现金价值业务、非法经营互联网保险业务的监管治理。2018 年以后，随着对数字经济的认识逐渐加深，我国进入了深化数字经济建设阶段。一方面，在宏观上，2018年 8 月发布的《数字经济发展战略纲要》规范和指导未来 10 年国家信息化发展，组成国家战略体系，是信息化领域规划、政策制定的重要依据。2019 年 9 月，工业和信息化部发布《关于促进网络安全产业发展的指导意见（征求意见稿）》，将积极创新网络安全服务模式作为五大任务之一，提出了"探索开展网络安全保险服务"。另一方面，保险业内数字化应用也逐渐从互联网保险产品的业务端深入到了产品开发、风险管理等领域。2019 年年底，中国保险行业协会联合中国通信标准化协会在京正式发布《保险行业云计算场景和总体框架》《保险行业云服务提供方能力要求》《保险行业云计算软件产品技术规范 第 1 部分：虚拟化软件》《保险行业基于云计算平台支撑的研运能力成熟度模型》和《云计算保险风险评估指引》五项保险行业云计算相关团体标准。2023 年，中共中央办公厅、国务院办公厅印发了《关于推进基本养老服务体系建设的意见》《数字中国建设整体布局规划》，指出加快数字中国建设，对全面建设社会主义现代化国家、全面推进中华民族伟大复兴具有重要意义和深远影响，明确将依托国家人口基础信息库推进基本养老服务对象信息和服务保障信息统一归集、互认和开放共享。

寿险业数字化转型相关政策、法规和行业条例如表 8-4 所示。

表 8-4 寿险业数字化转型相关政策、法规和行业条例

阶段分类	宏观与微观分类	政策、法规和行业条例	具体政策、法规与行业条例	发布时间	内容
深化互联网建设	宏观	政策	《关于积极推进"互联网+"行动的指导意见》	2015年7月	《意见》要求加快推动互联网与各领域深入融合和创新发展,充分发挥"互联网+"对稳增长、促改革、调结构、惠民生、防风险的重要作用
			《关于深入实施"互联网+流通"行动计划的意见》	2016年4月	《意见》加速提升产业发展水平,增强各行业创新能力,构筑经济社会发展新优势和新动能。坚持改革创新和市场需求导向,突出企业的主体作用,大力拓展互联网与经济社会各领域融合的广度和深度
			《推进普惠金融发展规划(2016—2020年)》	2016年1月	规划推进普惠金融发展,提高金融服务的覆盖率、可得性和满意度,增强所有市场主体和广大人民群众对金融服务的获得感
		法规	《中华人民共和国网络安全法》	2016年11月	网络产品、服务应当符合相关国家标准的强制性要求,保护公民、法人和其他组织的合法权益,促进经济社会信息化健康发展
	微观	政策	《关于加快发展现代保险服务业的若干意见》	2014年8月	《意见》指出要加快发展现代保险服务业,明确了今后较长一段时期保险业发展的总体要求、重点任务和政策措施
			《关于促进互联网金融健康发展的指导意见》	2015年7月	明确了互联网金融的金融地位,对互联网金融提出了明确的鼓励和支持措施。同时提出将对互联网金融采取宽松监管手段
		行业条例	《关于互联网平台购买保险风险提示》	2018年5月	提醒消费者在购买互联网保险时,要谨防"吸睛"产品暗藏误导、在线平台暗藏"搭售"、"高息"产品暗藏骗局三大风险
			《互联网保险业务监管暂行办法》	2015年7月	对互联网保险进行了定义,对风险管控提出了要求。此外,在经营条件、经营区域、信息披露、经营规则、监督管理等方面也提出了明确要求

表 8-4(续)

阶段分类	宏观与微观分类	政策、法规和行业条例	具体政策、法规与行业条例	发布时间	内容
深化数字经济建设	宏观	政策	《数字经济发展战略纲要》	2018年8月	规范和指导未来10年国家信息化发展,组成国家战略体系,是信息化领域规划、政策制定的重要依据
			《关于促进网络安全产业发展的指导意见(征求意见稿)》	2019年9月	将积极创新网络安全服务模式作为五大任务之一,提出了"探索开展网络安全保险服务"。加强5G、下一代互联网、工业互联网、物联网、车联网等新兴领域网络安全威胁和风险分析,大力推动相关场景下的网络安全技术产品研发。支持云计算、大数据、人工智能、量子计算等技术在网络安全领域的应用,着力提升威胁情报分析、智能监测预警、加密通信等网络安全防御能力
			《金融科技(FinTech)发展规划(2019—2021年)》	2019年8月	提出进一步增强金融业科技应用能力,实现金融与科技深度融合、协调发展,明显增强人民群众对数字化、网络化、智能化金融产品和服务的满意度,使我国金融科技发展居于国际领先水平
			《"十四五"数字经济发展规划》	2022年1月	国家对我国数字经济发展作出整体部署,要求更好地发挥政府在数字经济发展中的作用
		法规	《中华人民共和国数据安全法》	2021年6月	规范数据处理活动,保障数据安全,促进数据开发利用。对数据处理活动进行安全监管
			《中华人民共和国个人信息保护法》	2021年8月	要求保护个人信息权益,规范个人信息处理活动,促进个人信息合理利用并对此进行监管
	微观	政策	2022年银保监会工作会议	2022年1月	会议指出要做好监管工作。努力促进国民经济良性循环,坚持不懈防范化解金融风险,持续深化银行业、保险业改革开放
			2023年银保监会工作会议	2023年1月	要求强化金融机构治理体系建设、持续提升监管有效性,以进一步强化金融风险防控能力,守住不发生系统性风险底线。未来在安全可控的前提下,将稳步扩大银行业保险业制度型开放,持续提升金融服务共建"一带一路"水平与数字化转型,积极参与国际金融治理

表8-4(续)

阶段分类	宏观与微观分类	政策、法规和行业条例	具体政策、法规与行业条例	发布时间	内容
深化数字经济建设	微观	行业条例	《保险公司偿付能力监管规则(Ⅱ)》	2021年12月	对偿二代监管规则进行了全面优化升级,引导保险行业回归"保障"本质
			《人身保险产品信息披露管理办法(征求意见稿)》等两项	2022年2月	规范人身保险产品信息披露行为,保护投保人、被保险人、受益人的合法权益,促进行业健康可持续发展
			《保险行业云计算场景和总体框架》等五项	2019年12月	该五项标准基于保险业务特点和保险行业云计算安全建设的需要,对保险行业云计算场景和总体框架、云服务提供方能力、云计算软件产品技术、研运能力成熟度以及具体云计算保险风险评估等内容进行了规定
			《银行保险机构消费者权益保护管理办法》	2022年12月	建立消费者适当性管理机制,对产品的风险进行评估并实施分级、动态管理,开展消费者风险认知、风险偏好和风险承受能力测评,将合适的产品提供给合适的消费者。建立消费者个人信息保护机制,完善内部管理制度、分级授权审批和内部控制措施,对消费者个人信息实施全流程分级分类管控,有效保障消费者个人信息安全
			《关于推进基本养老服务体系建设的意见》	2023年5月	提升基本养老服务便利化可及化水平。加强信息无障碍建设,降低老年人应用数字技术的难度,保留线下服务途径,为老年人获取基本养老服务提供便利。依托国家人口基础信息库推进基本养老服务对象信息、服务保障信息统一归集、互认和开放共享
			《关于促进网络安全保险规范健康发展的意见》	2023年7月	建立健全网络安全保险政策标准体系,加强网络安全保险产品服务创新,强化网络安全技术赋能保险发展,促进网络安全产业需求释放,培育网络安全保险发展生态

表8-4(续)

阶段 分类	宏观与 微观 分类	政策、 法规和 行业 条例	具体政策、 法规与 行业条例	发布 时间	内容
深化 数字 经济 建设	微观	行业条例	《关于优化保 险公司偿付 能力监管标 准的通知》	2023年 9月	实施差异化资本监管,优化资本 计量标准,引导保险公司回归保 障本源,优化风险因子,引导保 险公司服务实体经济和科技创新
			《保险销售行 为管理办法》	2023年 9月	保险公司、保险中介机构应当按 照合法、正当、必要、诚信的原 则收集处理投保人、被保险人、 受益人以及保险业务活动相关当 事人的个人信息,并妥善保管, 防止信息泄露
			《银行保险机 构操作风险 管理办法》	2024年 1月	要求银行保险机构对操作风险进 行全流程管理。规定了内部控 制、业务连续性管理、网络安 全、数据安全、业务外包管理等 操作风险控制、缓释措施的基本 要求,建立操作风险情况和重大 操作风险事件报告机制,应用操 作风险损失数据库等三大基础管 理工具以及新型工具

8.2.2.2 寿险业数字化转型的风险监管

在相关政策、法规和行业条例支持和保障寿险业数字化转型的同时,监管机构为了减小寿险业数字化转型风险发生的可能性与损失程度,需要采取监管手段对其进行外部治理。

一是强化寿险业数字化转型的跨业监管。在当前金融行业、互联网行业与保险行业合作深入的经济背景下,各业风险的联系性日益增强,对该类风险的监控与治理需要跨部门合作,存在法律合规风险,而大数据、人工智能等数字技术为跨业风险的监控与跨部门的合作提供了技术基础。2017年5月15日,中国人民银行成立了金融科技(FinTech)委员会,利用大数据、人工智能、云计算等技术丰富的金融监管手段,提升跨行业、跨市场交叉性金融风险的甄别、防范和化解能力。如表8-4所示,2019年8月,中国人民银行发布《金融科技(FinTech)发展规划(2019—2021年)》,提出进一步增强金融业科技应用能力,不单要提高金融市场对数字科技的应用程度,而且要将监管科技纳入金融科技发展规范的范畴,实现对跨行业跨市场风险的监管与治理。

二是监管部门引导和参与寿险业数字化转型应用与产品创新。数字化转型可以为寿险业带来业务创新，但是新业务需要与寿险公司原有业务、制度、财务状况等方面具有一定的适配性，否则会增加保险风险、控制风险和成本风险暴露的可能性。如表 8-4 所示，2021 年 12 月 30 日，原银保监会发布《保险公司偿付能力监管规则（Ⅱ）》，对偿二代监管规则进行了全面优化升级，引导保险行业回归"保障"本质、专注主业，增强服务实体经济质效的同时也保障了寿险行业的稳健性经营。2022 年 2 月 9 日，原银保监会人身险部下发通知，就《人身保险产品信息披露管理办法（征求意见稿）》及《长期人身保险产品信息披露规则（征求意见稿）》征求意见，要求人身险公司对一系列诸如产品条款、费率表、假设投资回报率等都需按照详细规定进行披露，规范保险产品设计、展业、理赔等环节运作，在不限制寿险业务创新的基础上，避免新业务造成寿险业的风险暴露。

三是监管机构应用数字技术规范和完善寿险业监管体系。过去由于技术的局限性，保险行业的监管机构面临监管效率低和成本高的两难问题，数字技术的应用使这类问题得以克服。以 2022 年 5 月 23 日保险业正式启用首个"产品智能检核系统"为例，在原有产品报送方式下，各人身险公司将需要备案的产品报送至相关监管系统后才能面世，监管部门需要通过人工登录后台对备案产品进行核检，若发现其中存在问题，再要求寿险公司进行相应调整和更改，但由于人力有限且人工核检耗时较长，备案产品的核检结果与上市销售存在较长的时间差，但是通过智能核检代替人工核检的监管方式不但减少了监管系统的审核时间，提高了保险公司的创新积极性，而且强化了监管对问题的针对性和准确性，有利于保险行业的良性发展。

四是完善行业信息安全的法律规范与监管政策。寿险业数字化转型面临的风险中最为严峻的就是信息安全风险。该类风险会直接关系到有效的数据要素市场的建立，针对该类风险治理的主要内容包含数据要素的产权、处理范围和交易方式等方面的规定，需要法律明确具体的界限。如表 8-4 中，全国人民代表大会常务委员会通过的《中华人民共和国网络安全法》《中华人民共和国数据安全法》《中华人民共和国个人信息保护法》等法律中已经涉及网络安全、数据分级分类监管、数据安全流动和个人隐私保护等相关内容，在保证寿险业数字化转型过程中数据要素得到充分利用的同时，也重视保护拥有数据要素产权的主体权利，有利于推动数据要素市场的长期健康发展。

9 寿险业数字化转型的微观路径 与宏观战略

要实现数字生态建设，寿险公司应明晰具体的数字化转型战略，包括如何实现流畅的客户体验，如何与技术平台建立合作伙伴关系，以及如何搭建平台助力构建数字生态系统。寿险公司在制定数字转型战略时，通常需要面临数据交互与隐私保护等信息安全挑战。客户希望企业能够利用其提供的数据实现个性化服务，但不希望未经授权将个人信息用于其他领域。这就要求寿险公司平衡好战略发展和客户体验间的关系，如何让客户同意或放心将隐私数据交给公司，维持资源利用与信息保护的平衡，是未来企业需要解决的核心问题。此外，寿险公司可以考虑与科技公司、互联网平台建立合作关系，以定期派遣员工进行技术学习或聘请专家进行技术指导的方式解决数字技术难题，提高数字化服务的质量和效率。数字化转型平台也是建立数字生态的重要基础，因此寿险公司应注重夯实数字化转型平台的基础。

数据是数字化的关键要素，但目前寿险行业积累的历史数据，与数字化转型所需的结构化、标准化数据还存在显著差距。因此各个寿险公司应加快建立行业内部的数据共享平台，严格遵守数据共享标准以及技术规范，建立数据资产目录和所有者模型，以明确数据治理责任，并围绕数据全生命周期进行严格管控。数据平台的搭建还应在符合安全性的条件下尽量多元化，确保多场景下支持员工进行数据采集和抽取。寿险公司还应加速推进保险与医疗等行业的数据共享，打破信息壁垒，缓解寿险公司信息渠道受限、运营成本高等问题，为保险产品设计与开发打开更广阔的市场。

近年来，随着数字技术迅速发展，传统寿险业面临着极大的挑战，寿险业应灵活运用数字技术与工具手段，积极应对挑战与变化，特别是充分发挥数字化转型驱动寿险公司全要素生产率提升效应，帮助其在新一轮科技变革中把握机遇。但目前我国寿险公司数字化转型程度差异较大，存在显著的头部效应，许多中小型保险公司数字化的潜能尚未被完全开发。因此，立足加快推进寿险行业数字生态体系的建设、让数字技术惠及更多寿险公司、为保险强国之路添砖加瓦的战略目标，本书接下来将从寿险业数字化转型的微观路径和宏观战略展开论述：

9.1　寿险业数字化转型的路径

新思想与新兴科技持续对寿险业产生影响，促进了新兴科技与寿险业的紧密结合，从而使得寿险公司在产品设计、营销、服务以及风险控制等方面能更精准地满足消费者的需求，为寿险业的转型升级注入了新动力，寿险公司的运营效率得以显著提升，能够为人们提供更加优质的保险服务，实现更全面的风险管理。以下将从产品设计端、业务运营端、客户服务端和风险控制端四个方面来分析寿险业数字化转型的路径。

9.1.1　产品设计端

保险产品设计遵循以人为本的思想，从人们对风险转移和生存保障的需求出发，对现有保险产品进行调整或设计出新的保险产品。保险产品设计涵盖多个步骤，包括最初的市场调研分析消费者需求，再到依据需求设计出具体的产品，以及后期保险产品的定价等内容。保险产品设计的第一阶段是概念化阶段，此时市场调研为寿险公司的重点任务，企业将聚焦于分析消费者的保险需求，调研方式包括但不限于发放问卷、客户回访、在线调研等。第二阶段便是设计阶段，包括设计核心产品、有形产品和附加产品。这一阶段能重点体现出所设计产品的创新性，寿险公司的目标便是设计出符合消费者需求且具有吸引力的产品。第三阶段是保险产品的定价阶段，须对保险产品可能存在的风险有一个全面的了解，并制定相应的风险管理和风险应对措施。最后保险产品在设计完成后会被交给产品精算部计算保险产品费率，制定出合适的保险产品定价策略。

寿险产品的定价遵循大数法则与收支相等原则。根据大数法则，当所含的风险单位越多时，实际上发生的损失将趋向于理论上风险单位无穷大时的预期损失值。在此基础上，保险人能够更加准确地预测风险发生的概率，按照合理与公平的原则，科学地厘定保险费率，使得寿险公司在保险期限内收取的总保费与预计支付的保险金总额相匹配。目前寿险产品的设计存在着一些缺点。主要体现为以下两点：

（1）寿险公司在推出新产品方面速度较快，但是产品之间的差异并不显著。不同寿险公司所设计的保险产品同质化问题突出，尽管产品名称各不相同，但在具体保险条款的设计上却极为相似，新旧产品之间的差异也微乎其微，新产品只是在原有产品的基础上进行了微调，如提升保障金额等，从本质上来看并无任何创新性。

（2）寿险公司在产品设计上未充分考虑社会需求。原则上，寿险公司在设计产品时理应遵循以人为本的思想，从客户群体需求、社会经济发展状况等现实情况出发，创造出满足消费者更高需求的保险产品。但在实际中，绝大部分行业的研发创新都是一个漫长的过程，保险行业也不例外，产品创新不仅耗时长，还需要付出大量的资源，而我国寿险公司在实际中更多关注的是市场份额与保费收入的增长，这导致了我国寿险产品的创新无法满足社会需求。

现代科技在保险领域的运用显著增强了寿险公司的风险识别、风险应对以及保险产品定价能力，对保险产品的研发以及定价策略产生了深刻影响，这种技术上的变革推动了保险产品由统一性向多样性的转变，产品定价也从单一定价转变为差异化定价。随着保险科技水平的不断进步，保险产品的设计逐渐趋向场景化、个性化和多样化，这不仅改变了行业内产品同质化严重的现状，还开创了以客户为主、以风险场景为主的产品创新模式。

第一，在寿险产品定价时运用保险科技可以提升寿险产品定价能力。在传统情况下，寿险公司的保险产品定价通常是对小部分数据进行样本精算得出的，而当前在数字化转型的背景下，寿险公司需利用好大数据所带来的优势，在定价方面实现全量精算。寿险产品定价的核心便在于准确度量风险，只要风险能被量化，寿险公司就能针对寿险产品制定一个相对合适的价格，以实现收支平衡。在新兴科技的助力下，数据的实时监测已成为现实，寿险公司所获取数据的可靠性和准确性也得到了显著提升，这种技术上的变革为寿险产品实现精准定价、创新的定价模式以及企业所提供服务深度参与风险管理提供了坚实的基础。例如在健康险领域，寿险公司能够将客户的实时健康数据纳入定价模型中，实现个体的差异化定价，优质体能够获得更加公允的保费，这一定价模式也鼓励客户关注自身健康状况，促使非优质体向优质体转化，打破"非优质体投保—费率上升—优质体投保意愿下降"的恶性循环，建立起"人人投保—用户管理健康—费率下降"的良性循环。

第二，为了解决我国寿险产品差异性不足的问题，寿险公司可以充分挖掘历史经营中所沉淀下来的客户保单信息、核保理赔的数据以及投资理财等相关数据，制定个性化产品。在寿险公司数字化转型过程中，企业可以通过新的科技手段和渠道从多方面获取到客户的生活工作信息，丰富客户画像，并在后期通过应用分类、聚类等大数据技术，针对客户群体不同的偏好与需求，制定差异化、个性化的保险产品，实现个性化服务，例如：延长长期意外险的保险期限，放宽老年重疾险的投保年龄，制定女性医疗险，为儿童设计专属轻症险等，还可以让客户自主选择保险责任组合，真正满足客户的个性化需求。

第三，为了解决我国寿险产品的创新与社会需求脱节的问题，在开发场景化产品时可以利用区块链技术来实现场景的互联互通，缩短产品的设计周期，更好地适应社会需求。迄今为止已有多家保险公司开始尝试在产品设计过程中应用区块链技术。例如，横琴人寿组织的"放心回家路"爱心活动，推出了首款运用区块链技术实现线上线下相融合的场景化产品。此外，将现代科技融入产品的设计还能大幅度缩短保险产品的设计周期，提升企业对市场热点问题的敏感度，及时推出市场所需的保险产品，满足消费者多样化的需求，抢占市场。而且，如今数字技术发展速度飞快，企业能在运用数字技术的同时获得产品创新的灵感，领先于竞争对手推出新产品，弘扬创新的思想，为企业产品创新提供强大动力。保险公司只有具备创新的能力，才能在市场竞争中获得有利地位，才能实现稳健经营。

9.1.2 业务运营端

在保险公司营销方面，我国寿险业的发展呈现出明显的路径依赖，这也造成了寿险产品的销售导向性。长期以来，寿险营销依靠的都是增加营销人员和加大销售成本，以增员的方式来实现业务增长。随着数字经济时代的到来，这种简单粗放的营销模式弊端逐渐凸显，例如，银保渠道隐性成本与显性成本较高、保险代理人团队发展困难、复杂保险产品存在销售误导风险、保险专业中介机构专业性不强等。

在传统的寿险营销模式下，营销基本是以市场为导向，寿险公司首先需对市场进行调研，并以调研结果为基础确定相应的营销策略与目标市场，然后再尽可能调动公司可利用的资源来满足客户需求。这种模式虽有一定的可取之处，但是它未充分考虑到客户成熟度不足和公司资源有限给市场营销所带来的负面影响。寿险公司希望凭借较低的市场网络建设成本最大化销售收入，但是在实际操作中往往难以实现。

在传统的寿险营销模式下还存在响应市场需求速度慢、时间长等明显弊端，而如今的市场所竞争的正是时间和速度，这一点与信息网络营销观念密切相关。传统营销模式下的流程是先对概念产品进行构思，随后制作出样品，再到新产品试制，最后才是营销阶段，这一过程耗时较长、响应速度较慢，已明显跟不上快速发展的时代步伐。

随着新兴科技的不断发展，寿险公司在解决产品营销所面临的问题、改善企业营销水平方面焕发出了更强大的动力。通过运用不同的数字媒介，寿险公司能够融合多种渠道的资源为客户提供一体化的线上和线下服务，构建起全渠道营销体系。利用大数据技术多方面挖掘客户信息，将数据分析的结果作为营销策略改进的切入点，推动寿险公司精准营销。人工智能技术的运用加强了人与信息、服务和商品之间的连接，使得寿险营销更具智能化与高效化，引领寿险营销走向人工智能时代。

一是提高获客精准度：寿险公司可以通过分析客户的在线浏览轨迹和线下移动轨迹，分别推断出客户的行为偏好和消费行为，再结合个体客户的特征，预测其消费需求和消费倾向。鉴于寿险产品的弱需求特征，传统的围绕客户需求展开的被动式营销策略已面临挑战，寿险营销需要嵌入至客户的各个人生阶段和生活场景。寿险公司可以通过连接各消费平台和消费场景，直接获取场景数据信息和相应场景下的用户行为，以此来更加精准地分析和预测碎片化、场景化风险，深挖保险需求；与此同时，寿险公司还能利用大数据技术对市场需求数据进行高效筛选与精确分析，针对识别出的目标客户群体精准推送相应的保险产品与服务。在抖音、快手这些年轻人喜欢用的新媒体上投放广告，基于终端用户的互联网行为大数据，寿险公司可在流量平台上选取目标人群的相应标签，以最低的成本将寿险产品精确地向他们投放。与之前简单粗暴的赠险加电销跟进模式相比，这种模式更贴近人性。

二是扩宽营销渠道，降低营销成本：在网络时代，各家保险公司纷纷与多个网络平台合作，促进其业务的开展，例如，支付宝与百余家保险机构合作，为众多消费者和小微经营者提供多项保险服务，客户能通过支付宝线上筛选所需的保险产品，无须亲自前往保险公司即可实现投保。

随着直播带货的兴起，保险营销也拓展了新的途径。互联网可以让直播的商品信息即时地大规模分发传送，这是直播可以有巨大交易量的保证。直播主播的正向知名度可以让消费者产生人身信任，所以消费者才会在直播中购买主播推荐的产品，这是直播模式的信用基础。疫情期间几乎所有保险公司都开始了线上培训，线上销售。自 2020 年初，由于受到新冠疫情的影响，保险行业服务向线上转型的步伐加快，众多保险公司与保险中介机构都纷纷采用短视频、直播等方式来促进保险销售。

2020 年 5 月 27 日中国平安迎来了第 32 个司庆日，平安集团的首席保险业务执行官陆敏在平安金管家软件的平台上与保险营销人员共同进行直播，时长达 1 小时，累计观看人数超 100 万，总计观看人次超 200 万，据估计这场直播所吸引的客户能在未来 3 个月为公司带来 1.6 亿元的保费。尽管目前直播行业发展势头迅猛，保险公司在尝试新营销渠道的同时也要理性看待其效果。从数字化经营的角度出发，将直播整合到数字化战略中，在遵守相关法律规定的基础上全面考虑，凭借新的技术手段和营销渠道助力保险业务的发展。

三是通过人工智能保险顾问技术进行营销：这项技术在用于向那些对保险感兴趣的客户推荐产品时的效果比较理想。一些保险公司的智能保险顾问产品已被投放到多个流量平台，取得了不俗的效果。对保险有兴趣的用户通过回答几个简单的问题，AI 就可初步为其定制出所需要的保险产品。如果需要更详细的咨询服务，后续还可由保险公司人员提供跟进服务。数据证明，通过智能保险顾问获取的用户，后期转化的用户数约是普通赠险获取用户数的 3~4 倍。

9.1.3　客户服务端

在寿险公司的传统经营模式下，较高的客户服务成本并不能带来客户满意度的显著提升。在数字化背景下，寿险公司需要采取全新的思路和举措来构建更加精准的服务模式，只有控制服务成本，提高工作效率，才能实现精准服务这一目标。由于强大的技术支持是对客户需求进行捕捉、分析和响应的前提条件，未来企业将不可避免地向小前台、大中后台的数字化结构转变。保险科技的运用彻底重塑了保险行业的客户服务理念、方法和渠道。保险业的服务理念由大众化转向个性化，服务方式由传统的临柜或上门服务转变为智能化服务、自助服务、远程服务和主动服务等多种，服务渠道也逐渐向微信、网站、自助终端等多种途径拓展，增加了客户服务触点，塑造了全新的线上服务模式。在数字经济时代，以客户需求为核心的便捷化、主动式、全天候服务模式为客户带来了更加方便快捷的服务体验，智慧服务、多元服务、自助服务将全面提升客户体验。

客户服务是寿险公司"以客户为中心"实践的具体环节，除了营销服务、索赔接待之外，客户服务还包括日常答疑、保单处理、合同修订等多项内容。将科技因素应用到客户服务系统中，在提高服务水准的同时，可实现成本降低。

第一，通过数字技术和保险科技的运用，为每个消费者提供个性化、差异化的服务。在大数据支持下，机器学习的应用赋予技术学习和理解人类的能力。通过不断改进的算法，技术不仅能识别出共性特征，更能支持识别更多个性化的特征，从而支持与每个用户建立更个性化的关系。例如，结合客户的历史沟通记录及行为特征，针对每个客户建立专属的知识图谱，并在与客户的交互过程中不断学习，从而在与客户交互过程中，提供更有针对性的服务，如在客户关系维护过程中，针对客户喜好特点，提供符合客户情感需求的产品或服务，提升客户的感知，建立更加个性化、人性化的互动关系。客户的各种行为活动能被移动设备、穿戴设备和智能家居以及车联网等技术完整捕捉，它们通过内置的各种传感器观测客户行为并进行记录。同时，众多企业还提供与设备相对应的网站和 App，供客户依据自身喜好选择使用，在这过程中相当于客户主动提供了自身的偏好数据。这种被动和主动的数据化客户，使得客户能在不同的时间与地点实时发送与检索信息，提升了客户显露自身偏好的能力，企业能够获得客户最真实直接的反馈。利用这一技术有助于企业在保险营销过程降低成本并增加与客户之间的直接互动，为客户提供更高效个性化的保险服务。

第二，通过数字技术和保险科技的运用，寿险公司可以与客户建立更自然的交互方式。在人工智能的各类应用中，语音是重点投入的领域之一，也是应用于客户服务的主要技术之一。对比文本交互，语音交互是更符合人类自然交互的方式，也是传统自动客服领域的发展瓶颈。人工智能不仅能让机器理解人类的自然语言，实现更便捷的人机交互，更能让机器实现对语音、语调、表述习惯等更为细致的模仿，让客户体验到更加人性的自然交互方式。这样更为便捷、自然的交互方式，会更符合用户使用习惯与需求，也是未来保险机构人文创新服务的重要方向。

第三，通过数字技术和保险科技的运用，寿险公司将为客户提供更加快捷、迅速地核保和理赔服务，提高消费者的服务体验。例如，平安健康险坚持以科技创新为核心驱动力，开创了业内首个极致理赔功能——"E秒赔"，该技术运用了诸多前沿技术包括影像脱敏与解析、智能风控、智能对码、自动审核等，真正实现了分秒必争的用户服务。相较于传统的理赔流程，发票的录入和审核均实现了智能化，无须任何人工参与，34秒即可完成全部理赔流程，充分体现了保险科技为消费者带来的方便快捷的客户体验。其中，智能对码和智能风控技术是平安健康险所独有的核心科技，该技术由企业结合 Discovery①知识产权项目中的历史经验和相关数据模型研发得出；在影像脱敏和解析等技术的引入上也领先于业内众多其他企业。太保安联同样坚持数据驱动、科技赋能，开发了"智控罗盘"这一理赔风控引擎，基于人工智能中的无监督学习异常检测原理，筛选出适用于健康险赔案的特征变量，再通过主成分分析法结合专家规则系统以及多套基于医疗行为和国内健康险产品的数据库，构建风险评估体系，实现了人工智能技术在国内健康险理赔领域的落地。

9.1.4 风险控制端

寿险业本质上是经营风险的行业，因此评估寿险公司核心竞争力的重要标准之一便是其风险管理能力。同时，寿险公司又具有负债经营的特征，企业的负债水平会随着保险合同的签订而增多，即寿险公司收取的保费越多，其承担的风险越高。在中国数字经济蓬勃发展的时代背景下，实体经济在数字化转型升级过程中会面临多种风险。在传统模式下，寿险公司在风险管理方面存在技术、业务、队伍和服务等多方面的不足，这导致其难以满足新的时代需求。寿险公司需要通过数字化转型来响应新时代下的风险管理需求，强化风险管理的核心功能，更好地提供风险保障服务。

---

① Discovery：南非金融服务集团，Discovery 成立于 1992 年，通过将健康管理与传统保险成功结合，快速发展成为南非最大的健康险提供商。2010 年，Discovery 携手中国平安，共同开拓中国广阔的健康保险市场。

当前寿险行业的风险管控仍处于相对粗放的阶段，承保及理赔风险仍然广泛存在，寿险公司控制效果不佳，寿险行业风险管控存在三大难点：

第一，欺诈频发，欺诈手段呈现多样化、专业化、团体化三大特征。虚构事实，指的是投保人、被保险人或者是受益人在保险事故尚未发生的情况下，谎称发生了保险事故，向保险人提出赔偿或者给付保险金请求的行为。故意不履行如实告知义务，指的是在面对保险人就被保险人的有关情况提出询问时，如被保险人的身体健康状况、既往病史和职业等，投保人或被保险人选择隐瞒，以达到影响保险人决定是否承保或者提高保险费率的目的。医患勾结，出具伪证，以达到骗取更多保险金的目的。

第二，信息割裂，风控效果不佳。寿险公司采集客户信息的手段单一，大部分风控信息通过面对面的人工沟通获得，这种搜集方式会导致寿险公司在承保和理赔等环节的数据之间缺乏必要的逻辑图谱搭建和交叉检验，致使寿险公司在对客户进行风险管理时不全面且效率较低。并且，如今在许多中小企业内部也尚未形成系统之间的数据互通，如核心业务系统、CRM系统、销售支撑系统等，不同省份公司和不同机构之间无法实现数据充分共享，增加了控制客户风险的困难度。此外，各个寿险公司之间，行业协会与险企之间的数据共享困难也被认为是困扰寿险公司风险管控的一大议题。

第三，寿险公司由于存在众多长期性业务，因此在险资运用时存在市场风险、资产负债匹配风险和信用风险等多种风险。市场风险，指的是因金融工具价值波动所引起的未来收益、未来现金流或公允价值等的潜在损失的风险，这种波动可能是由利率、市场价格和其他因素变化所导致的。所有对市场风险敏感的金融工具都有可能产生市场风险。资产负债匹配风险，指的是公司的资产负债结构、期限、流动性和收益不匹配所带来的风险，管理此类风险的关键在于根据负债的特征来匹配相应资产。信用风险，指的是在固定收入投资领域因公司债务人无法到期支付相应的本金或利息所引起的经济损失风险，或是在权益投资领域因公司倒闭造成损失的风险。这些风险影响着保险公司的持续经营，需要保险公司进行风险控制。

随着保险科技尤其是机器学习、知识图谱技术的逐渐成熟，保险风控工作迎来了新的生机。智能化核保与反欺诈技术促进了保险业识别和控制风险的水平，物联网以及可穿戴设备的应用更使得风险防控由最开始的被动防控转变为主动预防。人工智能对大数据的爬取使寿险公司获得更多投资信息，降低了寿险公司的投资风险。保险科技为保险风控提供了新途径，风险识别的方式也从事后应对转为事前预警，风险识别趋向智能化与精准化。

第一，寿险公司在经营中极易遇到信息不对称与道德风险问题，这可以通过大数据技术加以解决，例如，寿险领域的带病投保问题便可以通过与医院机构之间互通病患就医信息来解决。在保险理赔审核方面，寿险公司可以通过人工智能技术自动校对单证信息，自动处理被保险人赔付申请相关的医学证明与资料，确定其所患的疾病类型和采取的治疗类型，同时自动匹配诊断证明与对应的理赔条款，判断是否属于保险责任范围，防止理赔渗漏问题的发生。借助先进的大数据风控与人工智能诊断技术对被保险人身体状况进行监测，并对风险进行分层，加强了寿险公司对风险的管控程度。

第二，寿险公司能够通过对客户信息库与数据挖掘预测模型的整合，实时掌握客户信息并对风险进行预测，使风险控制由被动防控向主动防控转变。随着物联网技术的广泛应用，寿险公司可以与通信、医疗等行业的企业协同合作，从而实现保险标的风险数据的全方位监测，同时通过大数据分析和建模进行风险预警，对风险进行实时防范。利用人工智能和物联网技术，寿险公司能为客户提供风险预防与管理机制。例如，在保险产品创新方面，企业可以设计出涵盖健康管理内容的保险产品，达到事后补偿与事前管理干预的衔接，通过鼓励客户运动的方式培养客户的自我健康管理意识与安全风险意识，降低和分散客户的健康风险。

第三，保险科技在投资风控领域也发挥着重要作用，寿险公司及有关资产管理公司在使用保险资金进行投资时可能会面临多种风险，其中最为普遍的便是市场风险、信用风险及操作风险。为了有效防范市场风险，寿险公司利用人工智能对大数据平台抓取的中观产业发展和宏观经济运行数据加以分析利用，识别出宏观经济发展趋势及相关经济政策的方向，判断投资对象所在行业的机遇与潜在风险，为公司在有关保险资金投资领域和资产配置比例的问题上提供指引。智能投研平台借助挖掘的数据对投资对象的经营状况和关联交易进行分析，识别其是否存在违规的风险，从而实现动态监管，强化投资对象合规经营，有效规避信用风险，降低违约概率。智能投研平台还能自动生成分析报告，显著提升了投资研究员的分析效率和精准度。与此同时，该平台还嵌入了区块链技术来储存交易信息，实现了投资过程的完整记录，显著提高了投资行为的可追溯性与可辩护性，有效规避了非理性投资和违规行为带来的操作风险。

9.2　推进寿险业数字化转型的战略

寿险业数字化转型是推动保险行业高质量发展的关键动力。通过数字化转型，寿险公司能够显著提高运营效率和客户满意度，从而为保险业的持续健康发展注入活力，并有效提升服务实体经济的水平和能力。目前，虽然寿险公司根据自身的资源条件和战略定位，在公司运营和客户服务方面实施了一系列数字化转型的具体措施，并取得了积极成效，但寿险业的数字化转型进程与"十四五"规划中的目标相比仍然存在较大差距，有待进一步深化。为了保证数字化转型的持续稳步进行，应继续深化寿险业数字化建设，主要包括以下四方面：数字寿险业建设、寿险业数字化建设、寿险业数字化治理建设、寿险业数字价值化建设。

9.2.1　深化数字寿险业建设

（1）部署科技创新与数字化建设，成为行业战略新动向。众多寿险公司在《关于银行业保险业数字化转型的指导意见》公布实施后，将科技创新、数字化建设纳入公司重要议程融入公司的战略规划与组织流程建设工作中。中国人寿、中国人保已经相继召开2022年度工作会议。中国人寿2022年工作总体思路是"要加强形势研判，认清时与势，分析危与机，扎扎实实办好公司的事，坚持稳字当头、稳中求进，坚持回归本源、专注主业，坚持前瞻谋划、系统思维，稳增长、稳地位、控成本、控风险，着力提高党建引领能力、价值创造能力、协同发展能力、数字化运营能力、产品服务创新能力，坚定不移推动高质量发展"；中国人保集团已完成总部机构改革，2022年工作部署思路是推动六大战略服务、夯实战略发展基础、推动产品技术创新、加快信息科技建设、提升投资服务能力、完善现代公司治理。大型险企的战略动态将陆续影响中小险企并进而辐射成为行业战略新动向。

（2）促进业务深度合作，探索数字赋能路径。随着数字经济的发展，寿险公司以客户为中心规划整个生态体系的成长图谱，坚持跨界融合发展，带动上下游企业信息化创新，实现了在互联网思维下的客户经营、价值挖掘、资源协同，构筑高效能成长路径成为多数公司在寿险业数字化转型大背景下的共同追求。太平洋保险打造的太保家园养老产业，构建了"保险+健康+养老"的生态圈；中国平安保险集团构建的个人金融生活服务的五大生态圈，以"科技赋能金融、科技赋能生态、生态赋能金融"的经营战略，正在为 2 亿个人客户、5.16 亿互联网用户提供金融生活产品及服务；泰康保险集团的泰康之家在全国遍地开花，构建了从摇篮到天堂的人类生命周期生态圈，成为行业典范；友邦人寿构造养老全流程的养老康养体系综合解决方案等，它们均体现了保险行业构筑生态圈的共识与决心。

（3）行业内涌现众多新兴市场参与者，提升行业创新力和活力。寿险业数字化转型不仅推动了传统保险公司的数字变革，还为保险科技公司的发展提供了广阔的发展空间。根据中国保险行业协会发布的《保险科技"十四五"发展规划》，在"十四五"期间要进一步加大保险科技的投入，推动实现行业平均保险信息技术投入占营业收入比率超过 1%，行业信息科技人员数量占正式从业人员数量比率超过 5%。在数字化转型背景下，传统保险公司、初创保险公司、专业科技公司和互联网公司都纷纷参与保险科技市场，改变了保险业原有格局，保险市场焕发出新的活力。我国传统保险公司在保险业数字化转型大潮中利用自身资源和市场优势，纷纷成立了保险科技子公司，以期在保险科技市场中占据领先地位。例如，中国人保集团成立了人保科技公司，中国太保集团成立了太保科技公司，中国平安保险集团成立了平安科技公司，中国太平保险集团成立了太平科技。初创保险公司则是以技术为核心，依靠线上平台进行运营，具有灵活的组织结构以快速响应市场变化，为消费者带来更加优质的客户体验。专业科技公司和互联网公司则利用其技术优势和数据优势，为保险公司在产品设计、销售和客户服务方面提供了诸多帮助。众安保险作为我国首家互联网保险公司，便是以技术为核心驱动力，在蚂蚁金服、腾讯、中国平安等企业的助力下，利用数字化技术赋能保险价值链的各个环节，开辟了保险发展的新模式。

（4）加强专业人才的培育，为数字化转型提供基础保障。在寿险业的数字化转型中，人才的作用尤为关键。企业之间的竞争在很大程度上可以归结为人才的竞争。这是因为数字化转型不仅需要先进的技术和工具，更需要有能力运用这些技术和工具的人才。寿险公司需要培养具备较强学习能力和创新能力的专业人才，数字化转型涉及保险公司运营的方方面面，相关技术人员需要能够充分了解并熟练运用大数据、人工智能、物联网等数字技术，在实务中结合市场需求加以改进和创新。企业内部须坚持人才是第一资源的理念，积极引进具有优良素质的专业人才，对员工进行严格选拔和培训，鼓励员工进行自我专业技能的提升，推动复合型人才的培养。在企业外部，跨界合作已经成为推动产学研体制改革和人才培养的重要途径。众多保险机构通过与高校、科研机构以及其他行业领先企业的合作，共同构建了互利共赢的合作模式。这种合作不仅有助于资源共享和优势互补，还能够促进创新理念的交流与碰撞，为保险行业的发展注入新的活力。

9.2.2 深化寿险业数字化建设

（1）产品设计多样化。消费者在选择寿险产品时往往会受到多种因素的共同影响，包括个人收入条件、家庭状况、职业类别、风险偏好等，但市场上的保险产品同质化严重，难以满足大部分消费者多样化的保险需求。但随着寿险行业数据的不断丰富，寿险公司对于消费者的需求有了更准确的把握。寿险公司可以借助人工智能和区块链等技术，获得更多有关消费者的生活信息和工作信息，在对保险相关数据进行储存、分析和运用的基础上，整合有效部分内容，丰富消费者个人数据，并通过机器学习和深度学习不断提高算法模型的准确性，分析消费者需求。

与此同时，寿险公司获得的多维度的数据结构能够更具体地刻画"用户画像"，精确定位不同群体的风险等级。传统保险定价遵循的是"大数法则"，但在多维度的数据结构下，寿险公司对消费者的需求和风险都有了更深入的了解，可以根据不同的寿险需求提供专业化的保险产品，并根据不同消费者的风险水平实现精准定价，充分利用丰富数据信息所带来的优势。唐金城等（2019）认为寿险业可以运用大数据、人工智能、云计算、区块链、便携式电子设备等数字技术与基因检测、细胞分析等生命科学技术的深度融合，将寿险经营与科学技术相融合，获得多维度数据信息，运用科技手段对投保人身体状况进行实时检测、反馈。在多重技术和寿险相联合的基础上，寿险公司对消费者的身体健康情况有更加详细的了解，在产品设计及定价上也更具多元化与差异化，从而能满足更多个性化的保险需求。

（2）产品销售场景化深入。随着寿险公司数字基础设施的逐步完善以及行业数字化转型的深入，寿险将更多地渗透进日常生活，场景化保险将继续拓展，寿险机构获客能力增强。传统寿险产品的销售是以线下为主，在全国各地区分层设立众多分支机构，依靠销售人员的数量优势来带动业务增长。但是随着寿险业的不断发展和科技水平的不断进步，这种销售方式的弊端也逐渐凸显，主要表现在以下三个方面：一是线下销售存在时间和空间上的限制，既给客户带来了不便又降低了保险公司的经营效率，一些处于偏远地区的客户甚至无法购买到所需的保险产品。二是在传统销售模式下，保险代理人自身专业水平还有待提高，在产品推销宣传时未能充分考虑客户利益，存在虚假宣传的风险，所推销的保险产品可能并不是消费者所真正需求的。三是在传统销售模式下，寿险产品的种类有限，无法充分挖掘客户需求，真正有保险需求的群体可能因为产品种类限制和对保险代理人不信任等原因而放弃购买保险。

为了消除传统销售模式带来的弊端，寿险业数字化转型不仅要破除时间和空间上的限制，提升销售人员的专业水平，更要以客户为核心，聚焦客户需求，依托场景对寿险产品进行销售。为实现寿险产品的场景化销售，寿险公司需要将大数据、人工智能、物联网等技术与保险相融合，以消费者为中心搭建涵盖面广且影响力强的服务平台并进行信息生产，将寿险业务融合进消费者生活场景中。在构建了服务平台后，还需要建立用户与平台之间的连接。王军峰（2018）认为在场景时代重建平台与用户之间的连接需要对用户所处场景进行定位分析，进一步了解客户需求，重建客户与信息和寿险服务之间的连接，进行智能化信息匹配与推送。从客户所在各种场景下的需求出发，针对性地提供寿险产品，满足消费者的场景化需求，提升寿险公司效率。

（3）打通业务、财务中台，实现数据穿透。一方面，保险科技利用大数据、人工智能、云计算、区块链等数字技术，提出跨越前台、中台、后台的保险数字化建设框架。如同时钟的运转，前台像秒针般快速，通过互联网化、移动化、社交化，实现线上、线下全面打通，对接流量端和生态；而中台如分针般灵活，通过系统设计实现中台部门的能力重构、复用和共享的微服务化，实现服务的可编排组合，快速响应客户的需求；后台像时针般稳定，追求分布式、容器化的设计，能支持金融特有的复杂业务逻辑以及高可靠性、准确性和安全性的要求。另一方面，业财中台是寿险行业实现数字化升级的重要组成部分。业务中台将保险科技应用在销售支持、核保、理赔等环节，通过释放服务能力赋能前台应用，满足复杂的前台业务场景需求；而财务中台通过业务中台信息的共享整合，解决数据孤岛问题，同时应用大数据分析、机器学习等技术手段，进行价值提炼，最终形成企业数据资产，更好地驱动业务发展和创新，激活以碎片小市场集合成大流量的长尾效应。

（4）推动线上、线下业务协同。新冠疫情使代理人面对面推介、回访、根据客户需求设置适配保险产品、签约等传统展业模式受到巨大冲击，银代渠道、团险渠道也面临着不同程度的挑战。此外，从客户端来看，排斥面对面寿险购买活动的同时，衍生出巨大的非接触金融服务诉求。为了减少和避免流失用户，寿险公司加速线上渠道建设，通过重构产品策略、渠道策略、服务策略等，实现销售平台下沉，服务直达前线，打通运营断点。发挥互联网不受时间与地点的约束、快捷、灵活等特点，一方面，险企从如微信等私域流量平台和抖音等公域流量平台上获取更多的潜在客户，实现活客和养客目标，将潜在客户转入线下专业代理人完成保险产品销售；另一方面，险企也可为客户提供及时、方便、个性化的售前与售后服务，极大提升客户的购买体验感。未来寿险业的运营模式将是线上与线下的结合，推动运营创新、提高线上服务价值，或成为寿险公司的核心竞争力。

（5）以数据驱动促智能运营，从客户需求出发，实现降本增效。寿险公司的经营成本是影响利润的关键因素，智能运营可实现降本增效，主要表现在以下三个方面：①优化人力成本，机械重复性的工作被技术工具承担或替代，获客效率、风控效果、业务增长等方面的提升，都是企业内部降本增效的主要表现。人工智能保险客服是人工智能在保险领域最广泛的应用之一，寿险公司利用历史数据，结合自然语言处理和机器学习技术，根据客户描述为其推荐符合需求的保险产品。24小时在线的人工智能客服既降低了寿险公司的人力成本，又给消费者购买保险服务提供了便利。随着人工智能客服使用程度的加深，企业会获得更多的数据并动态修正算法模型提高客服回答的准确率，实现产品的精准推送。②优化业务协同，通过区块链多方协作网络、多方安全计算平台将降低数据获取、业务协作成本，从而实现企业外部的降本增效。人工智能在寿险行业的运用为客户数据的获取开辟了新途径，大数据和人工智能技术使得数据在企业不同部门和不同企业之间能够互通，企业能及时从各种渠道获得与保险政策、产品、索赔率等相关的各种信息，极大地降低了信息不对称程度，有利于保险企业之间的合作与竞争。③优化运营环境，通过数字化升级逐步优化产品设计、优化成本结构，强化风控、避险与理赔，实现降本增效。寿险公司借助人工智能技术所获取的用户数据有助于企业精准描绘用户画像，分析消费者需求并设计出相应的保险产品，使保险朝着千人千面的方向发展。人工智能还被用于核保和理赔阶段，通过人机交互的方式实现核保和理赔的自动化和高效化，借助人工智能和大数据技术对同一客户的各项信息进行整合，提高保险欺诈的识别效率。

9.2.3 深化寿险业数字化治理建设

（1）核保、理赔效率进一步提高。保险核保是保险公司对投保人的投保申请进行审查、核定和选择风险的过程，寿险公司可以通过数字化转型将机器学习和人工智能技术运用到保单的核保过程中，使能够自动化处理的保单占比不断提高，核保流程简化，核保时间大大缩短。在这个过程中，既降低了寿险公司的经营成本，又提升了客户的服务体验，同时还能很好地满足外部监管的要求。战明华等（2023）认为通过数字化转型，大数据和物联网等技术的运用能缓解保险业的信息不对称问题，使得保险欺诈更容易被识别。对于寿险公司来说，被保险人的身体状况有时并不能被准确识别，被保险人也可能没有对寿险公司做到如实告知，寿险公司与被保险人之间的信息透明度较低。大数据和物联网技术的运用使得保险公司能够准确、实时地获得被保险人的身体状况相关信息，极大地降低了信息的获取成本，也降低了信息不对称情况，寿险公司对保险的风险状况有了更加详细的把握，能提前对风险进行管理。对于被保险人自身，物联网技术也能提高其风险防范意识，约束被保险人，避免其做出危害自身的行为。倘若保险事故发生，寿险公司还能够及时根据物联网设备信息，对无争议或争议较小的案件进行自动理赔，这不仅节省了人力成本，还提高了理赔的科学性和准确性，避免了因人为失误造成保险公司或是被保险人的损失。寿险公司还可以运用人工智能对大量保险欺诈案例进行学习，使保险欺诈更容易被识别。

（2）资产负债管理系统建设加强。保险资产负债管理是指保险公司在风险偏好和其他约束条件下，持续对资产和负债相关策略进行制订、执行、监控和完善的过程，目标是为了实现企业价值的最大化，在公司可持续发展中发挥着至关重要的作用，体现了公司的核心竞争力。在新金融工具和保险合同准则的实施下，保险公司资产和负债的关联性进一步加强，对保险公司资产负债管理提出了更高的要求。因此寿险业在数字化转型过程中，要加强资产负债管理系统的建设，推动资产负债管理数字化。资产负债管理系统的建设需要寿险公司以资产负债管理为核心，完善公司数据治理，实现业务部门之间的互融互通，对现有的数据资源、系统资源进一步赋能，形成业务端、财务端、投资端、风控端的互相支持，最终建设投研一体化生态，实现数字化转型终极目标。

在具体实践时，资产负债管理的数字化转型可以分四步走：第一步，夯实数据基础。寿险业数字化转型的关键就在于数据，寿险公司在长期经营实践中积累了大量公司资产负债的相关数据，但这些数据目前还分散在公司各个部门内，还未进行整理、归纳和分类，不能发挥出其应有的作用。因此，寿险公司需要建立融合资产、负债数据，涵盖业务内部数据、外部数据的数据中心。通过数据中心的建设，加快数据搜集转换效率，充分发挥数据中所蕴藏的价值，为资产负债管理系统的建设提供有效的数据支撑。第二步，连通系统应用。资产负债管理是贯穿于寿险公司经营的全过程中的，在具备了充分的数据基础上，寿险公司应打通投资、业务、财务、风控多系统模块，形成业财投一体化。周莉珠等（2023）认为保险公司在资产负债管理数字化转型中应推进保险公司资产负债信息流、数据流与资金流高质量统筹运用，进一步消除投资端、业务端、财务端信息数据交互壁垒，逐步搭建基于资金、资产、资本三大要素的管理模型与分配机制。各个部门之间互联互通，形成紧密合作的体系结构，资产负债管理不再相互分离。第三步，服务资负联动。由于保险公司资产和负债之间关联性较强，公司在进行资产负债管理时不能只考虑资产端或负债端其中一方，要在资产匹配决策同时兼顾资产负债约束。因此，在数字化转型过程中寿险公司要融合资产端和负债端的专项研究成果，打通资负两端，服务资产负债管理决策。保险公司在打通资负两端，对自身资产的负债特征和负债特征所决定的资产管理有了更深入的了解后，才能更好地进行资产配置，指引产品定价、投资融资以及开展业务相关的决策。第四步，打造一体化生态。寿险公司资产负债管理系统的建设融通公司内外部数据，包含多种模型、功能，涉及企业运行各个模块，打造涵盖集团、寿险各关系线、资管公司以及外部投研资源的投研一体化生态。资产负债管理是一种多属性决策，在一个决策下要同时实现多个目标，投研一体化生态的建设有利于寿险公司提升资产负债管理效率，提升公司内外部敏捷度。

（3）提升数据治理效应。随着金融数字化不断推进，中国的寿险公司在以下方面的科技投入也在持续增长：首先是数据能力建设。一方面，搭建大数据平台，勾画"端到端"业务经营图谱，归类各方面业务数据，分层设计数据仓库，通过数据治理实现数据化的管理；另一方面，在数据应用上，通过数据中台统一提供数据服务，并通过洞察、预测、决策、行动，全面进行数据化管理经营。其次是技术能力建设。把握"云原生、低代码"的发展趋势，在技术选择上充分应用分布式、微服务、高可配置化；在数据计算上加强离线计算、实时计算、精准推荐的能力；在科技人员配置上推行科技的前置融合和敏捷创新。最后是轻量级服务。未来，第三方数字化转型服务商将面向寿险客户提供更加轻量级的服务，包括通过开放 API 提供 PaaS 云中台、分离数据服务以 DaaS 形式输出等，从商业化角度考虑，这些方式能够满足更多中小寿险客户的需求，实现降本增效，同时推动全行业数字化转型进程。

9.2.4　深化寿险业数字价值化建设

（1）行业创新能力不断增强。寿险行业在数字化转型初期，更多的是通过已有的技术手段进行应用层面的创新，如利用人工智能和机器学习实现自动核保，降低理赔过程中的人工失误，提升企业的运营效率。在创新实践的同时，企业也培养了相应的数字化人才团队，企业可以对内部员工进行专业知识技能培训，或是通过校企协作，设置交叉学科和专业等方式从外部引进具有底层技术应用能力和专业保险知识的复合型人才。原有的专业人才缺口逐渐得到改善，保险人员的专业水平不断提升，行业的人才团队得以逐步培育，关键技术也能不断积累。

假以时日，寿险业将由量变转向质变，逐步实现底层技术上的自我创新，而这种创新是完全基于保险逻辑下的技术创新，与先期应用层面的创新相比，对寿险业有更强的适用性，这将会进一步推动寿险业高质量发展。寿险公司可以利用数字化转型，将保险融入消费者日常生活的方方面面，同其他行业合作深挖客户需求，在提升消费者保险意识的同时，创新保险服务模式，实现保险服务和其他服务的有效连接。这种创新对寿险业来说是具有重大意义的，有利于促进寿险业供给侧结构性改革，增强数字化转型的赋能作用，实现寿险业的高质量发展。

（2）寿险公司运营效率提升。随着保险流程的线上化不断提速，企业各部门之间的壁垒更易被打破，自身的"数据孤岛"现象得到缓解，运营效率得到提高。寿险业的数字化转型是贯穿于整个保险价值链的，并对价值链进行了调整和重组，影响了寿险公司运营的各个环节，以更好地满足消费者需求。寿险公司将获取到的数据运用到保险产品设计、销售、核保、理赔、客户关系维护、风险管理、保险资金运用等方面，各部门之间信息互通，增强了公司整体的数据整合与运用能力，提升了各个环节的效率，使得企业经营效益大幅提升。例如，寿险公司通过物联网穿戴设备获取到消费者的身体状况信息，这部分信息不仅能帮助寿险公司在消费者身体状况异常时及时提醒消费者就医，在保险事故发生且无较大争议时实现自动理赔，还能丰富寿险公司的信息数据库，后期通过机器学习和深度学习，为客户推荐个性化的产品和服务。在运营过程中各部门间信息互通，业务对接效率提高，为消费者提供了更加完善的服务。

寿险公司在经营时还容易面临信息不对称问题，不同寿险公司在数字化转型过程中应该相互合作，构建信息平台实现信息互通，降低信息的获取成本，基于更多维的信息去开展保险业务，为客户提供个性化服务。大型寿险公司由于自身规模和影响力都较大，应发挥好行业领头人的作用，积极主动地参与寿险业信息共享平台的建设，促进寿险公司之间的合作。中小型企业虽影响力较小，但其在灵活性上要优于大型寿险公司，要顺应行业发展趋势，积极参与保险信息共享开展多样化的保险业务提升自身优势。此外，寿险公司还要同医疗机构、专业损失鉴定机构、监管机构、资金结算银行等其他行业机构相联合，挖掘更多新技术运用空间，进一步为消费者打造综合性的保险服务。

（3）结合"双碳"目标，丰富 ESG 投资实践，助力可持续发展。2021 年 2 月，国务院发布的《关于加快建立健全绿色低碳循环发展经济体系的指导意见》提出，"全方位全过程推行绿色规划、绿色设计、绿色投资……建立健全绿色低碳循环发展的经济体系，确保实现碳达峰、碳中和目标，推动我国绿色发展迈上新台阶"。从投资方式上，寿险业也逐渐转向债权投资计划、股权投资计划、资产支持投资计划，以及私募股权基金、产业基金、信托和 PPP 等，并参与能源、环保、水务、防污防治的寿险产品开发；从投资理念上，ESG 投资与险资的属性还具有天然的适配性，ESG 投资的七大策略可让公司更好地抵御系统性风险，有助于险企助力绿色金融体系健全，实现经济效益和社会效益的协同增长。在政策与各方引导下，寿险业加快了 ESG 投资的落地，中国平安、中国人寿、中国太保等保险公司积极响应，将"碳投资"加入险企 ESG 体系，搭建"AI-ESG"保险平台，优化风险管理评价体系，探索创设"ESG 投资+保险资金"相关产品，打造保险 ESG 产品衍生链。

（4）重塑保险价值链。价值链理论最初是由迈克尔·波特提出，他认为企业是各种生产经营活动的集合体，这些活动构成了企业的价值链。保险企业作为专门从事风险集中与分散经营活动的特殊型企业，不涉及一般物质资料的生产和交换，且与客户之间联系紧密，保险的价值链包括企业全部生产和销售活动。在寿险业数字化转型过程中，人工智能、机器学习、物联网、区块链、虚拟现实等新技术的运用和整合对保险生产经营的各项活动都产生了重大影响，全方位渗透入保险业的价值链中，原有的价值链得到重塑，客户多样化需求得到更好的满足。

根据保险公司生产经营特点并结合客户需求和体验，对保险价值链各个环节进行划分，主要包括以下方面：产品设计、市场营销、核保理赔、客户服务、风险控制。在产品设计上，寿险业数字化转型使保险公司能设计出更符合消费者需求的保险产品，并实现合理定价，扩大承保范围。例如，在新冠疫情后互联网医疗需求激增，用户规模迅速扩大，平安保险推出了互联网版的线上门诊险，满足消费者网上问诊的保险需求。在市场营销方面，寿险公司掌握了消费者的更多信息，可以更好地细分市场，针对不同消费者制定不同的销售策略，实现精准营销。短视频平台的兴起为保险提供了新的销售渠道，保险公司可以在短视频平台针对不同的客户群体投放不同的保险产品广告，算法会自动将产品推送至对应类型的消费者，拉近与顾客之间的距离。在核保理赔上，数字化转型技术极大缩短了承保、核保和理赔的效率，降低成本的同时提升了客户体验。例如，太平洋人寿将人工智能运用于保险核保和理赔，利用客户端机器人实现智能核保和智能报案理赔服务，节省了大量人工成本，提升了客户体验。在客户服务方面，寿险公司在数字化转型下借助科技加深与客户之间的联系，为客户提供更好的产品与服务，践行终身服务客户的理念。在售前通过智能保险顾问针对客户需求推荐保险产品，用清晰的语言和通俗易懂的方式向客户介绍保险产品；在保险期内，利用大数据、物联网等技术加强风险防范，借助互联网平台及时解决客户问题；在保险期后，及时向客户回访，提升客户回头率。在风险控制方面，聚焦科技创新，结合数字化转型，打造数字化风控体系，实现企业的风险动态监测，提升风险管理效能，促进风控机制持续有效。

（5）加快形成新质生产力，促进寿险公司实现高质量发展。新质生产力的概念最先由习近平总书记于 2023 年 9 月在东北全面振兴座谈会上提出，总书记强调要"积极培育新能源、新材料、先进制造、电子信息等战略性新兴产业，积极培育未来产业，加快形成新质生产力，增强发展新动能"。2024 年 1 月，习近平总书记在主持中共中央政治局第十一次集体学习时对新质生产力的内涵进行了系统阐述："新质生产力是创新起主导作用，摆脱传统经济增长方式、生产力发展路径，具有高科技、高效能、高质量特征，符合新发展理念的先进生产力质态。"由此可见，发展新质生产力具有重要的时代价值，既是破除传统经济增长弊端的必要路径，也是顺应时代发展的必然选择。新质生产力是由技术革命性突破、生产要素创新性配置、产业深度转型升级而催生的当代先进生产力，它以劳动者、劳动资料与劳动对象及其优化组合的质变为基本内涵，是立足于我国特定的经济条件及发展战略所形成的新质态生产力。数字化转型是引领企业创新发展的核心驱动力，因此数字化转型有可能成为寿险业推动新质生产力水平提升的关键解决方案。寿险业的数字化转型与新质生产力之间存在着密切的联系和相互促进的关系。

一方面，数字化转型是寿险业应对科技发展和市场变化的重要战略。随着大数据、人工智能、云计算等数字技术的不断创新，寿险业需要通过数字化转型来优化业务流程、提高服务效率、降低运营成本，并更好地满足客户需求。数字化转型不仅可以帮助寿险业实现内部管理的优化，还可以推动产品和服务的创新，提升市场竞争力。新质生产力，作为一种先进的生产力形态，其核心在于创新引领。它摆脱了传统的经济增长方式和生产力发展路径，展现出高科技、高效能、高质量的显著特征，是推动社会生产力向前迈进的关键力量。寿险业的数字化转型助力新质生产力发展可以体现在以下三个方面：①科技创新：通过引入新技术，如人工智能、区块链等，寿险业可以开发出更加智能、高效、安全的产品和服务，提升客户体验。同时，科技创新还可以帮助寿险业实现风险管理和资产配置的智能化，提高运营效率。②数据驱动：数字化转型使寿险业可以收集、整合和分析更多的数据，从而更准确地了解客户需求和市场变化。数据驱动不仅可以帮助寿险业制定更加精准的市场策略，还可以优化产品设计、提高定价精度、降低欺诈风险等。③服务创新：数字化转型使寿险业可以提供更加便捷、个性化的服务。例如，通过移动应用、在线平台等渠道，客户可以随时随地查询保单信息，提交理赔申请等。同时，寿险业还可以根据客户需求提供定制化的保障方案和服务方案，提高客户满意度和忠诚度。

另一方面，数字化转型正深刻改变资源配置方式，它打破了传统要素资源的物理界限，极大地提升了生产效率，并优化了生产流程。尤为重要的是，数据作为数字经济时代的关键生产要素，正与传统生产要素深度融合，共同驱动着生产方式和生产流程的根本性变革。第一，数字化转型为传统生产要素赋予了全新形态。在寿险公司数字化转型的过程中，全新的要素形态展现出其独特的虚拟时空属性，打破了传统生产要素组合的局限，从而极大地推动了生产流程的优化和升级。第二，数字化转型推动劳动要素实现全方位升级。首先，寿险公司的数字化转型使劳动者的生产工具经历了深刻的数字化与虚拟化改造，极大地提升了生产效率。其次，数字化转型使劳动者具有更为丰富和先进的数字技能，极大地拓展了劳动者在多元化领域发挥高效能的作用途径和方式。最后，数字化转型促进了新型劳动主体的产生，特别是机器人的广泛应用，这些创新不仅有效降低了生产成本，而且同步促进了生产效率的提升。第三，数据要素是数字化转型的核心要素。在生产环节，数据要素的运用不仅重塑了生产资源配置的逻辑，革新了生产运营的模式，使寿险产品的创新呈现出更加多样化的趋势，还借助新一代信息技术在供需两端实现了无缝对接，精准匹配用户的个性化需求，推动了寿险产品向个性化生产的转变，助力寿险公司赢得竞争优势。

寿险公司进行数字化转型促进了新质生产力的形成。新质生产力的形成需要以科技创新为核心驱动力，寿险公司进行数字化转型是加快形成新质生产力的前提，具体可分为劳动者、劳动资料和劳动对象三方面。从劳动者来看，寿险公司可以通过数字化转型培养出具有创新能力且能熟练掌握高科技技术的专业保险人才；从劳动资料来看，企业在数字化转型中可以借助计算机和互联网等技术提升相关设备和系统的先进性与准确性，进一步提高劳动者的劳动效率；从劳动对象来看，数字化转型能够促进寿险公司加强对相关数据、信息和资源的整合能力，创造出更大的价值。寿险业的数字化转型和新质生产力的形成，均是为了推动行业实现高质量发展，寿险业高质量发展的目标包括金融结构优化、公司治理能力提升、产品创新水平提高和风险管理能力加强等方面，这些都离不开数字化转型与新质生产力的形成。

总的来说，当前寿险业数字化转型还处于初期阶段，其全域数字化也不仅仅是靠购买软件就能实现的，它还将面临许多方面的挑战，例如业务架构与数字架构转型的诉求、过分依赖外部数据，海量信息难以转化，数字化复合型人才短缺等，需要不同市场特征的寿险公司依据自身情况量力而为，在经济发展的新时代下凭借创新塑造新的发展动能，促进新质生产力的形成。数字化转型和新质生产力在寿险业中的应用是相互促进的，数字化转型为寿险业提供了技术和数据支持，助力寿险业新质生产力发展，而新质生产力的发展则推动了寿险业在产品和服务上的创新，提升了市场竞争力。假以时日，寿险业将逐步实现底层技术上的自我创新，而这种创新会是完全基于保险逻辑下的技术创新，与先期应用层面的创新相比，对寿险业有更强的适用性，将进一步推动寿险业高质量发展。

参考文献

艾瑞咨询，2021. 中国保险行业数字化升级研究报告［EB/OL］. (2021-09-17)［2021-09-17］. http://www.dgworkshop.cn/Public/data/info/fujian/hangye/7.pdf.

安联保险集团经济研究团队，2015. 未来的保险客户：基于互联网及相关技术的调查报告［J］. 保险研究，(9)：23-38.

奥兹·谢伊，2002. 网络产业经济学［M］. 上海：上海财经大学出版社.

白振华，2022. 寿险公司增员助理的绩效考核优化研究［J］. 中国市场，(31)：94-96.

保罗·罗默，1986. 收益递增经济增长模型［M］. 北京：商务印书馆.

彼罗·斯拉法，1962. 李嘉图著作和通信集：第1卷［M］. 北京：商务印书馆.

边文龙，王向楠，2014. 人力资本对寿险公司成本和利润效率的影响［J］. 保险研究，(11)：103-111.

布赖恩·卡欣，哈尔·瓦里安，2003. 传媒经济学［M］. 北京：中信出版社.

蔡莉，杨亚倩，卢珊，等，2019. 数字技术对创业活动影响研究回顾与展望［J］. 科学学研究，37 (10)：1816-1824，1835.

曹亚东，洪玉乔，2018. 产业生命周期视角下大数据产业链及大数据能力培育［J］. 商业经济研究，(18)：171-173.

陈华，杜霞，王丽珍，2019. 全面风险管理对企业经营效率的影响：基于45家寿险公司的实证研究［J］. 保险研究：3-15.

陈万灵，杨永聪，2013. 区域金融发展与FDI流入规模的实证研究：基于省际面板数据的分析［J］. 国际经贸探索，29 (4)：73-84.

陈晓红，2018. 数字经济时代的技术融合与应用创新趋势分析［J］.

中南大学学报（社会科学版），24（5）：1-8.

陈晓红，李杨扬，宋丽洁，等，2022. 数字经济理论体系与研究展望 [J]. 管理世界，38（2）：208-224，13-16.

池毛毛，王俊晶，王伟军，2022. 数字化转型背景下企业创新绩效的影响机制研究：基于 NCA 与 SEM 的混合方法 [J]. 科学学研究，40（2）：319-331.

戴亦兰，张卫国，2018. 动态能力、商业模式创新与初创企业的成长绩效 [J]. 系统工程，36（4）：40-50.

邓晰隆，易加斌，2020. 中小企业应用云计算技术推动数字化转型发展研究 [J]. 财经问题研究，441（8）：101-110.

董望，2010. 财务报告内部控制研究述评：基于信息经济学的研究范式 [J]. 厦门大学学报（哲学社会科学版），（3）：20-27.

杜尔功，吉猛，袁蓓，2021. 我国中小银行以数字化转型促进高质量发展研究 [J]. 西北大学学报（哲学社会科学版），51（1）：109-116.

段小梅，陈罗旭，2022. 数字经济对高技术产业出口竞争力的空间溢出效应：长江经济带为例 [J]. 重庆工商大学学报（社会科学版），39（4）：129-139.

范庆祝，孙祁祥，2017. 中国寿险产品退保行为净传染效应研究：基于空间面板数据的实证分析 [J]. 保险研究，（6）：3-14.

费方域，闫自信，陈永伟，等，2018. 数字经济时代数据性质、产权和竞争 [J]. 财经问题研究，（2）：3-21.

复旦大学，众安保险，2021. 2021 保险数字化营销白皮书 [EB/OL].（2021-10-21）[2021-10-21]. http://za-official-out-prd.oss-cn-hzfinance. aliyuncs. com/66f70cec-be0b-4388-b240-8b5b11b5dd83. pdf? Expires = 6017547931535584&OSSAccessKeyId = LTAI4GCqa5b3xPWqGK8KDGXg&Signature=DVjHzF%2BeZsMfwP%2FulRBgbkZckA4%3D.

高京平，孙丽娜，2022. 数字经济发展促进我国产业结构升级的机理与路径 [J]. 企业经济，41（2）：17-25.

郭峰，王靖一，王芳，等，2020. 测度中国数字普惠金融发展：指数编制与空间特征 [J]. 经济学（季刊），19：1401-1418.

郭晗，2020. 数字经济与实体经济融合促进高质量发展的路径 [J]. 西安财经大学学报，33（2）：20-24.

韩刚，李敏，2020. 中小银行数字化转型路径研究 ［J］. 新金融，(12)：28-32.

韩佳平，李阳，2022. 我国企业数字化转型：特征分析、发展规律与研究框架 ［J］. 商业经济研究，(6)：133-135.

郝毅，白洁，2022. 数字化转型下基于业务架构的创新 ［J］. 中国金融，(S1)：94-97.

何帆，刘红霞，2019. 数字经济视角下实体企业数字化变革的业绩提升效应评估 ［J］. 改革，(4)：137-148.

何枭吟，2005. 美国数字经济研究 ［D］. 长春：吉林大学.

何学松，孔荣，2017. 普惠金融减缓农村贫困的机理分析与实证检验 ［J］. 西北农林科技大学学报（社会科学版），17（3）：76-83.

胡芳，彭琛，陈小红，2021. 健康中国战略下保险科技赋能商业健康保险发展研究 ［J］. 西南金融，(6)：73-84.

胡汉军，叶敏文，刘轶，2020. 商业银行数字化转型下全渠道建设策略研究 ［J］. 武汉金融，(10)：74-80.

胡振华，刘笃池，2009. 我国区域科技投入促进经济增长绩效评价：基于滞后性的绩效分析 ［J］. 中国软科学 (8)：94-100.

黄立强，沈宇，石浩，2018. 保险科技对保险价值链的冲击与影响 ［J］. 经贸实践 (14)：75-77，79.

黄丽华，朱海林，刘伟华，等，2021. 企业数字化转型和管理：研究框架与展望 ［J］. 管理科学学报，24（8）：26-35.

黄明凤，姚栋梅，2022. 研发要素流动、空间溢出效应与区域创新效率：基于省际面板数据的空间杜宾模型分析 ［J］. 科研管理，43（4）：149-157.

黄星刚，杨敏，2020. 互联网保险能否促进保险消费：基于北大数字普惠金融指数的研究 ［J］. 宏观经济研究，(5)：28-40.

纪玉山，等，2000. 网络经济 ［M］. 长春：长春出版社.

贾立文，万鹏，2019. 保险科技对财产保险公司业绩影响的实证分析：基于 DID 模型 ［J］. 江汉学术，38（1）：70-77.

江生忠，张煜，2017. 经济增长对寿险业发展影响的实证研究：基于省际面板数据模型 ［J］. 未来与发展，41（10）：41-48.

焦豪，杨季枫，王培暖，等，2021. 数据驱动的企业动态能力作用机制研究：基于数据全生命周期管理的数字化转型过程分析 [J]. 中国工业经济，(11)：174-192.

荆浩，尹薇，2019. 数字经济下制造企业数字化创新模式分析 [J]. 辽宁工业大学学报（社会科学版），21 (6)：51-53.

荆文君，孙宝文，2019. 数字经济促进经济高质量发展：一个理论分析框架 [J]. 经济学家，(2)：66-73.

卡尔·海因里希·马克思，2004. 资本论 [M]. 北京：人民出版社.

卡尔·夏皮罗，哈尔·瓦里安，2000. 信息规则 kk 网络经济的策略指导 [M]. 北京：中国人民大学出版社.

勒维斯，2000. 非摩擦经济：网络时代的经济模式 [M]. 南京：江苏人民出版社.

李璠，2017. 商业银行数字化转型 [J]. 中国金融，(17)：31-32.

李海舰，张璟龙，2021. 关于数字经济界定的若干认识 [J]. 企业经济，40 (7)：13-22，2.

李欢丽，付雅麒，2018. 全球银行业集中演进与中国银行业发展战略调整 [J]. 新金融，349 (2)：30-34.

李晶，尹成远，2018. 偿二代下我国寿险公司偿付能力影响因素实证研究 [J]. 经济与管理，32：73-79.

李牧辰，封思贤，谢星，2020. 数字普惠金融对城乡收入差距的异质性影响研究 [J]. 南京农业大学学报（社会科学版），20 (3)：132-145.

李琼，刘庆，吴兴刚，2015. 互联网对我国保险营销渠道影响分析 [J]. 保险研究，(3)：24-35.

李三希，王泰茗，武岿璠，2021. 数字经济的信息摩擦：信息经济学视角的分析 [J]. 北京交通大学学报（社会科学版），20 (4)：12-22.

李舒沁，2020. 欧盟支持中小企业数字化转型发展政策主张及启示 [J]. 管理现代化，40 (5)：65-68.

李维安，李慧聪，郝臣，2012. 保险公司治理、偿付能力与利益相关者保护 [J]. 中国软科学，(8)：35-44.

李文超，吴玉莹，2017. 基于网络经济学视角下的互联网金融风险及监管研究 [J]. 农村经济与科技，28 (24)：55-56.

李晓华，2019. 数字经济新特征与数字经济新动能的形成机制 [J]. 改革，(11)：40-51.

李晓阳，易鑫，郭鑫，等，2023. 数字化转型赋能涉农企业经营绩效提升的传导机制研究：基于双固定效应模型的实证 [J]. 农业技术经济：1-15.

李云鹤，蓝齐芳，吴文锋，2022. 客户公司数字化转型的供应链扩散机制研究 [J]. 中国工业经济，(12)：146-165.

李长江，2017. 关于数字经济内涵的初步探讨 [J]. 电子政务，(9)：84-92.

梁琦，肖素萍，李梦欣，2021. 数字经济发展、空间外溢与区域创新质量提升 [J]. 上海经济研究，(9)：44-56.

凌士显，于岳梅，2017. 保险公司多元化经营与公司绩效的实证研究：基于财产保险公司成本费用的视角 [J]. 金融发展研究，(4)：8-15.

刘飞，2020. 数字化转型如何提升制造业生产率：基于数字化转型的三重影响机制 [J]. 财经科学，(10)：93-107.

刘伟燕，2017. 微信的网络经济学分析 [J]. 市场周刊·理论版，(29)：11-11.

刘亦文，谭慧中，陈熙钧，等，2022. 数字经济发展对实体经济投资效率提升的影响研究 [J]. 中国软科学，(10)：20-29.

刘智勇，李海峰，胡永远，等，2018. 人力资本结构高级化与经济增长：兼论东中西部地区差距的形成和缩小 [J]. 经济研究，53：50-63.

陆岷峰，2021. 经济发展新格局下数字产业化与产业数字化协调发展研究 [J]. 金融理论与教学，(6)：51-58.

罗伊·哈罗德，1972. 动态经济学 [M]. 北京：商务印书馆.

罗振军，于丽红，2022. 数字普惠金融、多维贫困与金融减贫效应 [J]. 统计与决策，38 (11)：11-15.

吕子苑，2022. 保险公司数字化转型路径与启示：以瑞士再保险集团为例 [J]. 现代管理科学，(4)：151-158.

马超群，孔晓琳，林子君，等，2020. 区块链技术背景下的金融创新和风险管理 [J]. 中国科学基金，34：38-45.

马费成，1997. 信息经济学 [M]. 武汉：武汉大学出版社.

马化腾，孟昭莉，闫德利，等，2017. 数字经济：中国创新增长新动能 [M]. 北京：中信出版社.

马会端，2021. 大数据系统推介下的网络消费异化：表征、溯因及消

解 [J]. 河南师范大学学报（哲学社会科学版），48（3）：41-47.

马克思，1975. 资本论：第 1 卷 [M]. 北京：人民出版社.

马歇尔，1964. 经济学原理：下册 [M]. 北京：商务印书馆.

马晔风，蔡跃洲，陈楠，2020. 企业数字化建设对新冠肺炎疫情应对的影响与作用 [J]. 产业经济评论，（5）：80-94.

孟芩妍，2017. 网络经济学理论在茶企经营中的运用研究 [J]. 福建茶叶，（8）：22-23.

苗力，2019. 保险企业数字化战略转型路径研究 [J]. 保险研究，（4）：57-65.

闵宗陶，崔建军，2003. 价值价格理论的历史溯源及其启示 [J]. 河北经贸大学学报，5（24）：33-35.

尼古拉·尼葛洛庞帝，1996. 数字化生存 [M]. 海口：海南出版社.

倪琳娜，文福拴，尚金成，等，2016. 能源互联网环境下的信息经济学初探 [J]. 电网技术，40（6）：1612-1619.

庞巴维克，1964. 资本实证论 [M]. 北京：商务印书馆.

逄健，朱欣民，2013. 国外数字经济发展趋势与数字经济国家发展战略 [J] 科技进步与对策，30（8）：124-128.

裴长洪，倪江飞，李越，2018. 数字经济的政治经济学分析 [J]. 财贸经济，39（9）：5-22.

裴政，罗守贵，2020. 人力资本要素与企业创新绩效：基于上海科技企业的实证研究 [J]. 研究与发展管理，32：136-148.

普华永道，2020. 突围升级，数字化助推后疫情时代保险行业渠道转型 [EB/OL].（2020-04-20）[2020-04-20].Cover headline：36/38 ITC Charter Regular placer at prod dolor nam eim assum（pwccn.com）.

戚聿东，蔡呈伟，2020. 数字化对制造业企业绩效的多重影响及其机理研究 [J]. 学习与探索，（7）：108-119.

戚聿东，肖旭，2020. 数字经济时代的企业管理变革 [J]. 管理世界，36（6）：135-152，250.

祁怀锦，曹修琴，刘艳霞，2020. 数字经济对公司治理的影响：基于信息不对称和管理者非理性行为视角 [J]. 改革，（4）：50-64.

邱爽，赵康，2014. 大数据对保险公司风险识别能力的提升及影响 [J]. 现代交际，（11）：107-108.

冉光和，唐滔，2021. 数字普惠金融对社会就业的影响：基于企业性质和行业的异质性考察 [J]. 改革，(11)：104-117.

桑吉夫·戈伊尔，2010. 社会关系：网络经济学导论 [M]. 北京：北京大学出版社.

邵全权，2015. 保险业对"经济增长—城乡收入差距"非线性动力系统的影响 [J]. 当代经济科学，37 (2)：37-47，125.

盛晓白，2003. 网络经济通论 [M]. 南京：东南大学出版社.

宋胜梅，2017. 基于网络经济学视域探讨中美互联网金融差异 [J]. 电子商务，(3)：38-40.

粟芳，方蕾，2016. 中国农村金融排斥的区域差异：供给不足还是需求不足？：银行、保险和互联网金融的比较分析 [J]. 管理世界，(9)：70-83.

孙利君，2020. 我国数字经济发展战略与对策研究 [J]. 管理现代化，(3)：74-76.

孙明明，裴平，何涛，2022. 保险科技、经营效率及传导机制研究 [J]. 华东经济管理，36 (1)：108-118.

孙祁祥，孙金勇，1997. 保险需求因素分析：兼论中国保险业增长潜在需求因素 [J]. 改革，(5)：94-98.

孙蓉，王超，2013. 我国保险公司经营绩效综合评价 [J]. 保险研究，(1)：49-57.

孙早，侯玉琳，2021. 人工智能发展对产业全要素生产率的影响：一个基于中国制造业的经验研究 [J]. 经济学家，(1)：32-42.

孙志燕，郑江淮，2020. 全球价值链数字化转型与"功能分工陷阱"的跨越 [J]. 改革，(10)：63-72.

唐金成，刘鲁，2019. 保险科技时代寿险业的应对策略 [J]. 西南金融，(11)：60-69.

唐金成，刘钰聪，2022. 我国保险业数字化经营转型发展：机遇、挑战与应对 [J]. 南方金融，(9)：77-89.

唐金成，宋威辉，李舒淇，2021. 论数字经济时代健康保险业的应对策略 [J]. 西南金融，(2)：85-96.

唐松，伍旭川，祝佳，2020. 数字金融与企业技术创新：结构特征、机制识别与金融监管下的效应差异 [J]. 管理世界，36 (5)：52-66，9.

完颜瑞云，锁凌燕，2019. 保险科技对保险业的影响研究 [J]. 保险研究，(10): 35-46.

王芳，赖茂生，2004. 信息经济学体系探索 [J]. 情报学报，(2): 117-122.

王卉，胡娟，2016. 跨界整合：互联网环境下传统内容企业转型升级的路径选择 [J]. 中国出版，396 (19): 19-22.

王炯，2018. 商业银行的数字化转型 [J]. 中国金融，(22): 48-50.

王娟，朱卫未，2020. 数字金融发展能否校正企业非效率投资 [J]. 财经科学，(3): 14-25.

王军峰，2017. 场景化思维：重建场景、用户与服务连接 [J]. 新闻与写作，(2): 97-99.

王鹏虎，2018. 商业银行数字化转型 [J]. 中国金融，(15): 55-56.

王诗卉，谢绚丽，2021. 知而后行？管理层认知与银行数字化转型 [J]. 金融评论，(6): 78-97, 119-120.

王喜文，2020. 工业互联网：以新基建推动新变革 [J]. 人民论坛·学术前沿，(13): 23-31.

王勋，黄益平，苟琴，等，2022. 数字技术如何改变金融机构：中国经验与国际启示 [J]. 国际经济评论，(1): 70-85, 6.

王永贵，汪淋淋，李霞，2023. 从数字化搜寻到数字化生态的迭代转型研究：基于施耐德电气数字化转型的案例分析 [J]. 管理世界，39 (8): 91-114.

王媛媛，2019. 保险科技如何重塑保险业发展 [J]. 金融经济学研究，34 (6): 29-41.

韦生琼，2001. 保险政策与财政政策的关系探讨 [J]. 财经科学，(4): 32-34.

韦颜秋，黄旭，张炜，2017. 大数据时代商业银行数字化转型 [J]. 银行家，(2): 128-131.

温军，邓沛东，张倩肖，2020. 数字经济创新如何重塑高质量发展路径 [J]. 人文杂志，(11): 93-103.

乌家培，2002. 信息经济学 [M]. 北京：高等教育出版社.

毋辰燕，王华丽，2020. 科技创新对保险公司成长性影响 [J]. 山西财经大学学报，42 (S1): 10-12.

吴朝平，2019. 零售银行数字化转型：现状、趋势与对策建议 [J]. 南方金融，(11)：94-101.

吴非，胡慧芷，林慧妍，等，2021. 企业数字化转型与资本市场表现：来自股票流动性的经验证据 [J]. 管理世界，37 (7)：130-144, 10.

吴洪，赵桂芹，2011. 保险业区域发展差异的演变及解释：基于 shapley 值的分解方法 [J]. 保险研究，(10)：14-21.

吴群，2017. 传统企业互联网化发展的基本思路与路径 [J]. 经济纵横，(1)：57-61.

武冬铃，萧军，2012. 产险公司综合成本率影响要素实证分析 [J]. 保险研究，(4)：86-92.

武峰，吴应良，2017. 基于网络经济学理论视角的"双 11"发展思考 [J]. 商业时代，(19)：34-37.

夏清华，方琪，2017. 制造业转型与商业模式创新的路径研究：基于格力和美的的双案例分析 [J]. 学习与实践，(4)：31-41.

肖宇，李诗林，梁博，2020. 新冠肺炎疫情冲击下的银行业金融科技应用：理论逻辑、实践特征与变革路径 [J]. 金融经济学研究，35 (3)：90-103.

谢康，2000. 国外信息经济学研究 [J]. 科学决策，(4)：41-46.

谢利坤，2019. 互联网时代市场营销的机遇和挑战 [J]. 人民论坛，(7)：80-81.

谢婷婷，赵雪莉，2021. 数字化转型背景下保险科技对财险公司经营效率的影响研究：基于 DEA-Tobit 面板模型 [J]. 金融发展研究，(3)：53-60.

谢治春，赵兴庐，刘媛，2018. 金融科技发展与商业银行的数字化战略转型 [J]. 中国软科学，(8)：184-192.

邢小强，周平录，张竹，等，2019. 数字技术、BOP 商业模式创新与包容性市场构建 [J]. 管理世界，35 (12)：116-136.

熊健，张晔，董晓林，2021. 金融科技对商业银行经营绩效的影响：挤出效应还是技术溢出效应？[J]. 经济评论，(3)：89-104.

徐国祥，李宇海，王博，2008. 我国保险公司经营状况综合评价研究 [J]. 统计研究，(4)：76-81.

薛伟贤，刘倩，刘骏，2013. 科技保险对科技企业创新盈利能力影响

研究 [J]. 科技进步与对策, 30 (24)：95-99.

亚当·斯密, 1972. 国民财富的性质和原因的研究：上卷 [M]. 北京：商务印书馆.

杨德明, 刘泳文, 2018. "互联网+"为什么加出了业绩 [J]. 中国工业经济, (5)：80-98.

杨红燕, 2021. 数字化时代的数字医保：内涵、价值、挑战与治理思路 [J]. 华中科技大学学报（社会科学版）, 35 (2)：17-24.

杨农, 刘绪光, 王建平, 2022. 保险机构数字化转型 [M]. 北京：清华大学出版社.

杨松令, 刘梦伟, 张秋月, 2021. 中国金融科技发展对资本市场信息效率的影响研究 [J]. 数量经济技术经济研究, 38 (8)：125-144.

杨晓敏, 2018. 寿险业智力资本与经营绩效关系的实证分析 [J]. 统计与决策, 34：168-172.

杨新顺, 强卫, 白斯元, 2017. 保险发展、空间溢出与实体经济增长：基于空间面板杜宾模型的实证分析 [J]. 保险研究, (5)：53-61.

杨亚平, 赵昊华, 2021. 金融投资行为、数字普惠金融与企业创新 [J]. 南方金融, (12)：18-33.

杨依山, 2008. 经济增长理论的成长 [D]. 济南：山东大学.

杨震宁, 侯一凡, 李德辉, 等, 2021. 中国企业"双循环"中开放式创新网络的平衡效应：基于数字赋能与组织柔性的考察 [J]. 管理世界, 37 (11)：184-205, 12.

亿信华辰, 2021. 数据如何作为生产要素, 创造价值？[EB/OL]. (2021-04-21) [2021-04-21]. https://www.esensoft.com/industry-news/data-governance-3266.html.

易宪容, 陈颖颖, 位玉双, 2019. 数字经济中的几个重大理论问题研究：基于现代经济学的一般性分析 [J]. 经济学家, (7)：23-31.

袁淳, 肖土盛, 耿春晓, 等, 2021. 数字化转型与企业分工：专业化还是纵向一体化 [M]. 中国工业经济, (9)：137-155.

袁峰, 许凌珠, 邵祥理, 2022. 数据驱动的互联网保险产品创新风险管理研究 [J]. 保险研究, (3)：29-43.

袁康, 鄢浩宇, 2022. 数据分类分级保护的逻辑厘定与制度构建：以重要数据识别和管控为中心 [J]. 中国科技论坛, (7)：167-177.

袁勇, 2017. BPR 为数字化转型而生 [J]. 企业管理, (10): 102-104.

战明华, 孙晓珂, 张琰, 2023. 数字金融背景下保险业发展的机遇与挑战 [J]. 保险研究, (4): 3-14.

张俊英, 郭凯歌, 唐红涛, 2019. 电子商务发展、空间溢出与经济增长: 基于中国地级市的经验证据 [J]. 财经科学, (3): 105-118.

张立林, 2019. 数字化转型开启零售业务发展新阶段 [J]. 中国金融, (11): 16-18.

张铭洪, 2002. 网络经济学教程 [M]. 北京: 科学出版社.

张诗豪, 赵桂芹, 2021. 产品竞争压力与财务不稳定性: 来自我国寿险公司的经验证据 [J]. 保险研究, (3): 14-31.

张勋, 万广华, 张佳佳, 等, 2019. 数字经济、普惠金融与包容性增长 [J]. 经济研究, 54 (8): 71-86.

张智超, 郭振华, 张雯昕, 等, 2021. 寿险公司业务的保障属性对经营绩效的影响 [J]. 保险研究, (8): 35-51.

赵宸宇, 王文春, 李雪松, 2021. 数字化转型如何影响企业全要素生产率 [J]. 财贸经济, 42 (7): 114-129.

赵丹丹, 2020. 我国商业银行普惠金融数字化转型研究 [J]. 西南金融, (12): 35-43.

赵涛, 张智, 梁上坤, 2020. 数字经济、创业活跃度与高质量发展: 来自中国城市的经验数据 [J]. 管理世界, (10): 65-76.

赵岳, 谭之博, 2012. 电子商务、银行信贷与中小企业融资: 一个基于信息经济学的理论模型 [J]. 经济研究, (7): 99-112.

郑万腾, 赵红岩, 范宏, 2021. 数字金融发展对区域创新的激励效应研究 [J]. 科研管理, 42 (4): 138-146.

郑伟, 刘永东, 邓一婷, 2010. 保险业增长水平、结构与影响要素: 一个国际比较的视角 [J]. 经济研究, 45 (8): 141-154.

中共中央网络安全和信息化领导小组办公室, 2016. 二十国集团数字经济发展与合作倡议 [EB/OL]. (2016-09-20) [2016-09-20]. http://www.cac.gov.cn/2016-09/29/c_1119648520.htm.

中国互联网金融协会互联网保险专业委员会, 普华永道, 2020. 保险行业数字化转型研究报告 [EB/OL]. (2020-11-18) [2020-11-23]. ht-

tps://www.pwccn.com/zh/insurance/insurance-industry-digital-transformation
-research-report-nov2020.pdf.

中国信息通信研究院，2017. 中国数字经济发展白皮书（2017 年）
[EB/OL].（2017-07-13）[2020-11-23]. https://www.cac.gov.cn/files/pdf/
baipishu/shuzijingjifazhan.pdf? eqid=a5717f650000327b00000005648828fb.

中国信息通信研究院，2019. 中国数字经济发展与就业白皮书（2019
年）[EB/OL].（2019-04-19）[2020-11-23]. http://www.caict.ac.cn/kxyj/
qwfb/bps/201904/P020190417344468720243.pdf.

中国信息通信研究院，2020. 中国数字经济发展白皮书（2020 年）
[EB/OL].（2020-07-10）[2020-11-23]. https://dtec.cczu.edu.cn/_upload/
article/files/5e/74/c5d135c240149685a017e33575c3/33308617-edbf-48c5-
9e84-548ae60ea69d.pdf.

仲赛末，赵桂芹，张诗豪，2021. 寿险机构经营属性分化对金融市场稳
定性的影响 [J]. 财经研究，47：125-139.

仲赛末，赵桂芹，2018. 经营模式对寿险公司财务状况的影响：基于
资产负债管理视角 [J]. 经济管理，40：155-172.

周佰成，邵华略，2020. FDI、金融发展与区域经济增长：基于省际面
板数据的空间计量分析 [J]. 经济体制改革，（4）：150-157.

周朝民，2003. 网络经济学 [M]. 上海：上海人民出版社.

周广肃，樊纲，2018. 互联网使用与家庭创业选择：来自 CFPS 数据的
验证 [J]. 经济评论，（5）：134-147.

周桦，张娟，2017. 偿付能力监管制度改革与保险公司成本效率：基
于中国财险市场的经验数据 [J]. 金融研究，（4）：128-142.

周雷，邱勋，王艳梅，等，2020. 新时代保险科技赋能保险业高质量发
展研究 [J]. 西南金融，（2）：57-67.

周莉珠，王晓波，肖丹杨，2023. 新金融工具和保险合同准则对保险
公司资产负债管理的影响及对策 [J]. 财务与会计，（3）：76-77.

朱杰，2019. "一带一路"倡议与资本市场信息效率 [J]. 经济管理，
41（9）：38-56.

朱晶晶，2022. 保险数字化中的消费者风险及其治理 [J]. 经济研究
参考，（10）：134-144.

朱俊生，2017. 科技与保险业数字化转型 [J]. 中国保险，（8）：12-15.

卓志, 1993. 保险经营财务稳定性问题探讨 [J]. 南开经济研究, (2): 28-32.

曾德麟, 蔡家玮, 欧阳桃花, 2021. 数字化转型研究: 整合框架与未来展望 [J]. 外国经济与管理, 43 (5): 63-76.

曾丽婷, 2019. 基于梅特卡夫模型的互联网初创企业价值评估 [J]. 财会通讯, 23: 58-62.

21 世纪经济报道, 2023. 中国保险代理人职业发展趋势报告 [EB/OL]. (2023-07-14) [2023-07-14]. https://www.xdyanbao.com/doc/p4vl8p996i?userid=60000958&bd_vid=10995344995471418014.

ADAM K, 2000. Insurance on the internet [J]. Risk management and insurance review, 3 (1): 45-62.

AKCIGIT U, KERR W R, 2018. Growth through heterogeneous innovations [J]. Journal of political economy, 126: 1374-1443.

ALTINAY L, MADANOGLU M, DE VITA G, et al., 2016. The interface between organizational learning capability, entrepreneurial orientation, and SME growth [J]. Journal of small business management, 54: 871-891.

AMIRI A N, ZADEH A H, SHEIKHOLESLAMI E, 2015. Studying effect of intellectual capital on insurance demand increase (case study: Asia Insurance Company) [J]. International letters of social and humanistic sciences, 55: 17-23.

BANSAL A, PANCHAL T, JABEEN F, et al., 2023. A study of human resource digital transformation (HRDT): A phenomenon of innovation capability led by digital and individual factors [J]. Journal of business research, 157: 113611.

BARKUR G, VARAMBALLY K, RODRIGUES L, 2007. Insurance sector dynamics: towards transformation into learning organization [J]. Learning organization, 14 (6): 510-523.

BHARADWAJ A, SAWY O, PAVLOU P A, et al., 2013. Digital business strategy: Toward a next generation of insights [J]. Mis quarterly, 37 (2): 471-482.

BILAN Y, MISHCHUK H, ROSHCHYK I, et al., 2020. Hiring and retaining skilled employees in smes: Problems in human resource practices and links with organizational success [J]. Business: theory and practice, 21: 780-791.

BOHNERT A, GATZERT N, HOYT R E, et al., 2019. The drivers and value of enterprise risk management: evidence from ERM ratings [J]. The European journal of finance, 25 (1-3): 234-255.

BOHNERT A, FRITZSCHE A, GREGOR S, 2019. Digital agendas in the insurance industry: the importance of comprehensive approaches [J]. The geneva papers on risk and insurance-issues and practice, 44 (1): 1-19.

BUKHT R, HEEKS R, 2017. Defining, conceptualising and measuring the digital economy. Development informatics working paper, No. 68. [EB/OL]. (2019-07-11) [2020-11-23]. https://web. archive. org/web/201907110022 26id_/http://hummedia. manchester. ac. uk: 80/institutes/gdi/publications/workingpapers/di/di_wp68. pdf.

CAO S, LYU H, XU X, 2020. InsurTech development: Evidence from Chinese media reports [J]. Technological forecasting and social change, 161: 120277.

CASTELLÓ A, DOMÉNECH R, 2002. Human capital inequality and economic growth: some new evidence [J]. The economic journal, 112: 187-200.

CENAMOR J, PARIDA V, WINCENT J, 2019. How entrepreneurial SMEs compete through digital platforms: The roles of digital platform capability, network capability and ambidexterity [J]. Journal of business research, 100: 196 -206.

CHENG Y, ZHOU X, LI Y, 2023. The effect of digital transformation on real economy enterprises' total factor productivity [J]. International review of economics & finance, 85: 488-501.

CHORDAS L, 2021. Taking a leap: life insurers attract new agents seeking to make career moves [J]. Best's review, 122 (9): 38-42.

CHOUAIBI S, FESTA G, QUAGLIA R, et al., 2022. The risky impact of digital transformation on organizational performance-evidence from Tunisia [J]. Technological forecasting and social change, 178: 121571.

COILE J R, 2000. The digital transformation of health care [J]. Physicianexecutive, 26 (1): 8-15.

CHIGUVI D, ZARANYIKA T, MAROZWA M, et al., 2023. Assessment

of the effect of resource allocation on digital transformation in the Zimbabwean life insurance industry [J]. International journal of research in business and social science, 12 (1): 174-178.

DESYLLAS, P., SAKO M., 2013. Profiting from business model innovation: Evidence from Pay-As-YouDrive auto insurance [J]. Research policy, 42 (1): 101-116.

DOUGHERTY D, DUNNE D D, 2012. Digital science and knowledge boundaries in complex innovation (Article) [J]. Organization science, 2012, 23 (5): 1467-1484.

DU J, SHEN Z, SONG M, et al., 2023. Nexus between digital transformation and energy technology innovation: An empirical test of A-share listed enterprises [J]. Energy economics, 120: 106572.

DUMM, R. E., HOYT R. E., 2003. Insurance distribution channels: Markets in transition [J]. Journal of insurance regulation, 22 (1): 27-47.

EASTMAN, J. K., Eastman A. D., et al., 2002. Insurance sales agents and the Internet: The relationship between opinion leadership, subjective knowledge, and Internet attitudes [J]. Journal of marketing management, 18 (3-4): 259-285.

ECKERT C, ECKERT J, ZITZMANN A, 2021. The status quo of digital transformation in insurance sales: an empirical analysis of the german insurance industry [J]. Zeitschrift für die gesamte Versicherungswissenschaft, 110 (2): 133-155.

ECKERT C, OSTERRIEDER K, 2020. How digitalization affects insurance companies: overview and use cases of digital technologies [J]. Zeitschrift für die gesamte Versicherungswissenschaft, 109 (5): 333-360.

ELANGO B, MA Y-L, POPE N, 2008. An investigation into the diversification-performance relationship in the U. S. property-liability insurance industry [J], Journal of risk and insurance, 567.

ELING, M., SCHNELL W., 2016. What do we know about cyber risk and cyber risk insurance? [J]. The journal of risk finance, 17 (5): 474-491.

FANG K N, IANG Y F, SONG M L, 2016. Customer profitability forecasting using Big Data analytics: A case study of the insurance industry [J]. Computers & Industrial engineering, 101: 54-564.

FEDOROVA A, KOROPETS O, GATTI M, 219. Digitalization of human resource management practices and its impact on employees' well-being [C] // Proceedings of the International Scientific Conference "Contemporary Issues in Business, Management and Economics Engineering", 2019, Vilnius: 740-749.

FELICIANO-CESTERO M M, AMEEN N, KOTABE M, et al., 2023. Is digital transformation threatened? A systematic literature review of the factors influencing firms' digital transformation and internationalization [J]. Journal of business research, 157: 113546.

GAO J, ZHANG W, GUAN T, et al., 2023. The effect of manufacturing agent heterogeneity on enterprise innovation performance and competitive advantage in the era of digital transformation [J]. Journal of business research, 155: 113387.

GARVEN, J. R., 2002. On the implication of the internet for insurance markets and institutions [J]. Risk management and insurance review, 5 (2): 105-116.

GATTESCHI, V., LAMBERTI, F., et al., 2018. Blockchain and smart contracts for insurance: is the technology mature enough [J]. Future Internet, 10 (2): 1-16.

GEHRKE, E., 2014. The insurability framework applied to agricultural microinsurance: What do we know, what can we learn? [J]. The geneva papers on risk and insurance—issues and practice, 39 (2): 264-279.

GOLDFARB A, TUCKER C, 2019. Digital economics [J]. Journal of economic literature, 57: 3-43.

GRILICHES Z, LICHTENBERG F R, 1984. R&D and productivity growth at the industry level: is there still a relationship? [C] //R&D, patents, and productivity. University of Chicago Press: 465-502.

GURBAXANI V, DUNKLE D, 2019. Gearing up for successful digital transformation [J]. MIS quarterly executive, 18 (3): 209-220.

HAUSBERG J P, LIERE - NETHELER K, PACKMOHR S, et al., 2019. Research streams on digital transformation from a holistic business perspective: a systematic literature review and citation network analysis [J]. Journal of business economics, 89 (8): 931-963.

HUANG, Y., MENG, et al., 2019. Automobile insurance classification ratemaking based on telematics driving data [J]. Decis. Support Syst, 127: 113-156.

JAMES, R, GARVEN, 2002. On the implications of the internet for insurance markets and institutions [J]. Risk management & insurance review, 5 (2): 105-116.

KAISER, T., 2002. The customer shall lead: e-business solutions for the new insurance industry [J]. The geneva papers on risk and insurance—issues and practice, 27 (1): 134-145.

KELLEY K H, FONTANETTA L M, HEINTZMAN M, et al., 2018. Artificial intelligence: implications for social inflation and insurance [J]. Risk management and insurance review, 21 (3): 373-387.

KIRCHNER K, IPSEN C, HANSEN J P, 2021. COVID-19 leadership challenges in knowledge work [J]. Knowledge management research & practice, 19: 493-500.

KISHORI B., KUMARAN R., 2019. A study on perception of insurees' towards digital transformation of insurance industry [J]. Pramana research journal, 9 (5): 551-558.

KUMAR P, TANEJA S, MUKUL, et al., 2023. Digital transformation of the insurance industry-a case of the Indian insurance sector [M] //John Wiley & Sons. Hoboken: the impact of climate change and sustainability standards on the insurance market: 85-106.

LEHRER, C., WIENEKE, A., et al., 2018. How big data analytics enables service innovation: materiality, affordance, and the individualization of service [J]. Joumal of management information systems, 35 (2): 424-460.

LEUNG T Y, SHARMA P, 2021. Differences in the impact of R&D intensity and R&D internationalization on firm performance - Mediating role of innovation performance [J]. Journal of business research, 131: 81-91.

LIN H, HE Y, WANG M, et al., 2020. The state-owned capital gains handover system and managerial agency cost: Evidence from central state-owned listed companies in China [J]. Finance research letters, 36: 101325.

LOEBBECKE C, PICOT A, 2015. Reflections on societal and business model transformation arising from digitization and big data analytics: A research agenda [J]. Journal of strategic information systems, 24 (3): 149-157.

LUSCH, R. F., NAMBISAN S., 2015. Service innovation: A service-dominant logic perspective [J]. MIS quarterly, 39 (1): 155-175.

MACHEEL T, 2015. Blockchain technology can transform banking: Blythe masters [J]. American banker, F329: 0.

MALLÉN F, CHIVA R, ALEGRE J, et al., 2016. Organicity and performance in excellent HRM organizations: the importance of organizational learning capability [J]. Review of managerial science, 10: 463-485.

MANYIKA J, CHUI M, BROWN B, et al., 2011. Big data: The next frontier for innovation, competition and productivity. McKinsey Global Institute [EB/OL]. (2011-05—01) [2020-11-23].https://www.mckinsey.com/capabilities/mckinsey-digital/our-insights/big-data-the-next-frontier-for-innovation.

MARANO, PIERPAOLO, 2021. Management of distribution risks and digital transformation of insurance distribution—a regulatory gap in the IDD [J]. Risks, 2021, 9 (8): 143.

MARICRUZ L C, MANUEL P. T., ISABEL N, 2018. Does microfinance reduce poverty among the poorest? A macro quantile regression approach [J]. The developing economies, 56 (1) : 51-65.

MARTIN E, MARTIN L, 2018. The Impact of digitalization on the insurance value chain and the insurability of risks (article) [J]. Geneva papers on risk and insurance: issues and practice, 43 (3): 59-396.

MATRICANO D, 2020. The effect of R&D investments, highly skilled employees, and patents on the performance of Italian innovative startups [J]. Technology analysis and strategic management, 32: 1195-1208.

MCAFEE, A., BRYNJOLFSSON E., 2012. Big data: The management revolution [J]. Harvard business review, 90: 3-9.

MEYER, S., KROHM G., 1999. An overview of regulatory developments of insurance transactions on the Internet [J]. Journal of insurance regulation, 17 (4): 551-554.

MONTERO GUERRA J M, DANVILA-DEL-VALLE I, MÉNDEZ SUÁREZ M, 2023. The impact of digital transformation on talent management [J]. Technological forecasting and social change, 188: 122291.

MOODLEY A, 2019. Digital transformation in South Africa's short term insurance sector: traditional insurers' responses to the Internet of things (IoT) and insurtech [J]. The African journal of information and communication, 24: 1-16.

MYRODIA A, HVAM L, SANDRIN E, et al., 2021. Identifying variety-induced complexity cost factors in manufacturing companies and their impact on product profitability [J]. Journal of manufacturing systems, 60: 373-391.

NAMBISAN S, WRIGHT M, FELDMAN M, 2019. The digital transformation of innovation and entrepreneurship: progress, challenges and key themes (Article) [J]. Research policy, 48 (8): 103773.

NAYAK B, BHATTACHARYYA S S, KRISHNAMOORTHY B, 2021. Strategic advantage through social inclusivity: An empirical study on resource based view in health insurance firms in India [J]. Journal of cleaner production, 298: 126805.

NGUYEN D K, VO D-T, 2020. Enterprise risk management and solvency: The case of the listed EU insurers [J]. Journal of business research, 113: 360-369.

NGUYEN H T, 2019. Digital transformation in insurance distribution: international experience and suggestions for Vietnam [J]. Asian journal of science and technology. 10 (4): 9628-9632.

NICOLETTI, B., 2016. Digital insurance: Business innovation in the Post-Crisis Era [M]. London: Palgrave MacMillan.

OECD, 2012. The digital economy [M]. OECD publishing, Paris.

OUTREVILLE J F, 1990. Whole-life insurance lapse rates and the emergency fund hypothesis [J]. Insurance: mathematics and economics, 9: 249-255.

OWADALLY, I., ZHOU, et al., 2019. Time series data mining with an application to measure of underwriting cycles [J]. Am. Actuar, 23 (3): 469-484.

PASBAN M, NOJEDEH S H, 2016. A review of the role of human capital in the organization [J]. Procedia-social and behavioral sciences, 230: 249-253.

PURNAMAWATI I G A, JIE F, HONG P C, et al., 2022. Analysis of maximization strategy intangible assets through the speed of innovation on knowledge-driven business performance improvement [J]. Economies, 10: 149.

QI Y, CAI C, 2020. Research on the multiple effects of digitalization on the performance of manufacturing firms and its mechanism [J]. Study & explor, 7: 114-125.

RUBIO-MISAS M, 2020. Ownership structure and financial stability: Evidence from Takaful and conventional insurance firms [J]. Pacific-Basin finance journal, 62: 101355.

SANI A D, 2012. Strategic human resource management and organizational performance in the Nigerian insurance industry: The impact of organizational climate [J]. Business intelligence journal, 5: 8-20.

SAXENA S, KUMAR R, 2022. The impact on supply and demand due to recent transformation in the insurance industry [J]. Materials today: proceedings, 56: 3402-3408.

SCHMIDT, R., MÖHRING M., et al., 2017. The impact of digitization on information system design—An explorative case study of digitization in the insurance business [J]. Business information systems workshops, 137-149.

SCHULTE-NOELLE, H., 2001. Technological changes in IT and their influence on insurance: The change ahead [J]. The geneva papers on risk and insurance—issues and practice, 26 (1): 83-88.

SCHUMACHER A, EROL S, SIHN W, 2016. A maturity model for assessing industry 4.0 readiness and maturity of manufacturing enterprises [J]. Procedia cirp, 52: 161-166.

SEOG, S. H., 2009. Insurance markets with differential information [J]. Journal of risk and insurance, 76 (2): 279-294.

SHAHIDUR R., KHANDKER, GAYATRI B., 2016. How has microcredit supported agriculture? Evidence using panel data from Bangladesh [J]. Agricultural economics, 47 (2): 157-168.

SHANG Y, RAZA S A, HUO Z, et al., 2023. Does enterprise digital transformation contribute to the carbon emission reduction? Micro-level evidence from China [J]. International review of economics & finance, 86: 1-13.

SHEVCHUK O, KONDRAT I, STANIENDA J, 2020. Pandemic as an accelerator of digital transformation in the insurance industry: evidence from Ukraine [J]. Insurance markets and companies, 11 (1): 30.

SINGH A, HESS T, 2017. How chief digital officers promote the digital transformation of their companies [J]. Mis quarterly executive a research journal dedicated to improving practice, 16 (1): 1-2.

SPENDER, A., BULLEN, et al., 2019. Wearables and the internet of things: considerations for the life and health insurance industry [J]. Br. actuar, 24 (22): 1-31.

SU C-W, YUAN X, UMAR M, et al., 2022. Does technological innovation bring destruction or creation to the labor market? [J]. Technology in society, 68: 101905.

TANRIVERDI H, 2005. Information technology relatedness, knowledge management capability, and performance of multibusiness firms [J]. MIS quarterly, 311-334.

TAPSCOTT, DON, 1996. The digital economy: promise and peril in the age of networked intelligence [J]. Educom review, 31 (3): 52.

TAYLOR, M., 2001. Technological changes in IT and their influence on insurance: The change ahead [J]. The geneva papers on risk and insurance—issues and practice, 26 (1): 89-104.

The Economist, 2017. The world's most valuable resource is no longer oil, but data [EB/OL]. (2017-05-06) [2017-05-06]. https://www.economist.com/leaders/2017/05/06/the-worlds-most-valuable-resource-is-no-longer-oil-but-data.

THOMAS H, CHRISTIAN M, ALEXANDER B, et al., 2016. Options for formulating a digital transformation strategy [J]. MIS quarterly executive, 15 (2): 1-2.

TOBING A N, PURBA J T, HARIANDJA E, et al., 2022. Understanding digital transformation from a digital-based dynamic capabilities perspective: a case study from indonesia life insurance industry [J]. Revista de investigaciones universidad del quindío, 34 (1): 174-191.

TURBAN, EFRAIM, 2007. Information technology for management: transforming organizations in the digital economy [M]. John Wiley & Sons Canada, Limited.

VERHOEF P C, BROEKHUIZEN T, BART Y, et al., 2021. Digital transformation: A multidisciplinary reflection and research agenda [J]. Journal of business research, 122: 889-901.

VIAL G, 2019. Understanding digital transformation: A review and a research agenda [J]. The journal of strategic information systems, 28 (2): 118-144.

VUGEC D S, STJEPIć A M, VIDOVIć D I, 2018. The role of business process management in driving digital transformation: insurance company case study [J]. International journal of computer and information engineering, 12 (9): 730-736.

WANG F, ZHAO J, CHI M, et al., 2017. Collaborative innovation capability in IT-enabled inter-firm collaboration [J]. Industrial management & data systems, 117 (10): 2364-2380.

WARNER K, M WÄGER, 2019. Building dynamic capabilities for digital transformation: An ongoing process of strategic renewal [J]. Long range planning, 52 (3): 326-349.

WEI Z, SUN L, 2021. How to leverage manufacturing digitalization for green process innovation: An information processing perspective [J]. Industrial management & data systems, 121 (5): 1026-1044.

WIERSE, ANDREAS, 2017. Smart data analytics: zusammenhange erkennen potentiale nutzen big data verstehen [M]. De Gruyter.

XIE X, WANG S, 2023. Digital transformation of commercial banks in China: Measurement, progress and impact [J]. China economic quarterly international, 3: 35-45.

XU J, YU Y, ZHANG M, et al., 2023. Impacts of digital transformation on eco-innovation and sustainable performance: Evidence from Chinese manufacturing companies [J]. Journal of cleaner production, 393: 136278.

YOO Y, BOLAND R J, LYYTINEN K, et al., 2012. Organizing for innovation in the digitized world [J]. Organization science, 23 (5): 1398–1408.

YU W, JAMASB T, POLLITT M, 2009. Does weather explain cost and quality performance? An analysis of UK electricity distribution companies [J]. Energy policy, 37: 4177–4188.

ZHANG Y, MA X, PANG J, et al., 2023. The impact of digital transformation of manufacturing on corporate performance — The mediating effect of business model innovation and the moderating effect of innovation capability [J]. Research in international business and finance, 64: 101890.

ZHANG X F, XU Z S, REN P J, 2019. A novel hybrid correlation measure for probabilistic linguistic term sets and crisp numbers and its application in customer relationship management [J]. International journal of information technology & decision making, 18 (2): 673–694.

ZHUO C, CHEN J, 2023. Can digital transformation overcome the enterprise innovation dilemma: Effect, mechanism and effective boundary [J]. Technological forecasting and social change, 190: 122378.